“山东省高等学校人文社会科学研究计划”项目(J11WH16)

全球化时代高校思想政治教育创新研究

陈海燕　等编著

山 东 大 学 出 版 社

图书在版编目(CIP)数据

全球化时代高校思想政治教育创新研究/陈海燕等编著.—济南：山东大学出版社，2015.12

ISBN 978-7-5607-5446-8

Ⅰ.①全… Ⅱ.①陈… Ⅲ.①高等学校－思想政治教育研究－中国 Ⅳ.①G641

中国版本图书馆 CIP 数据核字(2015)第 321085 号

责任策划：郑琳琳
责任编辑：陈　珊
封面设计：张　荔

出版发行：山东大学出版社
社　址　山东省济南市山大南路 20 号
邮　编　250100
电　话　市场部(0531)88364466
经　销：山东省新华书店
印　刷：山东和平商务有限公司
规　格：720 毫米×1000 毫米　1/16
15 印张　276 千字
版　次：2015 年 12 月第 1 版
印　次：2015 年 12 月第 1 次印刷
定　价：36.00 元

目 录

导　论

在世界多极化、经济全球化、思想多元化和高等教育大众化的新形势下，高校思想政治教育面临着十分复杂的局面。传统的高校思想政治教育观念、内容、形式、方法、手段越来越不适应经济全球化的新趋势，不适应社会主义市场经济对人才的新要求，也不适应当代大学生自身发展的新需要。增强高校思想政治教育教学的针对性、实效性和说服力、感染力，成为全球化时代高校思想政治教育创新的重要任务之一，也是该课题研究的意义和价值所在。鉴于此，我们在完成山东省高等学校人文社科研究计划项目“全球化时代高校思想政治教育创新研究”（编号 J11WH16）的基础上撰写了该书。其研究现状与意义、研究思路与方法、内容结构与特点、创新与不足概括如下：

一、研究现状与意义

近年来，高校思想政治教育工作在中共中央国务院、中宣部、教育部的高度重视下，在全国各地各教育部门的共同努力下，在培养高素质的人才，推动高等教育事业的发展，维护高校和社会的稳定等方面发挥了重要的作用，取得了长足的进步，获得了突出的成就。具体表现在：第一，国家高度重视高校思想政治教育工作。中共中央连续召开了多次关于专门研究高校党建和思想政治教育问题的工作会议，中宣部、教育部先后印发了《关于进一步加强和改进学校德育工作的意见》《关于进一步加强和改进大学生思想政治教育的意见》《关于加强和改进高校青年教师思想政治工作的若干意见》《普通高等学校辅导员队伍建设规定》（教育部 24 号令）、《高等学校辅导员职业能力标准（暂行）》（教思政[2014]2 号）、《关于进一步加强和改进新形势下高校宣传思想工作的意见》（中办发[2014]59 号）以及中央宣传部、教育部关于印发《普通高校思想政治理论课建设体系创新计划》的通知（教社科[2015]2 号）等文件，逐步构建了新时期高校思想政治教育工作体系，明确了高校思想政治教育的指导思想、目标原则、主要任务、途径方式等具体内容。第二,高校思想政治教育的内容不断充实,覆盖面扩大,实效性不断增强。高校思想政治理论课发挥了作为高校思想政治教育的主课堂、主渠道、主阵地的作用,普遍开展了形式多样、内容丰富的大学生社会实践活动,并展开了效果良好的大学生心理健康教育,加强了校园文化的建设,进一步优化了育人环境。第三,高校思想政治教育新载体、新途径不断拓展,特别是思想政治教育进网络、进微信越来越常态化。第四,初步建立了高校思想政治教育领导机制和工作机制,高校思想政治教育工作队伍得到加强。

尽管高效思想政治教育工作有了长足进步,但从时代发展变化的形势和要求来看,目前高校思想政治教育的方式方法仍然落后于时代的发展,教育效果仍显不足。进一步强化改革,加强对高校思想政治教育的创新研究,仍然是高校思想政治教育工作者面临的艰巨任务。

(一)研究现状

关于高校思想政治教育创新问题的研究一直是学术界关注的重要问题之一。近年来,相关研究文章和著作不断涌现,涉及的内容也比较广泛。综观学者们有关高校思想政治教育的研究成果,涉及的内容可以归纳为以下三类:一是关于高校思想政治教育的基础理论研究;二是关于高校思想政治教育理论与实践问题研究;三是关于高校思想政治教育方式方法创新问题研究。

1. 关于高校思想政治教育的基础理论研究

关于高校思想政治教育基础理论研究的著作比较多,论文也不少,具有纲领性、框架式的特点。主要涉及以下几方面内容:

(1)关于高校思想政治教育基本范畴的理论研究。主要包括高校思想政治教育相关的概念和内涵、高校思想政治教育的本质和价值、高校思想政治教育的地位和作用。例如:陈秉公教授主编的《思想政治教育学原理》(高等教育出版社2006年版),在比较了几种不同的关于思想政治教育内涵特点的基础上,阐述了自己对思想政治教育内涵的看法,认为思想政治教育就是"一定阶级或政治集团,为了实现政治目标和任务而进行的,以政治思想教育为核心与重点的,思想、道德和心理综合教育实践"①;陈万柏、张耀灿主编的《思想政治教育学原理》(华中师范大学出版社2009年版),认为思想政治教育是指"社会或社会群体用一定的思想观念、政治观点、道德规范,对其成员施加有目的、有计划、有组织的影响,使他们形成符合一定社会、一定阶级所需要的思想品德的社会实践活动"②。邱

① 陈秉公主编:《思想政治教育学》,高等教育出版社2006年版,第2页。

② 陈万柏、张耀灿主编:《思想政治教育学原理》,华中师范大学出版社2009年版,第4页。

柏生、张怡合写的《思想政治教育新解》一文认为:“思想政治的教育是指在一定社会的思想政治的统治下开展的、意在达成社会成员的政治认同和政治拥护、影响社会成员的心理与行为的社会实践活动的总和。它的具体内容、表现形式特点是随着对政治的不同诠释即政治观的差异而变化的。”①郝文清教授在《思想政治教育的内涵与思想政治教育学的研究对象》一文中,在评述多种观点,运用“属加种差”的方法,分别阐述“教育”“思想”“政治”的内涵的基础上,将思想政治教育的内涵表述为:“思想政治教育是指一定社会或社会群体用特定的思想体系、政治观点、道德规范,遵循人的思想、品德和心理等形成和发展规律,有目的、有组织、有计划地对人们施加的使他们形成符合该社会(社会群体)发展需要所要求的思想品德、政治素质和心理品质的社会影响实践活动。”②李合亮撰写的《思想政治教育探本——关于其源起及本质的研究》(人民出版社 2007 年版),运用哲学、政治学、教育学与社会学等学科的知识与方法,把“思想政治教育是什么”作为研究的对象,从理论上特别是从“元”思想政治教育学的角度,探求思想政治教育的基本内涵。他反对将“思想”“政治”“教育”进行简单叠加,认为思想、政治、教育三个词语间不是简单罗列关系,而是可以融为一体,组成新的词语,认为“探讨思想政治教育的本质,既应该看到思想政治教育为阶级、社会服务的一面,也应该看到它作为一种教育活动有其‘建设人自身’的根本属性”③。也就是说,思想政治教育既有工具性也有目的性。可以说,到目前为止,尽管学术界关于“思想政治教育”概念的表述有些不同,但对其内涵的界定大同小异,基本上形成了共识。对高校思想政治教育的价值和地位的认识也比较深刻,但在如何搞好思想政治教育方面仍在不断探索中。

(2)关于高校思想政治教育运作机制的理论研究。主要包括高校思想政治教育的过程和规律、高校思想政治教育的目标和内容、高校思想政治教育的环境和载体、高校思想政治教育的原则和方法、高校思想政治教育过程中的主客体(主体间性)之间的交互关系等方面的研究。近年来一些硕士和博士学位论文把这方面的研究推向了深化。例如:东北师范大学胡新峰的博士论文《大学生思想政治教育机制研究》(2014 年 6 月),从理论与现实相结合的角度,对当今大学生思想政治教育机制宏观与微观建设做了深入探讨;华中师范大学何莉的硕士论文《新世纪高校思想政治教育运行机制创新研究》(2007 年 6 月),着重从管理层

① 邱柏生、张怡:《思想政治教育新解》,《思想教育研究》2002 年第 9 期。

② 郝文清:《思想政治教育的内涵与思想政治教育学的研究对象》,《淮北煤炭师范学院学报》(哲学社会科学版)2010 年第 6 期。

③ 参见徐志宏:《探求思想政治教育的基本内涵》,2008 年 2 月 23 日《光明日报》。

面和工作层面，阐述了高校思想政治教育运行机制的创新问题；燕山大学范玉茹的硕士论文《高校思想政治教育机制创新研究》(2007 年 12 月)，从高校思想政治教育机制现状分析入手，在剖析其弊端的基础上，从管理机制、过程机制、保障机制等方面阐述了思想政治教育机制创新问题等等。

(3)关于高校思想政治教育管理系统的理论。主要包括高校思想政治教育领导体制、高校思想政治教育系统建构、高校思想政治教育效果评估等。例如：东北师范大学胡新峰的博士论文(指导教师王立仁)《大学生思想政治教育机制研究》(2014 年 6 月)，提出了“大学生思想政治教育机制体系完善的微观建设”① 问题，从“领导与导向机制建设、运行与监督机制建设、教学与接受机制建设、激励与约束机制建设、保障与预警机制建设、评估与反馈机制建设”六个方面，比较系统地阐述了高校思想政治教育管理机制的创新与发展问题。可以说，有关这方面的基础理论研究比较成熟，基本框架也比较完整，理论体系不断完善。

2. 关于高校思想政治教育的理论和实践问题研究

关于高校思想政治教育的理论和实践方面的研究成果比较多。虽然研究的具体内容不尽相同，但大都围绕着如何开展有效的思想政治教育工作进行。无论是总体性的研究，还是就某个方面的阐述，基本套用的思路框架是：发现问题—分析问题—解决问题。概括起来主要包括下列几个方面：

(1)关于高校思想政治教育面临的环境问题的研究。近年来，随着全球化、网络化的发展，高校思想政治教育面临的环境问题引起了人们的关注。有些硕士研究生和博士研究生的学位论文从生态学、网络新媒体等角度探讨了高校思想政治教育的创新。例如：西南财经大学王东强的博士学位论文《生态学视角下高校思想政治教育主体研究》(2013 年 6 月)，南京师范大学季海菊的博士学位论文《新媒体时代高校思想政治教育研究》(2013 年 5 月)，长江大学郑然的硕士学位论文《网络环境下高校思想政治教育的问题与对策研究》(2014 年 4 月)，辽宁工业大学于双的硕士学位论文《网络环境下高校隐性思想政治教育研究》(2014 年 3 月)，西南财经大学周涛的博士学位论文《网络舆论环境下的高校思想政治教育研究》(2011 年 4 月)，太原理工大学张婧的硕士学位论文《多元文化背景下的高校思想政治教育创新研究》(2013 年 5 月)，中国矿业大学罗昊宇的博士学位论文《高校思想政治教育环境因素分析与优化研究》(2013 年 4 月)，信阳师范学院沈艳霞的硕士论文《多元文化背景下高校青年教师思想政治教育创新研究》，等等。这些论文在分析高校思想政治教育面临环境变化的基础上，阐述了我国高校思想政治教育适应环境变化的优势和劣势，剖析了适应环境变化

① 胡新峰：《大学生思想政治教育机制研究》，东北师范大学博士学位论文，2014 年。

的滞后性及其改革的出路。主要观点可概括为：一是强调高校思想政治教育必须契合时代发展不断改革创新，特别是在网络新媒体时代，多元文化的并存，使高校思想政治教育的主体与客体都面临新的挑战，优化教育主体显得更为重要；二是通过分析我国高校思想政治教育主体生态环境，揭示了我国高校思想政治教育主体生态环境“雾霾化”，制度生态优化能力欠缺①的问题，很有启发意义。

(2)关于高校思想政治教育存在的问题研究，主要可概括为下列观点：一是教育的观念及内容问题。由于受传统的社会本位主义的影响，现在的教育观念比较凸显社会需要和社会价值，而忽略和压制受教育者的个体需要、个体价值。随着社会的不断发展，大学生的思想状况和他们所关心的问题也在发生着变化，但少数高校的大学生思想政治教育在内容的创新上与实践发展的需要上仍有一定的距离，教育内容缺乏针对性。二是思想政治工作方式问题。思想政治工作方式、方法单一，管制是主要的工作方式，即采取对学生的限制、约束措施及制定学生违纪处罚条例来达到教育管制学生的目的。三是思想政治工作机制问题。由于评价体系和工作性质的原因，辅导员难以得到社会的认可和尊重，导致队伍不稳定。四是对心理健康教育问题重视不够。一方面有些高校辅导员缺乏心理学和心理咨询技巧方面的知识；另一方面学校对学生的心理问题重视程度不够，没有对政工队伍加强这方面的培训，没有普遍建立心理健康教育机构，或是有机构却发挥不了实效，形同虚设。五是思想政治教育队伍建设问题。这主要表现在两个方面：一方面是高校思想政治工作队伍的结构不够合理。有的高校思想政治工作队伍存在着年龄偏大、学科单一、学历层次较低等问题；而有的高校思想政治教育队伍，特别是辅导员与思政课教师队伍年龄偏小，学历层次较高，但阅历与经验比较贫乏。另一方面是高校思想政治工作队伍的政治、文化、业务等素质方面仍有待提高。

(3)关于高校思想政治教育存在问题的原因分析，主要观点有：一是认为国内外环境的变化所致。经济社会的转型以及社会体制、结构的改变，使大学生的生活方式、思维方式、道德观念及价值取向等也发生了改变。由于经济全球化进程日益加快，人们的价值取向也呈现多元化和功利化，加上高度信息化，大学生有时往往不能正确分析判断。二是学校缺乏齐抓共管的机构。高校在学生管理上缺乏有效机制，没有真正建立起齐抓共管的辅导员工作体制和运行机制，辅导员岗位设置上存在岗位混乱，职责不明等。三是思想政治教育工作方式单一。时代的急剧变化，从客观上提出了思想政治工作方式要与时俱进的要求，但实际上思想政治教育工作方式仍陈旧落后，形式单调，方法不灵活，难以适应提高思

---

① 参见王东强：《生态学视域下高校思想政治教育主体研究》，西南财经大学博士学位论文，2013年。

想政治教育实效性的要求。四是思想政治教育队伍本身的问题。这主要体现在对思想政治工作认识不足,对队伍建设重视不够,而且有些思想政治工作者囿于事务性工作,专业能力的提高受到制约。

(4)关于解决高校思想政治教育问题的对策研究。主要观点包括:一是强调树立"以人为本"的工作理念。二是改进思想政治教育方式方法,有的还提出了坚持"三个贴近"[①]思想,有的提出了"七个结合"[②]等。三是推行思想政治教育多渠道化。有的提出"以思想政治理论课为载体;以党团活动为载体;以校园文化为载体;以心理咨询为载体;以社会实践活动为载体;以互联网络平台为载体"[③]的路径措施。四是加强大学生心理健康教育,主要举措包括:建立健全大学生心理健康教育的专门机构;加强辅导员关于心理健康教育的培训;拓宽渠道,如网络、校园文化、社会实践等,加强对学生的正面教育功能;丰富教育内容,采取多种教育方式方法全面加强大学生心理健康教育。五是建设一支结构稳定、素质较高的大学生思想政治工作队伍。强调"高度重视队伍建设,不断提高思想政治工作者的综合素质;树立思想政治工作大团队意识;建立科学系统的考评与奖励制度"[④]是确保思想政治教育队伍专家化、专业化、职业化的有力措施。

3.关于高校思想政治教育方式方法创新研究

近年来,学者们从多角度对高校思想政治教育的创新问题做了研究。有的着重从学科建设角度探讨思想政治教育的创新问题。有的从改革教学方法和模式的角度探讨高校思想政治教育创新问题,提出了"传承和改革传统思想政治教育方法,使其适应时代要求;借鉴、学习和吸收相关学科及国外的先进方法,为我所用;充分利用高科技手段,使高校思想政治教育方法现代化、科学化;充分动员各方力量、资源,共同建设高校思想政治教育这一系统工程"[⑤]的创新途径。有的着重从网络环境下高校思想政治教育面临的问题与对策方面进行研究。有的从青年教师的思想政治教育创新入手作了分析探讨,提出了"充分运用网络手段和多媒体技术;以人为本,加强对青年教师的人文关怀;加强基层党建工作,提高青年教师的政治热情;加强校园文化建设,注重青年教师的自我教育和自我提

---

① 王德、张晓舟:《关于增强大学生思想政治教育实效性的思考》,《陕西师范大学学报》2006年第2期。

② 孙利加:《以人为本注重实效努力开创大学生思想政治教育工作新局面》,《中国西部科技》2007年第1期。

③ 王丽《高校思想政治教育实效性研究》,东北师范大学硕士论文,2008年。

④ 雪晴:《加强队伍建设是改进高校思想政治教育的关键》,《林区教学》2009年第1期。

⑤ 季佳:《高校思想政治教育方法创新研究》,天津大学硕士学位论文,2012年。

高;加强社会实践,使青年教师在实践中受锻炼、长才干、做贡献"[①]等思路;有的从系统论的角度,阐述了高校思想政治教育的协同创新问题,强调"高校思想政治教育创新发展的多参与主体性、多环节性和多领域性需要协同创新"[②];有的还从心理学角度探讨高校思想政治教育的创新问题。例如:刘凤影在《光明日报》(2014 年 7 月 10 日)发表的《积极心理学与高校思想政治教育创新》一文,强调通过对学生积极情绪的培育体验,有意识地引导积极社会环境的营造问题。该文一个突出的特点是指出了高校思想政治教育中学生主体性缺失的两个表现:"一是高校思想政治教育还主要表现在把一些比较普遍的、抽象的理论观点外在地灌输给学生,而没有能够调动学生自己获得相关知识以形成有效互动、融合和升华的积极性;二是受传统心理学和传统教育思维的影响,我们的思想政治教育偏重于对大学生的消极心理特质、行为和价值观念的批评、惩罚与化解,不大注重学生积极的情绪体验的培育,未能有意识地引导积极社会环境的营造。"[③]在此分析基础上,借鉴积极心理学的理念和方法,从积极倡导"正能量"的文化价值取向和春风化雨的文化养成理念相结合的角度,阐述了高校思想政治教育的理念创新、方法创新和环境创新问题。有的从文化的视角研究高校思想政治教育的规律,认为思想政治教育的文化本性来源于思想政治教育的实践活动,即其实践性。例如:韩迎春在《思想政治教育的本性及使命》一文中指出思想政治教育实践活动是作为文化存在的合理性阐释与论证。强调当代思想政治教育理应成为文化的检视者与开拓者,应该以自己特有的姿态回应文化上的发展难题,承担起自己应有的文化使命。[④] 他认为思想政治教育文化是描述其文化本质与属性的范畴,而文化本性是作为社会规则意义上的发生、人类内在精神文化意义上的发生和意识形态意义上的发生等层面延展而来的。从哲学层面上讲,思想政治教育的文化本性是把思想政治教育作为一种能动的本体存在,自觉遵循思想政治教育自身运行的规律,并在规律的指导下把科学知识、道德价值、政治理性等内化到思想政治教育活动中来。张秀荣、韦磊撰写的《高校思想政治教育研究热点问题》一书,专门用一章写了"文化与高校思想政治教育研究",从传统文化、校园文化、网络文化、多元文化背景视角阐述了高校思想政治教育研究问题。还有的学者强调从三个层面研究思想政治教育:一是从问题层面进行研究,强调提出问题比解决问题更重要。指出思想政治教育研究必须树立问题

---

① 参见沈艳霞:《多元文化背景下高校青年教师思想政治教育创新研究》,信阳师范学院硕士学位论文,2014 年。

② 王海建:《协同创新:高校思想政治教育创新发展的必然路径》,《探索》2013 年第 1 期。

③ 刘凤影:《积极心理学与高校思想政治教育创新》,2014 年 7 月 10 日《光明日报》。

④ 参见韩迎春:《思想政治教育的本性及使命》,《求是》2012 年第 5 期。

意识,积极发现有价值的现实问题、积极研究困扰学科发展的重大理论问题、积极探索效能强大的实践问题等。二是面向信仰层面的研究。强调思想政治教育的核心特性在于如何关心人、帮助人、教育人和提高人,根本方法在于如何通过思想政治教育文化牢固树立人的科学信仰。三是面向规律层面的研究。思想政治教育是有规律的,思想政治教育规律是思想政治教育质的规定性。正是基于这些质的规定性才使得思想政治教育区别于其他教育活动。

总起来看,关于高校思想政治教育问题的研究,内容多、范围广,研究队伍庞大。该问题研究既有综合性的论述高校思想政治教育,也有就某个方面进行较为深入的探讨。如在综论方面,有王峥的《增强高等学校大学生思想政治教育实效性的方法探析》、王俊学的《浅议大学生思想政治教育工作》、王亚丽的《探索大学生思想政治教育工作的有效途径》、李琼的《当代大学生的思想特点与思想政治教育》等;在各论方面,有王雄杰的《思想政治教育的价值困境及其解决》、王文鹏的《论网络时代大学生思想政治教育方法的改进》、杨志的《心理健康教育与思想政治教育关系研究述评》等等。这些研究成果丰富了高校思想政治教育理论的研究内容,完善了高校思想政治教育理论的系统构建。同时,研究队伍也不断壮大,不仅有专家、学者、专业教师、政府官员,还有博士研究生、硕士研究生、辅导员等。

广泛深入的研究和探索,无疑推动了高校思想政治理论研究的大发展,并为其实践提供了一定的理论指导。但同时我们也应看到,目前的研究还存在着一些不足:一是对现实问题认识不深、关注不够,体现在对大学生的人生观、价值观、道德观上的研究不足。环境的复杂多变导致大学生思想和道德认知上的困惑,而目前的研究在这方面关注不够,导致现行的理论在实践中显得捉襟见肘。二是对贴近学生实际情况方面的具体研究较少,如学生关注的就业创业问题、贫困生问题、后进生的帮助和关怀问题等。三是研究视角相对单一。目前的研究大多从高校思想政治教育的客观现状出发,往往只进行就事论事地分析,而从综合角度、运用多种方法进行抽象归纳的研究还不多,如从社会学、管理学、经济学等视域进行分析的相对较少。所有这些成果以及存在的不足,既为我们的进一步研究提供了充足的养料,又给我们的研究留下了空间,为全球化时代高校思想政治教育的创新研究奠定了坚实的理论基础与现实铺垫。

(二)研究意义

加强全球化时代思想政治教育创新问题的研究意义在于:

首先,从理论层面讲,如何运用马克思主义的基本理论和方法来考察、审视和分析全球化问题,全球化与经济、全球化与政治、全球化与文化、全球化与高等教育特别是与高校思想政治教育的关系问题，具有重要的理论意义。也就是说，在全球化背景下进行思想政治教育的理论创新和实践创新等问题，需要我们做出深入的理论阐述，提供科学的理论指导和学术资源。

其次，从实践层面来看，注重全球化背景下思想政治教育创新问题的研究具有重要的实际应用价值。全球化进程在给我国社会带来前所未有的发展机遇的同时，也带来了多方面的挑战，特别是对思想政治教育的冲击极为深刻。高校思想政治教育要做到在全球化背景下，坚守社会主义意识形态的思想阵地，引导学生和教师正确认识全球化带来的社会变化，就要求我们不仅要认清全球化进程中的冲突和矛盾，搞清楚全球化的实质和发展趋势，更重要的是应联系我国现代化建设实际，研究我们在全球化进程中的历史地位，搞清楚我们参与全球化的程度，包括西方国家在我国的全球化进程中参与程度和我国在世界上的全球化进程中的参与程度，从而提出我们在经济、政治、文化、意识形态和对外开放等方面的全球发展战略和政策，进而在全球化进程中不断加强社会主义意识形态领域的建设。这对于抵御“西化”“分化”的图谋、反击“新自由主义”“文化帝国主义”等思潮，不断推进我国社会主义物质文明、精神文明、政治文明、社会文明和生态文明建设具有重要的战略意义。

最后，从方法论角度讲，加强对全球化时代高校思想政治教育创新研究本身也是一种思维方法的改革。也就是说，面对全球化进程带来的系列挑战，我们需要在冷静分析的基础上充分利用全球化带来的机遇，发展自我，充实自我，转变以往单向度的思维观念和已经不适应时代发展要求的思想政治教育方法，用马克思主义辩证唯物主义和历史唯物主义的观点，认识和处理思想政治教育与全球化带来的社会诸种变化因素的相互关系，坚持以马克思主义、毛泽东思想与中国特色社会主义理论体系为指导，用社会主义核心价值观和建设社会主义现代化强国的共同理想以及实现中华民族伟大复兴的中国梦凝聚人心、统一思想，以海纳百川的胸怀汲取世界一切先进经验和方法等，从根本上提升思想政治教育的实效性和感染力。

二、研究思路与方法

（一）研究思路

该成果以全球化与思想政治教育的关系作为研究视角，坚持辩证唯物主义和历史唯物主义的研究方法，研究全球化背景下高校思想政治教育的创新问题。基本思路是：在明确全球化含义及本质特征的基础上，科学地分析全球化的起源和动力；在客观分析全球化对中国的发展具有双重影响的基础上，重点研究在全球化背景下，中国社会特别是高校思想政治教育所面临的挑战与机遇，以及相应的建设措施；在认真研究全球化与创新、全球化与思想政治教育的密切关系后，将研究的重点放在全球化背景下高校思想政治教育观念、教育内容、教育方法、教育队伍和管理体制如何进行创新的问题上，从而使探讨更加深入，得出的结论更新、更实。

（二）研究方法

1. 调查研究法。高校思想政治教育的创新前提就是要从当今社会现实、特别是从学生的实际出发，以学生的需求和提高思想政治教育的实效性为目的。通过调查研究，包括通过召开学生座谈会、师生交流会、问卷调查等方法，全面掌握学生的思想实际和思想政治教育工作的实际，从而探索和实施可行的创新思路和改革方案。

2. 经验借鉴法。“他山之石，可以攻玉。”全球化时代，随着各国经济文化交往的密切，一切先进的教育思想和教育方法都可以为我所用。欧美发达国家虽然不像我国有一个统一的“思想政治教育”名称，但在公民教育、道德教育、法制教育、宗教教育、历史教育、通识教育等名义下也进行了大量的实质性的思想政治教育工作，润物于无声之中。因此，我们可以通过梳理和吸取发达国家一些行之有效的教育方法和经验，改革和创新我国高校的思想政治教育方式方法，从而提高其实效性。

3. 历史研究法。历史研究法就是运用历史资料，按照历史发展的顺序搞清楚所研究问题的来龙去脉的方法。按照历史唯物主义的观点，思想政治教育古今中外历来都存在，但不同时期、不同国家、不同地区的教育的方式方法和内容要求则有所不同。研究当下高校思想政治教育的创新既要关照历史的继承性，又要面向现实，面向时代，面向未来，坚持思维方法创新和理论创新，以期探索增强全球化时代条件下高校思想政治教育实效性的发展规律。

4. 理论联系实际、实事求是的研究方法。在全球化进程中，无论是经济、政治，还是文化教育、科技发展，都出现了一些不同于传统观念的特征或特点，在研究、分析这些新情况、新问题时，必须坚持理论联系实际，不唯书、不唯上，从实际出发，实事求是地进行定性和定位。特别是要从当今高校90后大学生和80后青年教师占教师主体的特点分析入手，依据思想政治教育的本质要求去探索高校思想政治教育的创新路径。

三、内容结构与创新

(一)内容结构

该研究成果由导论和五章内容构成。

第一部分为导论。主要阐述了选题意义、研究现状、课题研究的基本思路和主要方法。本研究认为,进行全球化视野下的思想政治教育创新研究具有重要的学术价值和现实意义。

第一章,“全球化时代高校思想政治教育面临的挑战与机遇”。本章主要阐述了全球化的含义、特征及其影响,特别是对我国高校思想政治教育带来的挑战与机遇。主要观点是:(1)全球化无论是作为一种现象,还是作为一种历史进程,对整个世界来说已成为一种必然趋势。如何正确理解全球化的真正含义和本质特征,是摆在世界各国人民面前的重大课题,任何回避都是徒劳的。只有正视现实,才能有效迎接挑战。(2)全球化的影响是全面深刻的,对教育的挑战是严峻的,特别是对思想政治教育的挑战更是尖锐。全球化的到来,不仅改变了所有民族、国家现有的生存与发展的基本条件,而且对世界的经济、政治、文化甚至人的社会心理、伦理道德等方面都产生了广泛而深刻的双重影响。一方面,全球化时代,世界的联系与交往空前活跃、频繁,人们的思想更开放、视野更宽广,对信息的选择和接受也具有更大的自主性。另一方面,全球化也给传统思想政治教育观念、内容、方法和模式带来巨大的挑战,使得影响教育效果的不可控制因素明显增加,尤其是西方意识形态的渗透和传播,给思想政治教育带来了前所未有的冲击。具体表现是:全球化使国际范围内多元思想文化的斗争更加复杂;全球化进程使社会主义理想信念教育面临挑战;全球化使人越来越不知道“我是谁”,给爱国主义教育带来了新的挑战;全球化对社会主义意识形态防御能力提出了严峻挑战,特别是全球化带来的教育国际化和网络化,使高校思想政治教育面临国际反华势力和西方文化意识形态霸权的挑战。(3)全球化是一柄双刃剑,它在对世界不同地区不同国家带来新的挑战的同时,也带来了新的发展机遇,特别是全球化的挑战使思想政治教育的重要性更加凸显,为思想政治教育提供了深厚的知识铺垫和宽广的全球视野,以及更加先进的技术载体。信息网络化虽侵蚀了传统思想政治教育的领地,但同时也给现代思想政治教育插上了高技术含量的翅膀,使之可以借助互联网,冲破围墙,向各地辐射,向不同群体宣传,从而扩大了思想政治教育的覆盖面,增加了教育的信息量和时效性。

第二章,“全球化视域下高校思想政治教育的内容创新”。本章主要阐述了全球化视域下高校思想政治教育内容创新的原则、方法及具体内容。主要观点是:(1)伴随全球化进程的加剧,人类社会进入了信息社会。面对世界突飞猛进的科学技术和复杂多变的国际形势,面对国内日益艰巨复杂的改革攻坚任务,面对21世纪经济全球化、政治多极化、文化多元化和社会信息化的发展大势,人们的创新意识在不断加强,创新水平在不断提高,人们对创新的认识也在不断深入。创新已不再仅指经济领域,它还包括政治、军事、文化、教育和社会生活的方方面面,创新已是一种人类社会的普遍现象。(2)面对日益激烈的竞争态势,适应全球化的发展趋势,取得新一轮竞争的比较优势,我们不仅要充分认识创新的重要性,增强创新的紧迫感,更重要的是懂得如何创新,并脚踏实地地进行创新,实现创新动机与创新效果的统一,从而使中华民族立于世界民族之林。(3)契合全球化进程,实行思想政治教育内容的创新成为我国高校思想政治教育改革的核心任务。这一创新,既包括思想政治教育内容不同板块的有机结合,也包括思想政治教育内容设计的有效构成,其核心在于使思想政治教育内容与学生、教师的主体意识和国家的主体意识形态相吻合,把社会的政治、法治、道德规范有效地融入学生的实际生活之中,实现个性化与社会化的有机结合,实现思想政治教育"知行合一"的目标。(4)创新思想政治教育内容,就是要紧密结合时代发展特点和中国国情,不断充实丰富和发展思想政治教育内容,按照中共中央办公厅、国务院办公厅印发的《关于进一步加强和改进新形势下高校宣传思想工作的意见》(中办发〔2014〕59号)要求,一是要坚定理想信念,深入开展中国特色社会主义和中国梦的宣传教育,加强具有中国特色、时代特征的高校哲学社会科学学术理论体系和学术话语体系建设,进一步增强理论认同、政治认同、情感认同,不断激发广大师生投身改革开放事业的巨大热情,凝心聚力共筑中国梦;二是要巩固共同思想道德基础,大力加强社会主义核心价值观教育,把培育和弘扬社会主义核心价值观作为凝魂聚气、强基固本的基础工程,弘扬中国精神,弘扬中华传统美德,加强道德教育和实践,提升师生思想道德素质,使社会主义核心价值观内化于心、外化于行,成为全体师生的价值追求和自觉行动;三是要壮大主流思想舆论,切实加强高校意识形态的引导,加强国家安全教育,加强国家观和民族团结教育,坚决抵御敌对势力渗透,牢牢掌握高校意识形态工作领导权、话语权,不断巩固马克思主义指导地位;四是要立足学生全面发展,努力构建全员全过程全方位育人格局,形成教书育人、实践育人、科研育人、管理育人、服务育人长效机制,增强学生社会责任感、创新精神和实践能力,全面落实立德树人根本任务,努力办好人民满意教育。

第三章,"全球化时代高校思想政治教育的方法创新"。本章着重从全球化视角阐述了高校思想政治教育方法创新的必要性及其原则和路径。主要观点是:(1)方法创新是实现高校思想政治教育实效性的根本途径。思想政治教育方法是架设于教育内容和教育目的之间的桥梁,是实现教育主体与客体之间双向交流的渠道,它的作用在于实现思想政治教育的目标,完成思想政治教育的任务。(2)观念创新是方法创新的先导。一切创新,观念先行。观念创新在人类和社会发展中起着极为重要的引导作用。观念是创新之本,失去创新的观念,如无本之木,无源之水。全球化时代条件下,特别是在中国社会转型期,各方面矛盾的凸显,使得高校的思想政治教育工作面临空前的压力。如何在错综复杂的社会背景下构建以科学发展观和社会主义核心价值观为指导的高校思想政治教育工作机制,就成为高校思想政治教育观念创新的重要课题。(3)高校思想政治教育方法创新必须坚持科学原则。创新不是无源之水、无本之木,它是建立在过去经验和成果基础上的继承与发展。创新的过程是对思想政治教育的规律性进行认识和把握的过程,而认识和把握思想政治教育的规律又是对过去的经验和成果进行分析、总结和升华。即创新不是随意的、盲目的,而是要根据思想政治教育环境、条件、对象的变化,遵循思想政治教育的规律和原则的创新,是在建设中国特色社会主义前提下的创新。高校的思想政治教育方法创新,在宏观上要坚持社会主义方向不动摇,坚持解放思想、实事求是、理论联系实际的原则;在微观上要确立"以学生为本""以教师为本"的理念,坚持主体性、实践性、前瞻性、激励性、疏导性相结合的原则。(4)借助信息网络新媒体技术实现高校思想政治教育手段创新。一是要自觉运用各种现代网络媒体阵地,有效开展思想政治教育;二是要有效占领网络教育的制高点,使思想政治教育进网络;三是有效利用手机短信、手机报、手机飞信、手机微博等现代通信传媒手段,提高高校思想政治教育的时效性;四是要综合运用现代科学研究成果,充实和丰富高校思想政治教育工作方法体系。(5)构建"凸显个性—综合呈现"的思想政治理论课教学方法体系。具体做法就是要根据思想政治理论课体系中不同具体课程的特点及教学要求,在对多种教学方式方法进行深入研究和认真选择,并充分把握它们的特点、内在联系及其共同取向的基础上,对教学方式方法进行优化组合。核心是坚持以教学观念转变为先导,牢固树立"以学生为本"的理念,注重根据学生的实际情况和教学内容的目标要求,善用探究式、讨论式、启发式、参与式、案例式、慕课(MOOC)等教学方法和形式,强化"知行合一"的实践教学等,因材施教,因时施教,因人施教,以实现"教学有法,教无定法,贵在得法"。其本质是通过教学方式方法的整合,构建形成各种方式方法协调配合、具有更强教育功能和最佳教学效果的教学方法系统,以达到提高教学实效性的目的。(6)润物无声,努力营造思想政治教育的良好氛围。具体包括:一是要营造良好的校园环境;二是要深入探索社会、学校、家庭三结合的思想政治教育模式;三是要努力构建平等竞争、互助友善的新型人际关系；四是要推进科学精神与人文精神的有机交融。

第四章，“全球化时代高校思想政治教育队伍创新”。本章着重探讨了面对全球化进程的挑战和新时代发展的要求，创新思想政治教育队伍的必要性与实现路径。主要观点是：(1)教育队伍创新是高校思想政治教育创新的重要载体。建设一支高素质和高水平的思想政治教育队伍，是增强高校思想政治教育效果的关键。在很大程度上，高校的思想政治教育创新，集中体现在创新主体上，这就是要求建立健全思想政治教育队伍。不仅要有足够数量的思想政治教育工作者，更要有高水平、高质量实施教育的能力，具有高尚的师德、师风，还需要高校领导的重视和完善的思想政治教育设施，包括校园文化建设、社团活动、网络技术设施建设等。(2)建设一支职业化、专业化的思想政治教育队伍。针对目前我国高校思想政治教育队伍的现状，需加强以下队伍建设：一是要加强党政干部队伍建设，真正做到人尽其才、各安其位、各负其责，使队伍的组成、建设、管理与使用更科学与规范；二是要加强思想政治理论课教师和哲学社会科学教师队伍能力建设，“培养一批马克思主义理论学科带头人，造就一批马克思主义理论教育家”[①]；三是要建立、健全职业化辅导员队伍；四是加强学生会干部与班干部队伍建设，充分发挥学生会在高校学生思想政治教育中的重要作用，特别是系统地培养学生会干部，不仅能有效地贯彻党的教育方针，更有助于形成教育与自我教育相结合的立体化的高校思想政治工作机制。(3)加强制度建设，保障思想政治教育队伍稳定高效。高校思想政治教育制度建设是长效开展大学生思想政治教育的基础和保障。高校思想政治教育制度建设包括相关的规章制度建设、工作体系建设和工作体系运行机制建设。如同中办发〔2014〕59 号文所要求的那样，高校要制定思想政治理论课建设规划，在学校发展规划、经费投入、公共资源使用中优先保障思想政治理论课建设，在人才培养、科研立项、评优表彰、岗位聘用(职务评聘)等方面充分重视思想政治理论课教师，确保思想政治理论课在高校教学体系中的重点建设地位。要着力加强教师思想政治工作，坚持不懈地用中国特色社会主义理论体系武装教师头脑，进一步健全教师政治理论学习制度，实行学术安全培训制度，深入推进哲学社会科学教学科研骨干和思想政治理论课骨干教师研修工作，建立中青年教师社会实践和校外挂职制度，重视在优秀青年教师中发展党员。要扎实推进师德建设，落实高校教师职业道德规范，完善师德建设长效机制，实行师德一票否决制，完善加强高校学风建设办法，健全学术不端行为监督查处机制。要严把教师聘用考核政治关，探索教师定期注册制度。

---

① 中共中央办公厅、国务院办公厅：《关于进一步加强和改进新形势下高校宣传思想工作的意见》(中办发〔2014〕59 号)，2015 年 1 月 19 日。

建立健全高校哲学社会科学研究分类评价体系，完善以质量和贡献为导向的评价机制等。

第五章，“全球化时代高校思想政治教育管理体制创新”。本章主要阐述了高校思想政治教育机制的创新问题。任何事物的产生和发展都要经历一个过程，旧机制是伴随着新机制的形成、发展直至完善而衰退、萎缩直至消失的，这是新、旧两种机制相悖而变的同一过程。思想政治教育机制也不例外。尽管学术界关于思想政治教育机制的含义和分类众说纷纭，仁者见仁，智者见智，但思想政治教育机制的创新却始终不能停止。特别是随着全球化的发展和改革开放的深入，高校思想政治教育面临严峻挑战，旧体制下的思想政治教育运行机制已不能适应新形势的变化和要求，要继续保持思想政治教育的生命力，必须在继承传统的基础上致力于思想政治教育激励机制、反馈机制、渗透机制、评估机制、预警机制和保障机制的创新。主要观点是：(1)建立健全思想政治教育沟通回应体制。传统思想政治教育在沟通上存在着平台不多、渠道不畅、手段落后以及沟通多、回应少等问题，在回应时间上随意性大，在回应方式上简单模糊，因此必须创新思想政治教育的沟通回应体制。建立思想政治教育的沟通回应体制，应注重以人为本，充分发挥被教育者的能动作用，通过耐心细致、充分尊重个人的沟通交流，不仅在双方建立一种和谐的人际关系，而且使思想政治教育工作更有针对性，交流渠道更加畅通，教育者回应力更加强烈，从而做到化解矛盾，理顺情绪，引导有力，未雨绸缪。(2)建立健全思想政治教育的保障体制。思想政治教育的保障体制，是对思想政治教育起保障作用的诸要素相互作用、相互影响、相互制约的关联机制，是一个复杂的系统，包括专门的组织机构、专门的队伍机构、相关的规章与制度、必要的资金和装备以及相关的外部环境等方面的内容。建立思想政治教育的保障体制，是指通过提高思想政治教育的工作水平和整体素质，增加必要的经费投入，改善设施环境，从而更好地发挥思想政治教育的服务保证作用。(3)建立思想政治教育风险预警体制。高校思想政治教育风险预警体制的建立是要求广大师生在工作、学习、生活中可能出现的危害校园及社会稳定与安全事件保持警觉，从而加以防范，使之在事情发生前就拉响警报，并及时应对，为有效解决突发性事件准备条件。(4)建立健全思想政治教育督导评估体制。为了提高思想政治教育的实际效果，在实践中要不断对思想政治教育的实际效果进行测评或评价。这种测评或评价，既包含对教育过程的评价，也包含对教育效果的评价。对教育过程的评价，以督导为主；而对结果的评价，则以评估为主。通过督导评估，可以使我们认识到教育实效的现状，影响实效的因素，有利于促进高校落实上级关于高校思想政治教育的相关政策措施，有利于进一步加强和改进高校思想政治教育工作。(5)建立健全思想政治教育激励体制。建立健全科学的督导评估体制，对思想政治教育工作的业绩进行全面、及时、科学的考核，必须建立配套的激励制度，以充分调动思想政治教育工作者的积极性。

（二）创新与不足

该成果以全球化与思想政治教育的关系作为研究视角，坚持历史唯物主义和辩证唯物主义的研究方法，在大量调查分析的基础上，研究了全球化时代高校思想政治教育面临的挑战与机遇，以及从内容到方法、从队伍建设到管理体制机制的革新问题。其特点或创新主要在于：

1. 立意和视角较新。目前，学术界对全球化问题的研究多具有专题性、交叉性研究，且大多侧重于经济学、政治学等领域，而将全球化与思想政治教育特别是与高校思想政治教育创新紧密地联系起来进行较为系统的研究，仍是一个比较薄弱的环节。因此，通过对全球化背景下思想政治教育创新问题的研究，对增强新时期高校思想政治教育的针对性、有效性具有战略意义。

2. 研究资料较新。该项目研究过程中，在收集梳理了近年来有关全球化与中国特色社会主义经济、政治和文化等方面资料的基础上，重点收集了有关全球化、网络化与思想政治教育方面的文献资料，重点阐述了全球化背景下思想政治教育观念、内容、方法、队伍和机制的创新，通过研究进一步提高了对全球化背景下加强高校思想政治教育重要性的认识，特别是形成的系列观点，对促进高校思想政治教育的创新都具有启发意义。

3. 研究思路和观点较新。该项目在明确全球化的含义、本质特征及影响的基础上，重点分析了全球化进程对高校思想政治教育提出的挑战与机遇，契合全球化、信息网络化的时代特点，对创新高校思想政治教育的方式方法作了较为全面的分析阐述，提出了“方法创新是实现高校思想政治教育实效性的根本途径”“观念创新是方法创新的先导”“队伍创新是高校思想政治教育创新的重要载体”“管理制度创新是保证”等观点，探索了“借助信息网络新媒体技术实现高校思想政治教育手段创新”“构建凸显个性——综合呈现的思想政治理论课教学方法体系”“大力推行实践体验式教育”等实现高校思想政治教育创新的路径和方法。所有这些思想内容的提出以及实施，必将有力推动我国高校思想政治教育实效性的提升。

当然，由于知识视野的局限以及对国内外先进经验积累的不足，研究思路还不够开阔，研究内容还不够充分，特别是对优秀传统文化如何契合全球化进程，有效融入高校思想政治教育的研究还不够深入，对特色院校、特殊群体的思想政治教育也没有涉猎。以后还需要进一步拓宽研究领域，在“新”“深”“实”上下功夫。

第一章　全球化时代高校思想政治教育面临新的挑战与机遇

全球化的迅猛发展与中国对外交往的日益扩大，使高校思想政治教育处在了一个更加广阔、开放和复杂、多变的时代环境之中。对此，有专家发出了“思想政治教育没有时代感就没有生命力”①的感叹。也就是说，高校思想政治教育的创新研究，必须从当今时代背景的分析入手，全球化就成为思想政治教育的当代视野。

一、全球化的内涵特征及其影响

创新高校思想政治教育，离不开对当代大学生所处时代背景的全面考量与及时回应。全球化的发展以及由此引发的系列变化，已成为当前和今后高校思想政治教育绕不开的时代背景。

（一）全球化的内涵

“全球化”这个在20世纪80年代以来风靡全球的词汇，至今依然是国内外社会科学界使用频率最高、内涵界定分歧最大的概念之一。使用频率高说明这一问题重要，内涵界定分歧大说明该问题需要深入研究。

英语中的“globalization”，意即“全球化”或“全球性”，它是由形容词“global”（全球的、世界的）派生而来的，而“global”又来自拉丁语中的“地球”概念。俄罗斯著名全球性问题研究专家阿·恩·丘马科夫经过考证后指出，在词源学上，“全球性的”这一术语来自拉丁语“地球”②；到20世纪60年代，世界出现大动

---

① 顾海良：《高校思想政治教育导论》，武汉大学出版社2006年版，第163页。

② ［俄］阿·恩·丘马科夫：《全球性问题的哲学》，姚洪芳、毋思辰译，中国人民大学出版社1990年版，第98页。

荡、大分化和大改组，特别是70年代石油危机的冲击，世界经济、政治、文化中的全球因素成为社会科学普遍关注的焦点，这样，全球化术语开始在重建的社会科学中得到普遍使用。有人认为，20世纪60年代末70年代初，罗马俱乐部《增长的极限》的发表，引起了人们对于全球性问题的关注。但一般认为，"全球化"这一概念是1985年提贝多尔·拉维特(有的译为"贝·莱维")在其《市场全球化》一文中首次提出的，其原意是指"经济全球化"，后来人们将它延伸到政治、文化、社会等领域，随即在国际经济学、国际政治学和国际文化学中得到普遍使用。但不同学者则从不同学科的专业领域提出了各自不同的全球化概念，以致使全球化的内涵界定至今仍是仁者见仁，智者见智。

经济学者认为，全球化是世界经济的一体化和市场的一体化，是商品、服务、资本和技术在世界性生产、消费及投资领域中的扩散。[①] "经济一体化"的概念是荷兰经济学家丁伯根(J. Tinbergen)在1951年其重要著作《论经济政策》中首次提出来的，他在《国际经济一体化》论著中更详尽和系统地解释了世界经济一体化的现象，并指出："经济一体化就是将有关障碍经济最有效运行的人为因素加以清除，通过相互协调和统一，创造最适宜的国际经济结构。"[②]1962年，经济学家巴拉萨(B. Balassa)在其《经济一体化理论》中对经济一体化则作了更广泛和深入的分析，认为"一体化既是一种进程，又是一种状态"；"经济一体化就是指产品和生产要素的流动不受政府的任何限制"[③]。随着国际经济相互交流的增多，世界经济相互依存的程度也日趋加深，"经济一体化"的概念也得到了进一步发展，特别是通过对以市场一体化、贸易全球化、金融国际化、生产跨国化、经济网络化等为内容的跨国公司的研究，大大突出了经济全球化的特征。在许多经济学家的眼中，全球化毫无疑问是指世界经济发展的一种趋势，在这种趋势中，最为显著的特征就是国际分工体系中的垂直分工愈来愈让位于水平分工，资本、商品、技术、信息等在国际间的流动越来越迅速，资本的配置也越来越超出民族国家的范围而向全球扩展，不同国家之间的相互依存度越来越高，出现了"你离不开我，我离不开你"的相互依赖局面。

政治学者认为全球化是从国际政治中"相互依存"的概念演化而来的，并认为全球化只是一个动态的基本过程，而不是一种状态，一种结果，"它指的既不是价值观念，也不是结构，而是既在人们思想上展开，又在行为上展开的序列，是随

---

① 参见张宝珍：《经济全球化需要研究的十大问题》，《世界经济》1998年第9期。

② J. Tinbergen, *International Economic Integration*, Amsterdam, 1954.

③ B. Balassa, *The Theory & Economic Integration*, London: Allen & Unwin, 1962.

着人们及其组织从事日常工作并设法实现其特定的目标而展开的过程”①。有的学者把全球化解释为世界的压缩，即全球化意味着“发生在遥远地区的某种事件，无论其是不是经济方面的，都比过去任何时候更为直接、更为迅速地对我们发生着影响。反过来，我们作为个人所作出的种种决定，其后果又往往是全球性的”②。全球化的过程充满了矛盾和复杂性，这种矛盾不仅表现在政治领域、经济领域，而且也表现在社会和文化领域。它是“通过四条相互联系、相互重叠的途径实现的；受益于最新通讯技术的双向对话式互动；借助于大众传媒的单独式通讯；行为、习惯和技艺等方面的效仿、制度、惯例的同化与同构”③。大多数政治学家把全球化看作是一个痛苦而矛盾的过程，而且他们更关注的往往是全球化对国家主权、政治生活的影响和后果，并希望尽可能寻求出一种在不违背全球化客观进程的前提增强本土政治力量的良策。

文化学者视域中的全球化概念同“世界文化”“全球文明”的争论紧密相关。在文化学家眼中，全球化就是指在世界范围内起作用的文化的生长与加速发展的复杂的整体过程，特别是世界整体意识和全球文明的形成过程。美国匹兹堡大学教授R.罗伯逊(Roland Robertson)认为：“作为一个概念，全球化既是指世界的压缩(compression)，又是指对世界作为一个整体的意识的增强。”④文化学家认为，全球化的进程就是全球文化相互联系状态的扩展过程，而这种全球文化应该是文化的多元化。强调全球化总的发展过程不仅包含自身的逻辑，而且包含着世界走向统一性的强大趋势。强调“全球资本主义既促进文化的同质性，又促进文化的异质性，而且既受到文化同质性制约，又受到文化异质性制约。差别和多样性的形成和巩固，是当代资本主义的一种本质要素”⑤。有人认为：“文化全球化就是指世界上不同民族、国家的各种文化在全球化大潮的冲击下，以多种方式在全球范围内相互交流、交锋、融合的过程。”⑥其中既有本国文明、文化对外输出过程，也有他国文明、文化对本国不断输入过程；其中既有文化产品的输入、输出，也有国与国之间在教育、科研、传媒、艺术、出版、宗教等领域的交流。

---

① J. N. Rosenau, “The complexities and contradictions of globalization,” *Current History A Journal of Contemporary World Affairs*, 1997, 96(613).

② [英]安东尼·吉登斯：《第三条道路：社会民主主义的复兴》，郑戈译，北京大学出版社2000年版，第33页。

③ James Rosenau, “The Dynamics of Globalization: Toward an Depurational Formulation,” *Security Dialogue*, 1996, 27(3).

④ Roland Robertson, *Globalization*, London: Sage Publications, 1992, p. 1.

⑤ [美]罗兰·罗伯森：《全球化：社会理论和全球文化》，梁光严译，上海人民出版社2000年版，第249页。

⑥ 朱继东：《全球化的本质以及对中国意识形态的挑战》，《前线》2015年第2期。

社会学者视野中的全球化是指超越构成现代世界体系的民族国家(包含着社会概念)的复杂多样的相互联系和结合。它确指一种过程。通过这一过程,在地球某一地方的事件、活动、决定会给遥远的另一个地方的个人、群体带来重大影响。美国著名未来学家约·奈斯比特(John Naisbitt)在其《2000年大趋势——九十年代的十个新趋向》中强调,当今的世界"是一个不断增进彼此联系的世界"[①]。英国社会学家莱斯利·斯克莱尔(L. Sklair)认为,全球化在社会学中是一种新观念,这个新观念的中心特征在于:当代的许多问题都无法在民族国家的层次上,即从国际(国家间)关系的角度给予恰当的说明,而必须超越民族国家界限,从全球(跨国)过程的角度去加以研究。在社会学中至少出现了三种竞相媲美的全球化理论与研究模式,它们可以被简单地概括为:世界体系模式、文化全球化模式和全球体系模式。[②] 与世界体系模式和文化全球化模式不同,斯克莱尔的全球体系更强调全球化不仅是一个经济或文化的过程,而是政治、经济、文化综合发展的过程。作为全球化社会学创始人的德国著名社会学家贝克(Ulrich Beck)从广义上把全球化概念细划为客观现实、主观战略与主客观相互作用的发展进程三个不同层次,分别使用了全球性、全球主义和全球化三个不同概念,并在分析全球性(主要描述是一种事实)、全球主义(主要描述的是一种观念)的基础上,提出了他对全球化概念的定义,即全球化"指的是在经济、信息、生态、技术跨国文化冲突与市民社会的各种不同范畴内可以感受到的、人们的日常行动日益失去了国界的限制"[③]。还有的学者认为,全球化是一个复杂的动态结构,从经济全球化逐渐发展成为文化全球化,其方向和目标处于不断选择和调整的过程中,同时有越来越多的国家被卷入到全球化当中来,并不断改变着全球化中心与边缘的关系图[④]等等。

可以说,全球化是一个多维度的概念,需要从多角度来理解和把握。一是从内涵上看,全球化是人类从各个领域、民族、国家之间彼此隔离孤立的状态向全球一体化社会的演进,人类社会的生活跨越国家和地区界限并在全世界范围内进行多层次、全方位的相互沟通、相互联系、相互影响和相互作用,包括经济上的相互依赖,文化上的彼此沟通,价值观念上的理解认同等。二是从表现形式上看,全球化表现为一个多维度的过程,包括两个方面:一方面是指全球化在多领域、多层面上发生,涉及政治、经济、文化、科技等各个领域和层面;另一方面指的

---

① [美]约·奈斯比特、帕·阿博顿妮编著:《2000年大趋势——九十年代的十个新趋向》,东方出版社1990年版,第5页。

② 参见[英]莱斯利·斯克莱尔、田禾、黄平:《全球化社会学的基础》,《社会学研究》1994年第2期。

③ 张世鹏:《什么是全球化》,《欧洲》2000年第1期。

④ 参见章建刚:《对全球化结构的一种理解》,《中国社会科学院研究生院学报》2010年第4期。

是全球化参与者的多元化，包括国家、国际组织、企业甚至个人。① 三是从全球化的动因和基础来看，全球化是世界经济和科技发展的结果和必然要求，其实质是全球经济发展超越了政治上的以民族国家为主体的国家和地区界限，产生了人才流、物质流和信息流的全球流动，从而对全球政治、文化、思想观念和社会生活的发展进程产生了巨大影响，促进了世界历史的统一进程。

（二）全球化的特征

关于全球化的特征，可以从横与纵、静与动多个维度和层面去揭示。从横向层面分析，全球化主要表现为经济、政治、文化和科技的全球化。

1. 经济全球化

经济的全球化是指经济活动的相互依赖，特别是资本超出国界在全球自由流动，资源在全球内配置。经济的全球化，包括劳动市场和资源的全球化、生产和销售的全球化、商品和消费模式的全球化、财政金融市场的全球化、交通运输的全球化、资本的全球化等。其基本特征是在自由化的推动下，国际贸易、国际金融市场化和金融全球化迅速发展，与之相联系的是区域经济一体化和集团化大发展，劳动力资源国际化，经济活动规则全球化。

2. 文化全球化

文化的全球化主要表现为人类各种文化、文明发展的异质性、多样性与统一性的融合。其中“既有本国文明、文化对外输出过程，也有他国文明、文化对本国不断输入过程，其中既有文化产品的输入、输出，也有国与国之间在教育、科研、传媒、艺术、出版、宗教等领域的交流”②。由于文化具有精神技术属性和价值观念的属性，其异质性、多样性在走向统一性的过程中必然伴有矛盾和冲突。众所周知，作为精神成果的科学技术等共性文化并不具有民族、国家和制度的身份，其利益关系也就不具有此消彼长的“零和”特征；而作为民族精神、价值观念、意识形态等层面的个性文化则体现着鲜明的民族、国家和制度的特性，这种带有个性的文化认同是民族国家存在的根本前提，也与民族国家利益有着直接的对应关系。如果不加分析地把两者混淆或单纯强调其中的一个方面，自然就会引起不必要的纷争。也就是说，文化的全球化并不等于文化的一体化，而是各民族文化相互碰撞和融合而产生的一种现象。各民族文化通过交流、融合、互渗和互补，不断突破本民族文化的国界并在人类的评判、制约和取舍中获得文化的认同，不断将民族文化区域的资源转变为人类共享、共有资源。当然，各种文化之

① 参见李海平：《全球化与社会主义前景问题探讨》，《求实》2000 年第 9 期。

② 朱继东：《全球化的本质及其对中国意识形态的挑战》，《前线》2015 年第 2 期。

间是存在差异的,差异意味着矛盾和冲突,但又并非绝对排斥,而是一种相互碰撞和融合的过程。与文化全球化进程相伴随,还出现了教育过程和形式的全球化。

在经济全球化的推动下,生产要素之一的劳动力必然需要进行全球配置和流动。而教育作为培养人才的摇篮和基地,也必然要在国际范围内甚至全球范围内在人才培养方面进行广泛的和全面的合作。只有这样,才能使人才培养符合经济全球化趋势的要求,各国才能在全球化物质资源、人才资源合理配置中获得自身的特殊利益,因此经济的全球化加速了教育的全球化。同时,信息技术和现代交通的发展为教育的开放提供了极大的便利条件,教育资源可以实现瞬间内在"地球村"里传送,全世界的教育资源连成一个信息海洋,以实现教育资源的全球化。时至今日,教育的全球化已不仅仅表现在教育资源方面,而且在教育结构、办学方式等方面也在走向全球化,但全球化的高等教育极为不平等。强势大学始终控制着知识的生产和传播,而那些薄弱的院校机构和系统则因为资源短缺和学术标准低下而亦步亦趋。[①] 2011 年 8 月 13 日至 14 日,世界 200 名大学校长在深圳召开的世界大学校长论坛,从经济全球化和教育国际化的战略高度,围绕本国和本地区的经验与思考,就高等教育国际化人才培养、提高大学生适应经济社会发展需求的能力、大学体育与国际视野和创新精神的培养、绿色大学的建设等议题,各抒己见,其基本的共识是:在经济全球化背景下,为增强国际竞争力,国际化人才培养成为各国政府和高等院校的首要任务;培养适应经济社会发展需求的人才,是彰显高等教育办学质量的重要标志;创新能力是大学的灵魂;建设绿色大学,促进大学可持续发展。[②] 这一教育目标的确立对高校思想政治教育的挑战是不言而喻的,这不仅涉及文化认同问题,还涉及文化冲突、文化生存等深层问题。

3.政治全球化

政治全球化主要表现为政治民主化的大发展。在全球化的浪潮中,不同国别、不同民族、不同肤色的人民现存的社会结构、价值观念、生活方式和思维方式等都必将受到很大的冲击,各国之间的政治、经济、文化和社会等各方面的交流将会日益增加。随着物质生活的丰富,人们必然较多地关注自己所处的政治环境,公民的政治意识、政治参与素质将极大提高;日益发达的信息传媒网络,从技术上支持了人的自主选择的权力,宣扬了人的主体地位和价值意识,民主化思想

---

① 参见[美]菲利普·G·阿特巴:《全球化与大学——不平等世界的神话与现实》,《北京大学教育评论》2006 年第 1 期。

② 参见张春丽:《世界大学校长论坛专栏》,2011 年 8 月 19 日《光明日报》。

也在全球范围内广泛传播,在很大程度上呈现了全球政治民主化趋向。当然,全球政治民主化趋向并不意味着政治上的同质化或统一的模式。几百年来,冲击世界的民主化浪潮大多发源于欧美等西方发达国家,几乎所有非西方国家的现代民主进程最初都是在西方政治文化的冲击下启动的。西方发达国家凭借其在经济、技术和军事等方面的强大优势,将其民主文化强加给其他国家和民族。所以,许多国家实行的民主制度,并不是出于其内在的需要,而是由羡慕西方的强大而产生的连带模仿。其结果就是在实践中由于条件不成熟,民主原则难以真正落实。

4.科技全球化

信息技术的全球化既是全球化综合概念中的重要内容,也是全球化进程的重大支撑。作为全球化的一个重要组成部分,科技全球化在20世纪得以较快发展。尤其是20世纪80年代以来,随着信息技术、网络技术的发展,科技全球化的步伐加快了。因为随着人类社会生产力水平的提高,各国经济的发展越来越依赖于科学技术水平。为了避免在激烈的国际经济竞争中落后于竞争对手,各国政府和企业也越来越重视科技的发展,都在大幅度增加研究开发支出。而且全球性的信息网络促进了各国科研人员、科研机构以及设备、仪器、技术资料等基础设施的流动和信息资源的共享,虚拟实验室等新型组织形式应运而生,世界正逐步变成一个"地球村"。这突出表现在:一是国际科技合作与交流迅速增加;二是科技资源的扩散速度在加快,如"慕课"MOOC(大规模网络开放课程)的产生与传播,其速度之快、影响之大,使很多教育者深感措手不及;三是全球科技管理体制的规范化(包括科技成果交易准则,即知识产权保护;科技活动的学术规范和行为准则等)。科技全球化对全球化进程起着推动和深化的作用,但科技全球化主要是由西方发达国家及其跨国公司所主导的,由科技全球化所引起的国际科技结构变化以及蕴涵其中的文化背景和价值观念也主要有利于西方发达国家,对发展中国家来说,在短期内可谓是挑战大于机遇。

从纵向上来看,全球化是指人类不断跨越空间障碍和历史、文化、社会制度障碍,在全球范围内实现沟通、融合和达成共识、共同行动的过程,是一个统一性与多样性并存的发展过程,也是一个不断出现矛盾、摩擦、冲突而又不断协调、妥协、合作的过程。其呈现了如下动态性特点:

其一,全球化是一种客观历史进程和趋势,具有互动性、融合性与不确定性。全球化首先具有互动性,没有互动就没有联系。在人类历史上,世界上的各个国家和地区并不是一开始就是有紧密联系的共同体。总体来说,资本主义产生以前的世界是以自给自足和自然经济为基础的相互孤立封闭的社会形态存在。虽然当时的国家和地区之间也会有这样或那样的联系,但是这种联系是松散的、偶然的、断断续续的，这种经济单位之间的交往十分狭隘，经济、政治、文化之间的交往表现出极大的局限性，有别于内在的必然的普遍联系。伴随着资本主义生产方式的确立，生产的社会化、商品化驱使资产阶级奔走于全球各地，“开拓了世界市场，使一切国家的生产和消费都成为世界性的了……过去那种地方的和民族的自给自足和闭关自守状态，被各民族的各方面的互相往来和各方面的互相依赖所代替了。物质的生产是如此，精神的生产也是如此”[①]。从此，社会从过去漫长时代的封闭状态转变为开放状态，使人类的社会生活跨越国家和地区界限，在全球范围内展现的全方位沟通、联系、相互影响的客观历史进程与趋势。不管你相信不相信，理解不理解，赞同不赞同，全球化都只会按照自身逻辑向前推进，不会以任何人的主观意志为转移。

不仅如此，全球化还具有融合性的特点，它不仅使经济飞速发展和扩张，更重要的是，人类的精神文明和文化也在相互交融，形成一种相互融合的趋势。即全球化的逻辑由经济领域展开，但绝非仅仅局限于经济领域。经济全球化只是世界新秩序和人类生活全球化的一个方面，同时也是最主要的方面。经济全球化，在很大程度上是科技进步的结果。电子计算机技术，远距离通讯手段和基础结构、信息交流，以及教育科学由于科学及其他各种知识交换而普及是全球化的基础。可以说，信息与经济的发展使全球化进程的速度仿佛“突如一夜春风来”。但就全球化的发展与人类的关系而言，全球化发展的规律及其后果还未被人们所全面认识和掌握，尚存在着许多不确定的因素。美国乔治·华盛顿大学国际事务教授J. 罗西瑙(J. Rosenau)指出：“全球化一词似乎贴切地表现了正在改变人们对领土和国家制度的传统安排所关注的‘某种东西’，这个词正好包含变化的意思，因此它能够把现象作为一个过程而不是作为一个普遍状态或一种人们所希望的最终状态区别开来。”[②]全球化进程中，经济的不确定因素比较突出。跨国公司的全球化生产，资本的数字化等增加了国家对经济的不可控性，经济危机的爆发也往往产生连锁反应而成为世界性的。同样，文化也存在不确定因素，文化在相互交融的同时也产生了激烈的碰撞，这些文化的差异甚至导致部分地区产生冲突，文化的冲突成为威胁世界和平的诱因之一。

其二，全球化是科技进步的必然结果。科学技术的发展，尤其是20世纪以来科学技术的巨大飞跃，促进了全球化历史进程的必然性向现实性的转化。一方面，由于电报、电话，尤其是通信卫星、数字化通讯等先进通讯技术的发明和广泛的使用，使地球变得越来越小，使处于不同国度、不同文化背景的人们可以便

---

① [德]马克思、恩格斯：《共产党宣言》，《马克思恩格斯选集》第1卷，人民出版社1995年版，第276页。

② 转引自文军：《西方多学科视域中的全球化概念考评》，《国外社会科学》2001年第3期。

捷地交流思想和情感。信息传播业的发展,尤其是以电视为代表的现代传播业的发展,使那些即使身处“第三世界”发展中国家的人们,也有条件呈现“全球化效应”,因为生活在地球上每一个角落的居民都有可能通过电视等传播媒体成为若干重大历史事件的“目击者”,并能够分享不同国度和民族精神文化产品。国际互联网的建立,更使得人们可以将自己的思想观念进行深入的“全球性”的交流。此外,电子信息技术还为现代全球金融业提供了技术基础,使得不同的国家在经济活动上发生了更加紧密的关联。另一方面,现代交通运输工具和设施的发展大大缩短了不同国家和地区之间的距离,使世界各地更紧密地联系在一起,真正意义上的“国际化的生产格局”和“国际分工体系”正式形成。从社会信息化浪潮的飞速发展的角度来说,这个世界从来没有像今天这样如此紧密地联系在一起,生活的空间在不断变小,生活的内容在不断丰富,世界已经成为一个整体,地球是人类共有的家园,全球化已为一个实实在在的过程。在推进全球化过程中,市场经济体制的确立是基础,是前提;科学技术的发展是关键,是全球化进程的重要条件。以市场经济体制为核心内容的现代生产方式的确立和科学技术的迅猛发展,不仅使得全球化进程具有历史必然性,而且具有了现实性。

(三)全球化的影响

全球化是一柄锐利的“双刃剑”,既有积极的影响,又充满着矛盾。全球化不仅是不以人们意志为转移的大趋势和潮流,而且全球化的过程是一个充满矛盾和冲突的过程,世界在多元中共存,在同一中分异。也就是说,在全球化进程发展的初始阶段,世界经济、政治、文化更多的是在多元化发展中,通过彼此的撞击与磨合,才逐渐形成了互相适应、互相理解、互相提高、互相依赖的动态格局。人们也正是通过对世界各个民族、国家和地区经济、政治、文化的互相适应,通过对一系列矛盾的协调才发现了全球化这一事实。从资本主义与全球化的关系看,“全球化”不等于“全球性”,全球化不等于全球资本主义。

全球性是一个目标概念,而全球化是过程概念。目前的世界并没有进入“全球性的世界”,而是处于这一全球性世界的发展过程中。全球化是人类文明的进程,是多种文化、文明共存和竞争的过程。也就是说,人类文明是一个多元异质的共同体,资本主义只是文明的一种,而非唯一的文明,资本主义的全球化将由于其他文明的崛起受到挑战,未来的全球化应是多种文明共存的状态。在当今世界,社会主义的文明已经是一种与资本主义文明平起平坐的、具有强大生命力的、代表人类文明发展方向的文明;全球化是在特定条件下人们思考全球性问题的独特的思维方式,成为考察现代性和后现代性的新背景。

也就是说,全球化是一个跨学科的命题,具体学科的解释不足以囊括全球化的全貌。但作为一种思维方式，可以多系统、多视角、多层次、广范围地考察和思考复杂多变的纷繁世界，考察现代性和后现代性的趋势和特征，从而进一步影响和改变人类运动的方式，特别是生活方式和思维方式，并进而推动世界全球化进程，推动世界历史进步。全球化是现代化的特有现象，全球化的到来，不仅改变了所有民族、国家现有的生存与发展的基本条件，而且逐渐对世界的经济、政治、文化甚至人的社会心理、伦理道德等方面都会产生广泛而深刻的双重影响。

二、全球化时代高校思想政治教育的本质及面临的挑战

研究高校思想政治教育的创新，在搞清其面临的时代背景既全球化的内涵特征及影响的同时，有必要对思想政治教育的本质内涵做一探究。如果不能正确认识和科学把握思想政治教育的内涵及其本质，就无法对其进行创新，也就难以达成完美的目标。

（一）思想政治教育的内涵与本质

思想政治教育作为人类社会的重要实践活动，存在于人类社会发展的不同阶段和不同的国家。它是伴随着阶级的形成和国家的产生而出现的社会政治生活实践活动，是人类社会劳动生活和社会生活需要的产物。思想政治教育作为重要的社会政治实践活动，其存在的合法性在于，它是以争取或维护、巩固一定阶级的阶级统治和阶级利益为其主要目标，并在一定程度上维护社会稳定、促进社会发展。在人类漫长的历史进程中，思想政治教育始终是维护和巩固阶级统治和实现阶级利益的重要方式。尽管名称不同，内容有所差异，但是在维护和巩固阶级统治上却有相同的旨趣。

1. 思想政治教育的内涵

要了解思想政治教育的内涵，需要从其历史功能角度来分析。就其功能看，思想政治教育具有社会功能和阶级功能。从其社会功能来看，它作为人类社会政治生活实践的一个重要方面，始终存在于人类社会发展的不同阶段和不同的国家。从其阶级功能来看，思想政治教育是伴随着阶级的形成和国家的产生而出现的社会政治生活实践活动，是人类社会劳动生活和社会生活需要的产物。

思想政治教育，作为一个基本范畴是中国共产党的首创，是中国共产党人在革命与社会主义建设的实践中，以思想政治教育活动为基础逐渐概括、总结上升为理论高度而形成的一门应用科学的成果。“思想政治教育”这一基本概念是在20世纪80年代逐渐固定下来，并在学术研究中为众多的研究者逐渐采纳。虽

然如此，人们对思想政治教育内涵与本质的认识和界定并不完全一致。有的学者认为，思想政治教育是指在一定社会的思想政治的统治下开展的，意在达成社会成员的政治认同和政治拥护、影响社会成员的心理与行为的社会实践活动的总和。它的具体内容、表现形式是随着对政治的不同诠释即政治观的差异而变化的。[①] 有的学者认为，思想政治教育是指一定的阶级、政党、社会群体遵循人们思想道德形成发展规律，用一定的思想观念、政治观点、道德规范，对其成员施加有目的、有计划、有组织的影响，使他们形成符合一定社会、一定阶级所需要的思想品德的社会实践活动。[②] 有的学者认为，思想政治教育可定义为一定阶级或政治集团，为实现一定的政治目标，有目的地对人们施加意识形态的影响，以期转变人们的思想，进行指导人们行动的社会行为。[③] 有的学者认为，思想政治教育是一种有目的性、超越性的实践活动。这种实践活动随着社会的发展和人们主体性的增强，其作用越来越重要。思想政治教育在社会生活中，是一种多属性、多因素的特殊活动。[④] 有的学者认为思想政治教育是指教育者按照一定社会或阶级的要求，有目的、有计划、有组织地对受教育者施行系统的影响，把一定社会的政治准则、思想观点、道德原则、法纪规范和心理要求，转化为受教育者个体的政治素质、思想素质、道德素质、法纪素质和心理素质的过程。[⑤] 有的学者认为，思想政治教育是指一定社会或社会群体用特定的思想体系、政治观点、道德规范，遵循人的思想、品德和心理等形成和发展规律，有目的、有组织、有计划地对人们施加的使他们形成符合该社会（社会群体）发展需要所要求的思想品德、政治素质和心理品质的社会实践活动。[⑥]

应该说，这些表述无疑揭示了思想政治教育的本质，突出了思想政治教育的功能性，强调了它为阶级统治服务的工具性。但在阐释其内涵上则有所差异，有的突出了政治内容，有的强调了思想和道德的内涵，但却没有能够把“思想—政治—教育”有机地结合起来并完整地揭示其内涵。这也恰是我国长期以来实施思想政治教育效果不佳的原因所在，包括大、中、小学校思想政治教育衔接不到位，一些行为养成的道德教育本来应该在小学或初中阶段完成的，反而到大学再

---

① 参见邱柏生、张怡：《思想政治教育新解》，《思想教育研究》2002 年第 9 期。

② 参见张耀灿、郑永廷：《思想政治教育学》，人民出版社 2006 年版，第 51 页。

③ 参见苏振芳：《关于如何界定“思想政治教育”概念的几点看法》，《思想政治教育学新探》2003 年版，第 31 页。

④ 参见郑永廷：《思想政治教育的本质及其发展》，《教学与研究》2001 第 3 期。

⑤ 参见熊建生：《大学生思想政治教育内容体系的科学构建》，《思想理论教育导刊》2006 年第 2 期。

⑥ 参见郝文清：《思想政治教育的内涵与思想政治教育学的研究对象》，《淮北煤炭师范学院学报》（哲学社会科学版）2010 年第 6 期。

进行补课或矫正,以致存在违背教育规律的现象。导致这种状况的原因,一方面是教育方法不科学所致;另一方面或者说更深层的原因,还在于人们对思想政治教育内涵的误读,在突出其政治性的同时,忽视了其思想性和行为养成。这也正是我们强调实施思想政治教育创新的根本所在。

现代思想政治研究认为,思想政治教育就其内容来说应该包括政治教育、思想教育、道德教育和心理教育四个要素,并且各个要素之间是相互影响、相互作用的有机整体,而且各个要素之间的层次有比较严格的逻辑关系,从低到高的顺序是心理教育、道德教育、思想教育和政治教育。各个层次之间的逻辑关系不可随意跨越,而且各个要素的内涵以及实现方式也有很大的区别。心理教育是培养学生健康完善的认知、情感、意志和行为,方法上重在感悟;道德教育是教育学生树立道德意识,养成道德行为,方法上重在践行;思想教育培养的是人的世界观、人生观和价值观,具有深厚的理论根源,它把理论及理论的内在联系教给学生,让学生去体会、去理解,方法上主要在于启迪;政治教育主要是进行政治理想、政治信念、政治方向、政治观点、政治情感、政治方法和政治纪律等方面的教育,目的是确立人们对国家、阶级、社会制度等重大政治问题的立场和态度,常用的方法是灌输和说教。其逻辑顺序应按照思想政治教育四要素的从低到高的顺序进行,也就是先进行心理教育,后进行道德教育,紧接着进行思想教育,最后进行政治教育。但我们的习惯做法则往往是把政治教育、思想教育、道德教育和心理教育这四个既有联系又有区别的方面混淆在一起,千篇一律地采用比较容易的灌输和说教的方法,其效果自然是低下的。

2.思想政治教育的本质

就其本质来说,思想政治教育既有为阶级、社会服务的特性,更有"建设人自身"的根本属性[①],二者不可分割。任何"非此即彼"的理解都是对思想政治教育的误读。

思想政治教育是由"思想""政治""教育"三个相关组合词有机结合而形成的一种新的教育活动与学科,是关于"思想政治"的教育,而不是其他。在这其中,教育是活动的方式,是手段,它限定了思想政治教育的活动状态与运行模式——必须按照教育的方式进行,遵循教育的规律,实现教育的目的。但思想政治教育又不同于一般知识的教育和思想教育,它担负着"使人成为人"的使命。作为"使人成为人"的属性,其教育过程既是与学生的"认知过程"的统一,也是与学生"人格养成过程"的统一。作为对科学知识的"认知过程",主要着眼于事实判断,是一个求真的过程,其教育的目的是使受教育者熟练而系统地掌握其思想和方法,

① 参见徐志宏:《探求思想政治教育的基本内涵》,2008 年 2 月 23 日《光明日报》。

并能够运用其分析和解决实际问题；而作为育人的“人格养成过程”，主要着眼于价值判断，是求善的过程，其教育的目的是使受教育者认识和理解、体验和认同价值体系的意义，并能够身体力行，形成自己的情感、态度、价值观，确定自己的理想、信念和人生目标。

也就是说，思想政治教育不同于“政治教育化，还是教育政治化”[①]的含义，它是一个独立的概念，有其特定的内涵，更不等同于西方发达国家的公民教育与政治社会化教育。思想政治教育不同于一般知识教育之处在于，它不仅要传授知识，还要传播思想，更要实现思想的改变，具有意识形态性；它不同于一般思想教育之处在于，它解决的不是所有思想问题，而是与政治紧密相关的思想问题，具有政治性；它不同于政治教育之处在于，它不仅要有高度的政治性，还要融政治教育于日常生活之中，达到“随风潜入夜，润物细无声”的境界。

（二）全球化对高校思想政治教育的挑战

思想政治教育无论是作为阶级、社会服务的工具，还是作为“使人成为人”的思想武器，能否取得实效性很大程度上取决于其能否契合时代特点，从实际出发，因时因地因人制宜。

1. 全球化进程对高校思想政治教育带来的挑战

在全球化时代，高校的思想政治教育被置于了一个更加广阔、开放和复杂、多变的时代环境之中。一方面，随着全球化的发展，世界的联系与交往空前活跃和频繁，人们的思想更开放、视野更宽广，对信息的选择和接受也具有更大的自主性。这无疑增强了社会思想文化的活力，有利于人们冲破旧观念的束缚，在比较中选择和吸取人类所创造的各种思想文化的优秀成果，促进文化和价值观的发展；另一方面，全球化也给传统思想政治教育观念、内容、方法和模式带来巨大的挑战，使得影响教育效果的不可控制因素明显增加，尤其是西方意识形态的渗透和传播，给思想政治教育带来了前所未有的冲击。

其一，全球化使国际范围内多元思想文化的斗争更加复杂。当今的全球化已经逐步从经济领域扩展到政治和文化领域。在这一过程中，“全球化在经济领域的扩张演变为意识形态和文化的话语权的争夺”，“呈现为文化领域中的交流和冲突”[②]。在全球化背景下，多元思想文化的激荡和冲突不仅表现为不同思想观念、文化传统、风俗习惯、行为方式的碰撞，更主要表现为发达资本主义国家借

---

① 参见柯昌有：《政治教育化，还是教育政治化？》，http://www.21ccom.net/articles/culture/edu/20150130119776.html. 2015 年 1 月 30 日。

② 张耀灿、郑永廷、吴潜涛等：《现代思想政治教育学》，人民出版社 2006 年版，第 61 页。

助经济、科技、军事等方面的优势所推行的，旨在消解、替代非西方国家意识形态和民族文化的政治霸权主义和文化帝国主义。西方国家往往通过全球化大力输出自己的影视作品、新闻报道、图书等文化产品以及文化产品中所蕴含的价值观、人生观和世界观，把文化全球化变成西方文化的“同质化”“一元化”“一致化”“一体化”，通过文化全球化进行文化渗透来影响、改变其他国家人民的文化取向和价值观念，从而实现“文化西方化”“文化美国化”“文化霸权化”甚至“文化殖民化”。西方大国经常利用全球化进程中的经济合作、学术交流、文化产品的输出、国际惯例的制定，以及关于人权、民主、宗教、民族等问题的炒作，强化其意识形态和价值观的输出。对此，高校的思想政治教育必须及时予以回应。

其二，全球化进程使社会主义理想信念教育面临挑战。在全球化时代，国际分工体系和市场体系的形成，使商品、资本跨越不同社会制度自由流动，把整个世界联结成一个有机整体。社会主义经济与资本主义经济相互交织、相互融合，社会主义制度与资本主义制度的关系也由“遏制—对抗”为主转变为“接触—合作”为主，既对抗又合作成为当今资本主义和社会主义相互关系的基本态势。然而，在这种时代条件下，有些人淡化了“两种制度”之间的差异与对立，社会主义信念不再坚定；一部分人尤其是一些领导干部盲目推崇西方价值体系，往往用西方的理论、制度、发展模式、价值观念、生活水平等来解构、批判中国现实，丧失应有的国家和民族精神的独立性。对此，中共中央组织部印发了《关于在干部教育培训中加强理想信念和道德品行教育的通知》，要求各地区各部门加强理想信念和道德品行教育，引导和帮助干部始终坚定共产主义理想和中国特色社会主义信念，始终坚守共产党人的精神家园。[①]《通知》指出，开展理想信念教育，关键是要引导干部把理想信念建立在对科学理论的理性认同上、对历史规律的正确认识上、对基本国情的准确把握上。要深入开展马克思列宁主义、毛泽东思想、邓小平理论、“三个代表”重要思想、科学发展观的教育，尤其要深入学习领会习近平总书记系列重要讲话精神，使干部真正领会贯穿其中的马克思主义立场观点方法，坚定对马克思主义的信仰，防止在西方宪政民主、“普世价值”“公民社会”等言论的鼓噪下迷失方向，防止在封建迷信和宗教的影响下失去自我。要深入开展中华优秀传统文化教育，引导干部继承和弘扬传统美德，捍卫国家和民族的精神独立性，防止成为西方道德价值的“应声虫”。学校是社会的重要细胞，领导干部的腐败及理想信念的丧失，在很大程度上挑战着高校思想政治教育“以理服人”的传统教育模式，“身教胜于言教”、国家综合治理能力的提升胜于“苦口婆心”的教育。

---

① 参见盛若蔚：《在干部教育培训中加强理想信念和道德品行教育》，2014 年 7 月 21 日《人民日报》。

其三，全球化给爱国主义教育带来了新的挑战。一方面，全球化条件下爱国主义的相关理念受到了冲击。在全球化的推动下，各国之间的相互联系、相互依存空前加强，各国利益相互交织，加上现代交通、通信、网络技术的飞速发展，联合国等国际组织作用的增强等，国家、地域的概念趋于淡化，世界仿佛已经变成了“地球村”。在全球化进程中，人们所处的环境与看问题的角度等都发生了变化，传统的国家观念、主权观念、民族观念及爱国主义思想均受到了不同程度的挑战，一部分人的爱国理念与爱国情感受到冲击。这主要表现为民族虚无主义和狭隘的民族主义思想并存。民族虚无主义认为，世界各民族正在融为一体，国界正在消失，没有必要把个人同特定的国家、民族捆绑在一起，应该淡化国家民族观念。这种观点实质上是丧失民族精神，丧失国家认同感和民族自信心的表现。狭隘的民族主义者认为，在全球化背景下本民族的利益绝对高于其他民族的利益，为了维护本民族利益，必然排斥甚至牺牲其他民族利益。另一方面，全球化条件下高校爱国主义教育方式和途径面临挑战。全球化的开放性使得家庭、学校、社会形成更加直接、有机的联系和相互渗透的态势，家庭尤其是社会对人们的影响越来越大，这就使得爱国主义教育途径由传统的“家庭的基础地位、学校的中心地位、社会的辅助地位”转向“家庭的辅助地位、学校的基础地位和社会的中心地位”，社会性途径在爱国主义教育中的地位和作用越来越凸显。同时，全球化也使得传统的以“灌输为主”的教育方式面临诸多不适。在政治多极化、文化价值多元化的开放环境中，教育对象无时无刻、随时随地都会受到来自四面八方各种思潮的冲击，特别是西方价值观念、思维方式和意识形态对个人的影响无处不在、无时不有、潜移默化。讲究“灌输”的策略和方法，提高爱国主义教育方式的艺术性与开放性，是当代爱国主义教育迫切需要解决的问题。全球化背景下以经济和科技实力为基础的综合国力的竞争日趋激烈，国家利益的发展和维护也面临更加复杂的国际环境。随着中国的崛起，某些大国把中国当作战略竞争对手，企图破坏中国安定团结、稳定发展的大好局面，对中国的内政外交进行各种阻挠、干涉和遏制。中国作为一个发展中的社会主义大国，要真正自立于世界民族之林，在增强综合国力的同时，必须大力增强民族凝聚力。当前，既要克服盲目排外、自我封闭的狭隘民族主义，又要旗帜鲜明地加强爱国主义教育，弘扬和培育民族精神，积极维护民族的独立和国家主权的完整，为实现中华民族伟大复兴的中国梦营造良好的国际环境。

其四，全球化对社会主义意识形态防御能力的挑战。随着全球化的发展，一些超越制度差异和意识形态分歧的人类所面临的共同问题日益突出，如国际犯罪问题、毒品走私、艾滋病的蔓延、核武器的扩散、全球温室效应以及环境的恶化等。这些全球性的问题所表现出来的普遍性、整体性及内在联系的深刻性，不是任何一个国家所能解决了的，这就要求不同社会制度的国家真诚合作，采取全球行动，携手合作才能解决全球性问题，共同推动全球化浪潮朝着有利于人类文明的方向发展。但是，全球化的发展不仅是“两种制度”日益交织和融合的过程，同时也是一个充满摩擦与斗争的过程。这种矛盾与斗争既表现为激烈的非制度性利益争夺与摩擦，也表现为制度性的冲突与斗争，只不过是这种斗争表现得更加隐蔽、间接和复杂。改革开放以来，特别是新世纪中国加入世界贸易组织以来，经济全球化的浪潮愈加迅猛，中国在和西方国家打交道的过程中，除了经济贸易上的往来以外，思想文化上的交流、交锋也日益增多，在这样的大背景下，西方的各种反动、腐朽和颓废的思想势必会传入到国内来，给思想政治工作带来了前所未有的挑战。我国高校很多大学生对人类社会发展的客观规律感到迷茫，对“资本主义必然灭亡，社会主义必然胜利”的信念产生动摇。甚至出现了不信“主义”信“鬼神”，不信“马列”信“风水”①的怪相，尤其是在网络新媒体环境下，社会主义意识形态的防御能力受到冲击，主导地位面临削弱，权威性遭到消解，其主要表现一是对西方意识形态渗透的应对能力不够高，二是对新媒体的引导能力不够强。这就直接影响着高校的思想政治教育的成效。

其五，全球化带来教育的国际化，高校思想政治教育将面对反华势力和西方文化意识形态霸权的挑战。随着世界经济全球化趋势的不断强化，各国把拓展知识产品出口，强化知识产权的保护和加大对他国开放服务和知识市场作为对外政策的重要组成部分，使得不同社会制度和价值观念之间的意识形态领域的冲突与斗争日益剧烈，大学生思想政治教育的国际化成为必然趋势。一方面，全球化的发展对高校、对人才培养质量提出了新的要求，谁能够培养高素质的人才，谁就能在日益激烈的国际竞争中赢得主动权。另一方面，教育国际化又促进了世界范围内的广泛交流与合作，在交往促进各民族各类文化相互交流和融合的过程中，不可避免地引发或激化全球化与民族文明、民族文化的矛盾。国际化人才的培养必将面对的是中国文化和其他国家文化之间的差异。包括宗教信仰、文化形态、民族意识、价值取向等诸多方面。作为国际化人才，既要保持本土文化，吸取西方文化中精华的部分，也要对糟粕有警惕意识，不能任其侵蚀。国际化人才在面对文化冲击时，必不可少的需要是文化免疫力的提升。人才在实现自身价值和维护国家利益时，如果完全被异国文化同化，就达不到培养国际化人才的目的。

① 肖向梅：《高校应对意识形态工作挑战的路径选择》，《人民论坛》2012年第8期。

(三)网络新媒体环境对高校思想政治教育的挑战

随着全球化进程的加剧及新媒体的大发展,高校思想政治教育资源在极大丰富、手段也更加多样的同时,其难度和时效性也进一步增强,对教育者的要求也大大提高。

1.网络新媒体的兴起使思想政治教育工作所处的环境日益复杂

21世纪是信息网络化的时代。在这个时代,互联网已广泛渗入到社会生活的各个领域,从而引起了社会生产和人们的生活方式的深刻变化,开始形成了人的第二个生存空间——"网络社会"。随着网络技术的快速发展,各种思想文化相互撞击,使思想政治教育工作所处的环境更加复杂,新情况层出不穷。现代高新传媒技术的发展使国内外一些错误思潮和不良文化也扩大了传播范围,弱化了舆论导向的控制力度,增加了思想政治教育工作的复杂性。全球化时代,在很大程度上,谁掌握了信息、控制了网络,谁就拥有了整个世界。特别是"斯诺登事件"爆出的内幕,更是令人感到极度震惊和不安,"互联网的发展对国家主权、安全、发展利益提出了新的挑战"①。当今世界,有的国家已经把互联网作为实施渗透、干涉、颠覆他国的武器。他们利用互联网窃取他国军事和经济情报;通过互联网操控舆论、制造谣言,挑起事端、策划动乱。在"阿拉伯之春"的动乱中,网上攻击就已经成为颠覆别国政权的最常用手段,互联网成为加剧冲突和对抗的战场。

2.新媒体的交互性与即时性、海量性与共享性深刻影响着人们的思维模式和价值观念

网络新媒体是相对于报刊、广播、电视等传统媒体而言的媒体形态,它以互联网、数字存储和移动通信为技术支撑,以网络论坛、手机报、博客、微博、微信、数字电视为主要形态,是一种向社会公众提供信息服务的新兴媒体。新媒体的交互性与即时性、海量性与共享性,多媒体与超文本、个性化与群体化等潜力和特点正快速改变着人们的生活方式,深刻影响着人们固有的思维模式和生活样态,塑造着人们的价值观念和精神风貌。② 根据学校学生工作处对齐鲁师范学院1～4年级大学生网络使用时间分布、网络使用地点分布、网络使用频率、手机上网频率,网络使用功能分布、网络关注偏好分布、网络生活辅助功能分布、网络消费结构、网络下载结构、网络娱乐结构,网络交流功能分布、网络好友陌生人比

---

① 耿聪、刘军涛:《习近平在巴西谈互联网治理》,http://politics.people.com.cn/n/2014/0717/c1024－25296103.html ,2014年7月17日。

② 参见叶桑:《新媒体时代大学生思想政治教育价值理念创新研究》,《伦理学研究》2014年第1期。

例、网络交友有效性等项目的调查显示，网络多媒体的使用在学生中已经普及，影响极大。

一是从网络使用时间分布（详见图 1-1）来看，主要上网时间是在晚上，占 90.12％；课间、中午、下午上网时间比例接近，分别占 29.62％、27.91％和 19.77％。整体而言，大学生上网随意性比较强，各个时间段都可以上网，而且存在课堂上网甚至逃课上网的现象，比例分别能达到 4.07％和 1.16％。这个群体客观存在，也是学校进一步加强学风建设的方向所在。

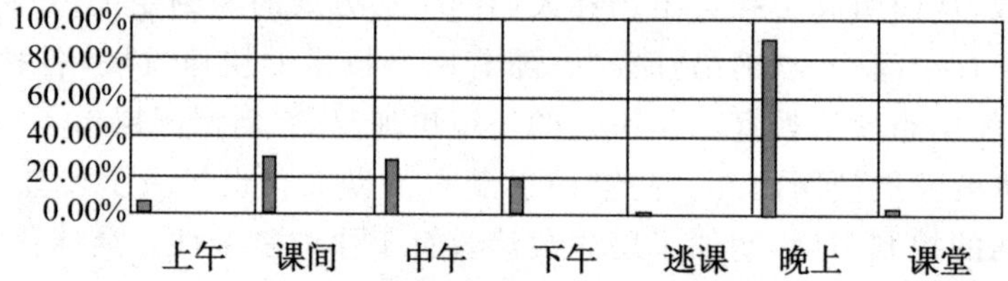

图 1-1 网络使用时间分布

二是从网络使用地点分布（详见图 1-2）来看，学生主要在宿舍上网，占 86.63％；同时随着手机网络化的推广，有 56.98％的大学生会用手机随时随地上网。在图书馆和机房上网的比重为 15.12％和 6.40％；随着学生公寓无线网络的覆盖率的增高，以及手机网络的普及，网吧上网的比重越来越小，仅占 4.07％，这也是值得关注的特征。

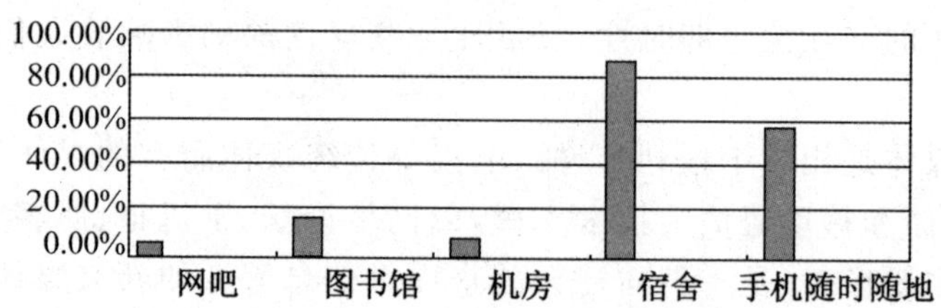

图 1-2 网络使用地点分布

三是从网络使用频率（详见图 1-3）来看，每天上网 1～3 个小时的大学生比重最大，占 54.07％；每天上网 3～5 小时的比重次之，占 25.58％。这两个群体代表绝大多数学生的平均水平。每天上网 7 小时及以上的大学生占 1.74％，过长的上网时间势必会占用课堂学习时间、业余休息时间，这个群体客观存在，也是引导其合理分配时间、脱离对网络依赖的重点关注对象。

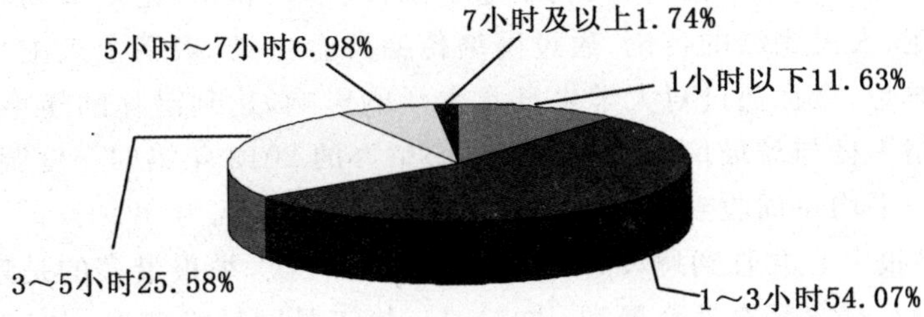

图 1-3　网络使用频率分布

四是从手机上网频率来看，经常使用的比例占 38.37%，有时使用的比例占 45.35%，二者合计 83.72%。可见，手机网络作为新媒体在大学生中的使用率比较高，对大学生思想政治教育工作者以很大启示，大学生网络思想政治教育载体随着手机网络的发展应拓展到手机平台，研发出大学生容易接受的手机信息平台载体，比如 APP。

五是网络使用功能分布来看，大学生常用网络看电影或其他视频比重最大，占 81.40%，聊天比重次之，占 68.6%。这两项显示大学生网络使用的娱乐性占主要位置。大学生常用网络浏览新闻的占 57.56%，查询资料、收发邮件的占 53.49%。这两项显示其信息功能所占位置也比较明显。此外，登录论坛、贴吧和写日志、微博分别有 25%的大学生选择此项，这两项显示网络交流是大学生网络使用功能的第三主体。参见图 1-4。

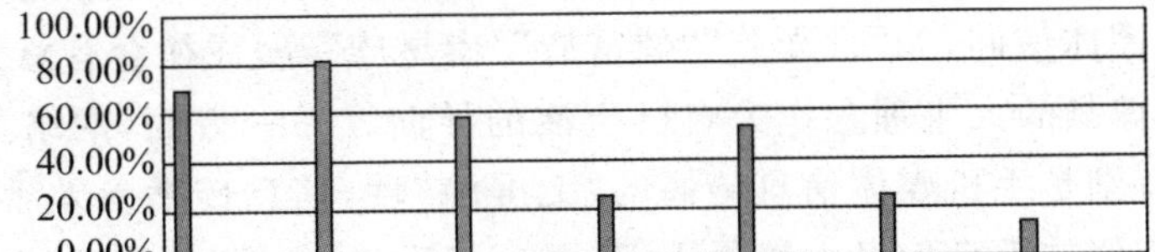

图 1-4　网络使用功能分布

毫无疑问，手机媒体与网络媒体的融合，拓展了信息传播方式，极大地扩大了信息传播的覆盖面，随着信息传播的迅速、便捷以及涌现的新事物、新思想、新潮流给大学生原有相对稳定的价值体系带来了极大冲击，使高校思想政治教育面临前所未有的严峻挑战。

其一，随着全球化进程的加剧及其网络的发展，西方意识形态的渗透和传播极大地影响着当代大学生的思想价值观念，增加了高校思想政治教育的难度。

近年来，西方敌对势力试图将网络作为颠覆我国国家政权的重要手段，通过互联网大范围传播煽动性的政治内容，利用电子邮件、聊天软件、论坛等到处散布不利于国家安定、人民团结的言论，通过网络传播拜金主义、极端个人主义和享乐主义等腐败思想，意在通过对大学生日常生活的影响，达到潜在的迷惑和诱导。据12321网络不良与垃圾信息举报受理中心举办的2013年第四季度调查显示，电子邮箱用户平均每周收到的邮件中，垃圾邮件所占比例为32.3%。[①] 2014年5月12321举报中心共收到垃圾邮件的举报8254件次，举报最多的是违法出售票、证类，占32.2%；其次是会展类，占21.15；第三是网站推广类，占18.1%，来自国际反垃圾邮件组织共享的我国境内外发垃圾邮件的IP地址21125个。[②] 不良的手机短信及垃圾邮件对处于极易对大学生造成误导，严重影响到大学生的健康成长。因为现在的在校大学生，基本上都是属于“90后”，其群体性格在现实生活中往往表现为鲜明的个性化——重视自我或彰显自我，追求个性解放和自我价值实现，对传统容易表现出一定的逆反性心理倾向。[③] 特别是在虚拟网络空间中，他们因剥离了社会身份和附加属性，交流变得更为隐蔽和自由，言论和表达也会异常活跃和流畅，话题价值基调、是非观念取向总体正向积极，但因大学生的心理特征和喜好偏向，也往往会以一种非常态化、调侃自嘲的形式呈现。由于大学生处于青春晚期，好奇心强，接受新事物快，同时辨别是非的能力还不强，缺乏成熟的逻辑理性判断力，很容易被西方意识形态，以及低级颓废思想所影响和左右，出现思想观念上的混乱，这不利于他们健康思想的形成。

其二，网络文化的多样性，特别是“三俗”(庸俗、低俗、媚俗)文化的传播，极易导致大学生信仰迷茫、道德失准和价值取向模糊化。一方面，意识流的多样性，易使大学生无所适从或者盲目随大流，很容易参与到网络虚拟群体中，产生网络空间小团体信仰，如“月光族”“炫富族”“崇星族”等，往往会有意无意地选择某一种较为偏颇的人生理念作为自己生活的导向。另一方面，网络负面信息的大量涌入，特别是手机媒体信息传播的“无屏障”性，信息传播参差不齐，缺乏伦理道德的、虚假的不良信息大量涌入，甚至一些反动、色情、封建迷信的信息也大量涌入，严重冲击着大学生的价值取向和道德认知，导致一些大学生出现道德失准，对一些优秀传统道德观念盲目排斥，我行我素，道德立场不再坚定，甚至在道德行为上也出现莫衷一是的态度，甚至沉溺于黄色、暴力网站而不能自拔，严重影响正常的学习和生活，有甚者走上了违法犯罪道路。

---

① 资料来源：12321举报中心，2014年3月31日。

② 资料来源：12321举报中心，2014年6月24日。

③ 参见叶桑：《新媒体时代大学生思想政治教育价值理念创新研究》，《伦理学研究》2014年1期。

其三，网络的虚拟性、隐蔽性对大学生的道德意识和心理带来了挑战。在网上，人的性别、年龄、身份等均可以被掩盖，这使传统的社会道德规范的约束力在网络上相对减弱，而容易造成大学生道德意识的弱化。此外，学生在网络上过着一种完全虚拟的生活，当他们在虚拟的世界获取的快乐超过现实世界时，可能引发不良心理状态的产生，导致人际关系障碍、安全焦虑、人格障碍等。也就是说，网络的不科学使用极易导致大学生出现依赖与沉迷，甚至出现严重自闭等心理障碍。由于网络资源的丰富，使大学生充满新奇和诱惑。有调查显示，尽管大学生使用网络频率非常高，但是真正用来学习的时间还不到1/5。许多大学生将网络作为观看电影视频、网络游戏、交友聊天等主要工具，由于缺乏较强的自我控制力，许多大学生在这个过程中不能够把握度的问题，出现了对网络的依赖心理，尤其是娱乐性强的网络使用，会让一些大学生陷入对网络的沉迷而不能自拔。马克思指出，人的本质在于他的社会性，大学生的健康成长是在与周围环境互动中实现的，这突出表现在日常的人际交往和情感交流上。网络工具的人机互动信息获取方式，尽管存在许多虚拟的点对点信息沟通，但在严格意义上则是单通道的，因此网络使许多大学生脱离了现实生活，在虚拟中寻求精神的满足，人际交往能力不断下降，有的还出现了较为突出的自闭倾向，甚至转变为较为严重的心理障碍，其人格结构也出现异常。

其四，网络新媒体的发展，使高校思想政治教育者的知识结构和教育模式面临挑战。在以往的思想政治教育过程中，教育者往往起着主导作用。教育者可以设计并控制着思想政治教育全过程，组织和引领教育对象参加教育活动①，保证了教育活动的良好秩序，促进了教育任务的完成和教育目标的实现。同时，国家在信息的传播过程中处于主导地位，且具有绝对的权威，通过传统媒体向学生传递着主流思想。但随着现代媒体的发展特别是手机媒体的不断普及和手机媒体技术的不断提升，传统的思想政治教育模式和手段受到了巨大冲击，思想政治教育者的媒体素养亟待提高。一是随着手机播报的迅速传播，海量的信息资源迅速快捷地涌入大学生视野，而相比之下部分高校思想政治教育者所具有的知识结构则相对老化，信息掌握相对滞后，利用手机媒体开展对大学生进行及时有效的思想政治教育的素养和能力面临挑战。二是在传统教育模式中，对大学生进行思想政治教育的方式主要是个别谈话、座谈会、课堂讲授等面对面的方式进行的。应该说这些方式针对性强，在以往的工作中取得了良好的成效。但随着手机媒体的普及，大学生自主性和独立性增强，更多的喜欢利用手机媒体去浏览自己感兴趣的信息。相比之下，如果高校思想政治教育者信息掌握不够灵敏的

① 参见陈万柏、张耀灿：《思想政治教育学原理》，高等教育出版社2007年版，第150页。

话，就难以把握大学生的思想动态和思想问题。三是随着社会的进步，当代大学生更具有学习的自主性和批判性，对于教师的直接灌输存有逆反心理，甚至提出质疑，挑战教师的权威。可以说，随着社会的发展和手机媒体的普及，思想政治教育者的主体地位正在减弱。四是网络思想政治教育实效性的主导因素使教育者队伍的结构与素质面临挑战。网络环境下，要提高思想政治教育网站的知名度、点击率，就必须首先从加强教育队伍建设入手。从教育队伍素质来看，要加大培训力度，不断提高综合素质，使教育者成为既有较高思想政治教育理论与工作艺术，又熟悉信息网络技术的复合型人才；从教育队伍结构来看，要建立良性的用人机制，整合资源，建设一支包括思想政治教育理论研究者、思想政治理论课教师、网络技术人员、政工干部、学生党员骨干等在内的专兼职结合的稳定队伍，取长补短，发挥综合优势。

(四)社会转型对高校思想政治教育的挑战

改革开放以来，我国社会随着计划经济体制向市场经济体制的转型发生了深刻而复杂的变化。社会主义市场竞争体制下，不同社会主体成员在公平竞争的格局下，参与市场竞争，在追求自身利益的前提下，推动我国社会主义经济的蓬勃发展。社会主义市场机制不仅极大地推动了我国经济发展水平，也给中国民众的精神意识带来了前所未有的冲击。一方面经济社会发展过程中积累的医疗、教育、住房、收入分配、社会管理等方面的突出问题逐渐呈现，导致社会不满情绪滋生、蔓延，和谐社会建设面临重重困难；另一方面，大学生就业压力逐年递增，社会主义核心价值观培育进展缓慢，全球化的网络信息影响深远，整个思想文化领域正经历着嬗变与重组的震荡，失去了原有的平衡与稳定，给大学生思想政治教育带来了更多的困惑和难题。

1. 市场经济的物质诱惑致使一些人道德沦丧

市场经济强调物质利益原则，追求利润的最大化，在某种意义上极容易滋生拜金主义、享乐主义和个人主义思想，再加上现实生活和经济发展中存在的一些矛盾和问题，也增加了人们情感上的隔膜和思想上的波动性。这一切，都不可避免地影响着身处其中的当代大学生。加之中国社会正处于极不稳定的转型期，一些问题和矛盾，如减轻农民负担问题未能妥善解决，党内消极腐败现象仍然屡禁不止，一些地方社会治安混乱等等，也给大学生思想造成不少负面影响。与此同时，“90后”大学生由于受到西方文化思潮和价值观的冲击及一些社会不良风气的影响，在生活中，有些学生追求腐朽没落的生活方式，出现了互相攀比、拜金、不诚信等现象。前几年，苹果 iphone 手机在我国极为流行，有些高校学生互相攀比，争先购买 iphone 手机，甚至出现了有的学生为了满足自己的虚荣心，为了购买一个 iphone 手机不惜卖掉自己一个肾的恶劣事件。也有的学生为了过奢侈生活,不惜当“小三”、求“被包养”,甘当“坐台女”等等,失去了道德底线。

2.市场经济影响学生的价值观念趋向多样化

一方面,大学生群体高度关注经济社会发展的各个方面,效率观念、生态环保观念、民主法治观念、竞争观念、合作共赢观念等不断增强,关注和平问题、两极分化问题、环境保护问题、社会公平问题等,并在行动上积极参与这些领域的社会公益活动和其他活动。另一方面,由于改革带来了利益调整和市场经济导致的社会成员的生存竞争,大学生面临许多涉及切身利益的问题,如升学、就业、发展、权利维护等不公平问题。改革带来的利益机制调整,西方实用主义价值观念的影响,都使大学生更加关注与自身的生存和发展密切相关的问题。关注自我成长、自我发展、自我价值的实现无可厚非,但在重视自我的过程中,大学生往往被各种社会思潮所左右,呈现了信仰的多样化或虚无化。有些学生对星座、算命、宗教等领域感兴趣;有些学生以自我为中心,以工具化的人生态度对待社会和他人,以自己个人的想法来理解外部世界,以自己个人的标准来评判和选择一切,按照自己个人的需求和意志来行动;个别大学生过分关注个人功利的需要,轻视乃至忽视社会的、精神的需要,毫不隐讳自己求学的目的是为了自己,为了得到一份悠闲轻松而又收入丰厚的工作,为了出人头地;有些大学生具有逆反心理,蔑视道德,否定崇高,亵渎理想。一旦这些不满情绪滋生、蔓延开来,则容易激发大学生群体事件。社会转型期,由于经济结构不合理、体制改革不到位导致分配关系不合理、居民收入差距拉大,再加上社会经济转型时期政策不当或执行不力、腐败丛生等现象的出现,助长了社会不满情绪的滋生。这种不满情绪随着亲朋好友、用人单位、高校教职工等多种渠道蔓延到高校校园,极易使在校大学生对社会的认识出现偏差。

3.全球化时代西方文化对大学生思想意识的冲击

改革开放的过程,对于中国而言,绝不仅仅是经济体制变革,它给整个中国带来了翻天覆地的改变。改革打破了传统的计划经济体制,激发了中国企业的活力,推动了中国经济的发展。开放突破了“文革”对于民众思想的禁锢,为人们打开了一扇了解世界、认识世界、融入世界的大门。回首改革开放 30 多年的变迁,对外开放使得中国人民第一次有机会全方位的去感受世界各国的经济、政治、科技、文化,同时也让世界感受到中国的魅力。

改革开放敞开了中国国门,使得民众有机会接触世界,了解世界,实现了东西方文化的融合。在高校中,通过引入外教使得大学生不仅有条件提高学习语言和感受外国文化的兴趣,而且还有机会近距离接触外国人的思想观点和生活方式;通过发展中外高校学生交流活动,加深中外大学生之间的友谊,有利于东西方文化的交流;高等教育的对外开放,使得国内大学教育中第一时间引入国外最新的教科书、教学理念和教学方法,让学生明晰现代高等教育发展方向;留学制度的逐渐完善,使更多的学生有机会到国外,接受原汁原味的西方教育。这在某种程度上既能激发学生的学习热情,也有利于他们完善知识体系,丰富人生阅历。但不可忽视的是,在对外开放过程中,西方文化对中国民众的影响已危及到了人们的价值观念和思想认知。好莱坞电影、肯德基、可口可乐,这些产品已不仅仅是西方的产品,更像西方文化的一个符号。西方国家借助中国的改革开放,在向中国输入商品和服务的同时也在悄悄地通过各种方式向中国民众传输他们的生活方式、文化理念甚至思想认知,而成长在改革开放之后的"90后"一代青年学生,恰恰成为受西方文化影响最深的群体。很多学生通过消费外国商品和观看好莱坞电影,被其中所包含的文化所打动。他们羡慕西方丰富的物质财富和自由的生活理念,追求西方社会的生活方式,对中国的传统文化和现行制度产生逆反心理。这无疑给高校思想政治教育带来了一个新的难题。

有些学生在大学四年中,所关注的只是托福、雅思、GRE等英语学习,对专业知识反而不屑一顾,甚至高呼"没有G(GRE)托,大学就没有寄托"。在这些学生心目中,外国大学和外国教育体制是一种完美的教育制度,是他们梦寐以求的目标。在该思想意识影响下,他们更愿意生活在自己的个人王国里,对于学校安排的集体活动漠不关心,也不愿意和同学打成一片,更不愿服从学校安排。他们往往迷信外国商品比国内商品好,外国文化比中国文化有内涵,外国制度比中国制度民主、科学。因此在校园学习生活中,不仅在现实生活中追求奢侈,而且在虚拟网络上对一些热点事件发表较为偏激的言论,追捧西方制度。一些崇洋媚外思想也给高校校园带来一些不和谐因素。

4.高等教育从精英化向大众化转变的挑战

高校招生规模的不断扩展,导致高校硬件建设增建但软件建设滞后。高校用大量的人力、物力和财力不断建设教学楼、学生宿舍、食堂、浴室等生活设施,以满足不断增长的学生规模。然而高等教育的发展,不仅仅需要配套硬件设施的完善,更需要大量高素质教师和管理人员的配套。但是,在我国目前各高校中,往往更注重对大楼、实验室等硬件设施的持续投入,而对于师资水平、教学质量和管理制度的关注却相对滞后。师资与管理等软件设施的缺乏,成为制约我国高等教育发展的短板。尽管各级教育行政管理部门一再强调高校要追求内涵发展,但师资力量的缺乏导致大班上课和集中教学的现象极为普遍。而管理人员的缺乏,使得高校学生管理的幅度明显偏高,每个学生管理者都必须管理数百甚至上千名学生,这种粗放式的教学管理模式的弊端相当明显。由于缺乏针对性的教学与管理,我国高等教育管理水平逐渐滞后于社会的需求,大学生就业难创业指导成为普遍的社会难题。

5.新时代大学生自身特点的变化也对高校思想政治教育提出了挑战

当今的在校大学生，基本上都是“90后”，独特的成长发展环境塑成了他们一些较为特殊的心理价值倾向，其群体性格在现实生活中往往表现为鲜明的个性化——重视自我或彰显自我，追求个性解放和自我价值实现，对传统的集体观念、奉献精神容易表现出一定的逆反性心理等等。进入大学，随着生理心理的日益发育成熟，社会活动范围的扩大以及学习生活环境的变化，大学生在思想上行为上要发生一系列明显变化，出现许多引人注目的新特点。

其一，思维敏锐。新一代大学生具有敏锐的观察力和思维力，能够感知历史跳动的脉搏，热切关注社会问题和时代变革。他们支持改革开放，关心中国特色社会主义事业的进展，同时对现存的社会弊端高呼革除；对社会中的不正之风、腐败现象深恶痛绝，非常关心党风和社会风气的根本好转；能够很快适应社会主义市场经济的新环境，具有相应的开放意识、自主意识、竞争意识和效益意识。

其二，观念多样化。由于家庭状况、学习条件、社会背景不同，人际交往范围和内容不同，所受社会影响的层面和程度不同，身心成熟状况、社会实践经验、文化知识素质不同，主观努力不同，大学生的思想观念色彩纷呈，不仅不同地区、不同年级、不同专业的大学生的观念各有其地区特点、年级特点、专业特点，即便同一班级、同一宿舍的大学生的观念也各具独特的个性色彩。

其三，行为上存在矛盾性。大学生思想尚未完全定型，存在着很大程度的矛盾性。他们希望正确认识社会，但又缺乏深刻分析和辨证思考的能力；他们愿意积极参与社会，却往往脱离社会需要陷入自我设计的空想之中；他们追求各种新知，但往往因为缺乏辨别力而良莠不分、照单全收；他们要求净化社会风气，但有时自己也会受不正之风的污染；他们想做一个道德高尚的人，但在实际生活中又常常难以律己。心理的企盼与实际行动的矛盾纠结，使很多学生陷入痛苦而不能自拔。

其四，情感的多变性。大学生涉世未深，缺少社会实际经验，世界观、人生观、价值观尚未正式定型，正处于体验、比较、思考、探索时期，因而情感具有不稳定性。社会生活的重大变革、时代思潮的迅速变化、思想文化的交错影响、学业爱情等方面的成功与挫折，都会引起情感的两极变动。其变动趋势往往非此即彼，在肯定与否定、积极与消极的两个端点之间跳跃。

另外，大学生情感变化还具有一定的盲目性。他们由于缺乏坚定正确的理想信念，缺乏明确的目的和追求，很容易受到外部环境因素的影响，为一时的冲动情绪所左右。所有这些，无疑对当今高校思想政治教育提出了新的要求。

三、全球化时代高校思想政治教育的创新机遇

全球化如同一柄双刃剑,它在推动社会生产力发展和资金、资源、人才等在世界有效配置的同时,也对世界不同地区不同国家带来了新的挑战。有挑战就有机遇,抓住机遇应对挑战,就能获得新发展。

(一)全球化为高校思想政治教育创新提供了宽广的平台

哈佛大学第一任女校长德鲁·福斯特在就职演说时曾特别提到一封来自50年前的信。这封信是1951年科南特校长委托哈佛档案馆保存,并转交给"下一世纪开始时"的哈佛校长的。在信中,他担心第三次世界大战的一触即发,"很有可能使我们所居住的城市包括剑桥在内遭到破坏……我们都想知道,自由世界在未来的50年里会如何发展"。福斯特强调:"正如科南特所处的时代一样,我们也处于一个使我们有充足的理由忧虑不安的世界,我们面对的是不确定。"[①]2013年哈佛推行的最新一轮课程改革,在很大程度上就是对这个时代的"不确定性"的一种回应。全球化与科技革命是其中最大的两个不确定因素,所以新课程计划中加重了科学的比例,并且一再强调"国际化视野"和"合作意识"。强调至少在这个世纪,他们希望培养的绝不是象牙塔里孤独的学者,而是能在未来世界里长袖善舞、应付各种各样挑战的人。哈佛大学本科生的课程设置以不少于1/4的通识课程作为必修课。这反映了哈佛大学契合全球化时代发展的不确定性而采取的一种回应。尽管在其400多门的通识课程中没有"思想政治教育"课程的名称,但却不乏伦理、道德、文化、信仰、世界中的美国等与思想政治教育相关的课程。

哈佛大学的课程改革在很大程度上启示我们:在全球化时代,思想政治教育课程有着其他课程不可替代的地位和作用,同时也告诫我们,要想保障思想政治教育的有效性就必须凸显其时代性和时效性的特点,及时抓住全球化给思想政治教育所带来的良好机遇。

1.有效契合全球化为思想政治教育营造良好的政治环境和思想基础

全球化的发展推动了世界各国的相互联系和普遍交往,增进了国家之间的相互了解与合作,和平与发展成为当今世界的主题。虽然社会主义国家和资本主义国家之间在意识形态、政治制度上的矛盾与对立依然存在,但随着全球化进程的发展,世界经济已日益形成一个"你中有我,我中有你"的不可分割的有机整

---

① 转引自陈赛:《在哈佛学什么?》,2013年6月27日《三联生活周刊》。

体。任何一国的发展都离不开其他国家的发展，对抗带来的是两败俱伤，唯有对话、交流与合作才会互利互惠，实现共赢。因此，发达资本主义国家从其自身利益的角度出发，也需要与包括社会主义国家在内的广大发展中国家加强交流与合作，共同解决世界经济发展和其他诸如生态危机、环境恶化、国际犯罪恐怖主义等世界性问题，这就为社会主义的发展赢得了较为有利的国际和平环境。在全球化背景下，我国对外政策更加注重"和平解决争端"；在意识形态上，既讲斗争，又重在发展自己的战略思路有利于我们在抵制西方腐朽思想文化的同时，学习其优秀的文化成果，为思想政治教育创新提供养分。同时，随着中国加入世贸组织，与国际接轨的步伐加快了，政府决策和行为的透明度不断提高，法制建设的完善和政府职能、管理方式的改变，为思想政治教育创造了良好的政策制度性环境。随着社会主义市场经济的发展和完善，我国经济实力不断增强，人们的行为和心理状态以及思维方式都随之发生了积极的变化。这无疑有助于我们在更深层次上认同全球的理念、民主的理念、科学的理念、法制的理念、道德的观念，增强主体意识、竞争意识，特别是我国政府应对"入世"的一系列政策和策略所体现出来的有所作为、敢于竞争和善于竞争、抓住机遇、发展自己等一系列崭新理念，为思想政治教育观念更新提供了更为直接的思想来源。

2.全球化进程为思想政治教育提供了深厚的知识铺垫和宽广的全球视野

随着全球化的发展，世界各国的联系日益紧密，相互依赖程度加深，这使发达资本主义国家逐步认识到，发达国家的发展离不开发展中国家的发展；发达国家的长期稳定和繁荣不可能建立在发展中国家贫穷和动荡的基础上；全球化问题的解决也离不开发展中国家的参与；世界性的问题需由各个国家联合起来共同解决。新一轮金融危机的爆发及集体应对进一步证明了这一道理。因此，发达国家应该承担起支持发展中国家发展经济和改善全球环境的责任。社会主义国家是发展中国家的重要组成部分，发达资本主义国家不得不重新认识社会主义国家的力量和作用。同时，对于发展中国家来讲，社会主义国家与其具有同样的发展背景和共同的发展任务，在国际舞台上具有共同的利益，从而使社会主义国家尤其是中国在国际政治中的地位不断提高。在与世界各国频繁交往中，我们不仅能够有更多的机会在更短的时间内引进和学习世界各民族优秀文化的最新成果、先进的管理经验和现代科学技术，也使我们能够更直接、更全面、更客观地了解和认识当代资本主义，使我们能够在更加科学的意义上和更为科学的形态上构建思想政治教育新理念。在这个过程中，一些有利于经济发展的思想理念正逐步被大学生接受和强化，并被引入到高校思想政治教育中来，成为开展思想政治教育的重要资源，比如效率观念、生态环保观念、民主法制观念、良性竞争观念、合作共赢观念等。这些思想理念在经济全球化背景下都将被纳入高校思想政治教育的视野之内，成为思想政治教育内容的组成部分，高校思想政治教育的内容在经济全球化背景下不断地丰富起来。

3. 全球化的发展为思想政治教育提供了更加先进的技术载体

全球化、网络化为思想政治教育提供了更加先进的载体，对实现思想政治教育手段的现代化具有积极的推动作用。信息网络化扩大了思想政治教育的覆盖面，可以借助互联网，冲破围墙，向各地辐射，向不同的群体宣传，从而扩大了思想政治教育的覆盖面、增加了教育的信息量。信息网络化增强了思想政治教育的针对性。网络教育所具有的即时性、互动性特点，使思想政治教育有可能顾及到每一个受教育者，使每一个受教育者都能以各种不同方式阐述自己的观点；教育者也可以为受教育者答疑解惑，从而使教育活动双方的沟通和交流得以加强，教育者还可以及时地、有针对性地对教育内容进行调整和补充，从而增强了思想政治教育的针对性。信息网络化增添了思想政治教育的生动性和多样性，利用互联网将文字、声音、图像、动画效果融为一体，营造出一个立体的、动态的、活泼的教育氛围，能够使受众有身临其境之感，发动眼耳鼻舌身全方位地接受信息，大大提高了思想政治教育的效率。

在这样的时代条件下，高校思想政治教育就需要适应网络信息传播的新特点，采取相应对策。其一，网络上的内容具有生动性和广泛性。传统的思想政治教育大多靠一块黑板、一支粉笔、一张嘴来完成，方式单一且内容枯燥。面对日益，现代化的传播手段和新时期、新环境中的大学生，这样的思想政治教育不仅很难有感染力和影响力，甚至容易因使受教育者产生厌烦心理而达不到良好的教育效果。利用互联网进行思想政治教育，恰恰能克服这一缺陷。互联网上的信息不仅有文字形态的，还有声音、图片和动画。这些图文音像并茂的影视画面，具有信息整合的优势，并采用了相对独立的形式，使学生如身临其境，从而可使思想政治教育达到最佳的教育效果。其二，跨时空性。互联网营造了一个超越地域和国界的信息传播空间，它使得“地球村”的理想逐步变为了现实。在网络上没有地理空间上的局限，所以就使传统意义上的“高校围墙”陡然消失，不同高校、不同地区乃至不同国家的学生都可以通过网络实现资源共享。网络的跨时空性极大地缩短了教育者与被教育者之间的距离，打破了以往的思想政治教育中教育者和被教育者面对面接触的方式，学生可以通过丰富多彩、生动活泼的网上交流活动，对国内外的重大热点问题进行讨论，也可以随时就某些困惑不解的问题在网上向老师咨询和请教。这种使受教育者由被动为主动的思想政治教育形式，更有利于思想政治教育工作效果的达成。其三，快捷性和及时性。高校思想政治教育工作的对象是思想认识、价值观念、思维方式等均呈个性化、多元化、复杂化的大学生群体。面对这样一个群体，能否及时地把握和捕捉信息，准确地掌握学生的思想动态,及时地发现和解决他们思想上存在的问题,直接关系到能否掌握思想政治教育工作的主动权。被喻为“高速公路”的计算机网络,其信息传输的快捷大大缩短了知识和信息传播的时间和周期,从而也极大地提高了思想政治教育工作的效率。其四,互动性。大学生们进入网络世界,都在进行自己所想要的一种人机互动。在这种情况下,如果思想政治教育工作者能很好地利用网络开展思想政治教育工作,就可以调动起学生的主观能动性,从而体现对大学生进行思想政治教育中的“自我教育”和“自我帮助”的特点。特别是网络上的匿名性的特点,可使学生更容易地说出自己的真实想法。这与以往的思想政治教育工作中大学生与思想政治教育工作者面对面时容易出现抵触情绪相比,更契合了当代大学生的心理需求,因而就更能发挥思想政治教育的功能。

(二)网络新媒体的发展为思想政治教育创新提供了先进的技术支撑

现代网络新媒体高超的技术特性,是传统思想政治教育的技术和手段无法比拟的。它能随时随地地将文本、声音、图像、视频信息传递给设有终端设备的任何地方、任何人,网络中的每个人既是信息的接受者,又是信息源的提供者,这为新时期高校思想政治教育提供了一片崭新的天地,也带来了难得的创新契机。

1. 随着手机媒体技术在大学生中的普及应用极大地丰富了思想政治教育的资源和实效性

目前,一些高校设置的思想政治教育网站,无疑是契合网络新媒体特点实施思想政治教育创新的尝试。据中国互联网信息中心发布的报告,在数以千万计的网民中,大学生是最活跃的群体,高校思想政治教育可以通过提高进网络的力度来提升其实效性。例如:清华大学建立的“红色网站”,北京大学的“红旗在线”,上海交通大学的“焦点”网站,江西财经大学的“明德网”,浙江大学的“求是潮”等,都在高校思想政治教育方法创新方面进行了有益的尝试,发挥了重要的作用。可以说,网络新媒体环境下使高校思想政治教育呈现了丰富性、互动性、平等性、即时性、隐蔽性、精准性的新特点。①

一是丰富性。基于互联网服务和云服务的新媒体技术,其本身就拥有数量惊人的综合类资源。每个人又都能进行信息的发布与交流。此外,还可以通过复制链接等技术,将其他相关媒体,特别是传统媒体,如报纸、广播中的信息整合后制作成电子版资讯上传到网络平台中。海量信息使得新媒体快速传播成为可能,也使得大量且新鲜的信息资源与素材可以源源不断注入高校思想政治教育中,为教育工作的进一步发展奠定了基础。

---

① 参见叶桑:《新媒体时代大学生思想政治教育价值理念创新研究》,《伦理学研究》2014 年 1 期。

二是互动性。网络是现实的延伸，既是现实的人的延伸，又是现实社会的延伸。网络环境实际上是“网上”与“网下”互动影响的系统。① 当然，由于网络的虚拟性，网上问题的解决必须参考网下现实社会的实践活动。也就是说，网络思想政治教育还不能取代“网下教育”，而应该探索“网上引导”与“网下教育”相配合的机制，既要“键对键”，也要“面对面”，网上网下工作配合互动，使教育效果聚集放大。②

三是平等性。在传统媒体时代公众是完全的受众者，而新媒体这一网络虚拟化平台却主导了选择权和控制权，以期信息发布达到权责一致的较公平状态。此外，介入其中的个体在一定程度上淡化了自己真实的身份，使得其心理障碍降低，在与思政工作者的交流中也较容易将自己与对方置于同一互动的地位。在此情况下，更能鼓励学生将现实生活中不敢或不能说出的话，通过新媒体交互工具传达。因此，这就有利于思想政治教育工作者们了解学生真正的想法，把握他们思想动态的变化，从而将自身的学习与实际工作联系起来。

四是即时性。新媒体加速了媒介与受众之间的反应速度，使得新媒体具备充分的即时性。思想政治教育者应用新媒体进一步增加了自身的应急能力，对紧急情况与临时情况的处理水平显著提高。新媒体强大的交互性对响应和处理提出了更高要求，必须当下、当时、当即给予答复，否则，爆炸式增长的信息流将很快淹没重点信息，影响到下一阶段的情况处理。“多点”对“多点”的传播方式使得即时传播的速度非常快，使得主体和客体之间的信息交流即点即通，也大大减少了思政工作者们为掌握学生情况所花去的时间，甚至还突破了地区乃至国界等时空限制，使得天南海北的思想交流成为了可能。

五是隐蔽性。新媒体环境构建了独立于社会现实生活的虚拟社会，高校思想政治教育者在这一环境中具有隐蔽性和不可控性。现有的网络技术已经可以让师生自由选择服务器节点，相应的代理服务器也将更新 IP 地址，既可以单纯地以“游客”身份浏览信息而不直接参与互动，也可以更改、伪造或隐藏自身自然属性，创设虚拟身份参与其中，辅之以声音、符号、表情等方式起到传情达意的效果。新媒体的隐蔽性使得思想政治教育能够达到潜移默化的效果，让大学生在不知不觉中接受和认可相关的教育理念，并借助新媒体强大的互联性以虚拟身份进行传播，使得教授过程更为柔性，也比强制灌输意志更为易于接受。

六是精准性。新媒体网络环境营造了一个让人袒露心扉的虚拟空间，心智尚未发育成熟的青年大学生偏向将情绪和经历展示于公众空间，通过别人的关

① 参见周静:《网络文化背景下大学生情绪管理的向度与实现》,《黑龙江高教研究》2012 年第 12 期。

② 参见赵扬:《新媒体背景下大学生思想政治教育工作的创新思考》,《思想教育研究》2012 年第 6 期。

注获得心理上的满足。这也使学生更容易在网络上流露内心的真实想法和现实中的困惑，避免了在社会现实条件下因彼此间的不信任感而造成信息不对称的风险。大多数青年学生出于社交目的考虑在新媒体网络工具上填写的个人资料具有一定的可信度，用户身份相对真实的前提使得倾诉者的安全感和真实感在一定程度上得到满足，宣泄的效果也更能符合预期。高校思想政治教育工作者可以通过校内热门帖子、QQ群聊和“人人网”留言等方式掌握学生的思想动态，洞察细微变化，并有针对性的进行疏导和帮助，使得教育工作做到有的放矢、对症下药。

2. 手机微信、手机微博等现代通讯传媒的兴起使高校思想政治教育的手段更加多样

教育手段是指教育者与被教育者相互传递信息的工具与设备。在手机媒体普及之前，高校思想政治教育的手段一般局限于课堂、座谈、谈话、社会实践等活动。应该说，这种教育形式具有一定的功效，但该类思想政治教育活动往往受时间、地点、制度的局限，而手机媒体承载的多种交流方式为思想政治教育工作提供了多样化的教育方式。手机微信是最早进入人们生活的手机媒体，它可以作为日常沟通交流的工具，弥补语言通话的不足，还可以传递新闻、服务信息，与广播、电视、互联网等其他媒体实现互动等。手机微信对于乐于追求时尚和潮流的大学生群体来说，已成为他们生活的重要组成部分。这对于高校思想政治教育工作者来说，运用手机微信的独特优势开展思想政治教育工作也是如虎添翼。

因为相对于传统传媒和其他新兴媒介，手机微信在传播上具有独特优势。一是便捷，手机用户可以随时随地根据自身的需要发送微信，操作简单、发送及时，便于掌握。二是私密性。手机微信点对点传播，由信息发送者直接发送到信息接收者，保证信息的私密性。三是互动性。信息自发送者发出后，接受者就会进行回复，与发送者进行交流、互动。四是可靠性。当信息接受者关机或手机信号不好，无法及时接受信息，所发微信会自动存储，待信息接收机开机或接受到手机信号时，再次进行发送，保证信息顺利到达。五是非现场性。手机微信可以使信息发送者与信息接受者在缓冲的空间，双方对信息的编写和回复的内容可以进行深入思考，有利于一些问题的沟通和事情的解决。六是可复制性。有些微信会让人如沐春风、有些微信会引人思考、有些微信会让人会心一笑，这些微信带给人的是正能量。这样的微信若希望与人分享，只需要利用手机微信的转发功能，就可以发送给其他人，与他人共享。

总之，手机微信、手机报、手机飞信、手机微博的兴起，极大地丰富了大学生的业余生活，促进了人际交流沟通，但一些不良微信包括色情、欺诈、诅咒等微信的传播也严重影响着心智还不完全成熟的大学生的健康成长。对此，思想政治

教育工作者就需要有效利用手机微信及网络平台，趋利避害，及时帮助青年学生在使用现代信息工具时自觉屏蔽其不良影响，净化校园手机媒体环境。

在这方面，有些高校已开始了有益探索。例如：清华大学鼓励思想政治理论课教师通过网络学堂、电子邮件、手机飞信、人人网、博客或微博、QQ或微信与学生进行跨时空的交流，实行网下与网上两个课堂相结合，引起了社会的关注和同行的好评。武汉理工大学牢牢抓住新媒体在思想政治教育工作中的载体作用，通过创造环境、拓展路径、凝练内涵，不断推进思想政治教育工作。他们相继成立了微文化工作室，强化微博、微信制度建设和队伍建设；构建了以官方微博、微信为核心，以学院部门、班团支部、校园文化、社团协会、师生达人为成员的“双微”矩阵；借助学校理工党员学习教育网，设计校园生活资讯APP“掌上理工大”，运用“啪啪”“微视”等新媒体应用技术，形成新媒体思想教育的生动格局；依托新媒体平台，打造“学习两会精神”“中国梦·学子梦”“青年之声”“小薇说事”等思想政治教育课堂品牌栏目，开展理想信念教育；在校内微博和官网上开辟“理工力量”人物通讯专栏，发布师德建设等专题稿件，依托微博、微信开展“中国梦·理工美”征文、摄影等大赛，传递正能量；开通新浪微博自助认证和粉丝服务两大平台，培育以知名教授、辅导员、思政课教师、优秀团干部等为代表的校园意见领袖，引导师生积极参与核心价值构建和主流文化引导活动；邀请人民网、新华社等知名专家来校为师生普及新媒体专业知识，与新浪腾讯微博开展合作共建，发布校园微博年度运行报告，壮大校园微博实践和管理队伍，使新媒体素养成为思想政治工作的必备能力。南京师范大学还探索运用网络平台改革本科生思想政治理论课教学，“用网络平台传授知识点，用课堂专题传播思想”①。

网络新媒体不仅为思想政治教育工作者提供了一个课堂之外融入大学生生活和真实内心世界的沟通交流平台，更建立了一个全员育人的平台。在这个开放包容的平台之上，所有的思想政治工作专职人员、专家、专业课教师、辅导员乃至学校领导都可以在新媒体建立的平台中平等互动交流，实现全员育人、全程育人、全方位育人。

（三）市场经济竞争机制的建立与运行有利于培养大学生的竞争意识

我国由计划经济向市场经济的转轨，冲破了传统计划经济体制所导致的主体意识缺失、思维方式落后、激励机制匮乏等弊端，竞争观念、效率观念、独立意识被社会广泛接受。这是因为：

---

① 缪志聪：《从被动听讲到主动思考——南京师大运用网络平台创新思政课教学纪实》，《中国教育报》2014年6月23日。

1. 市场经济要求人们具备竞争意识和效率意识

市场经济与计划经济的本质区别就在于其以市场作为资源配置的基本手段，因而具有竞争性，这是市场经济体制存在于发展的根本保证。适度有效的市场竞争为企业创造了良好的外部环境，也为个人实现现代化提供了发展机会。长期以来形成的安贫乐道、安于现状、缺乏竞争的传统已经无法适应市场经济的需要，转而要求人们具有公平、公正、公开地竞争，以竞争促进效率提升的现代化素质。竞争意识和效率观念的提升既是市场经济发展的要求，也是社会进步的体现。

2. 市场经济要求人们具备独立意识

计划经济体制下，社会运行的主体是政府而非企业，这导致了个人自我意识的缺乏和独立人格的缺失。社会主义市场经济体制将人们从指令计划、行政命令和长官意志的束缚中解脱出来，摆脱了人格依附，形成了主体意识。而市场经济的进一步发展，就要求人们素质的现代化与之相适应，培养独立自主的现代意识。独立意识，不仅要求现代人在人生道路的选择上具有自主性，在工作、生活中具有独立性，而且要求现代人在个人、家庭、社会事务上具有自主参与选择、自负责任的能力与意识。身处改革开放的时代潮流中的大学生，深受市场经济的磨砺，开放意识、竞争意识、能力意识、实力意识、平等观念、效率观念相对强烈。

竞争是指个体与个体或群体之间试图超过对方赢得胜利的心理或行为。竞争能使人勤奋勇敢、充满活力，推动社会进步和发展。但过度竞争也会产生很多心理副作用，如长期焦虑、脾气暴躁、情绪紊乱、身心疲劳等。由于没有达到预期的目标，心理素质不是很过硬的人或多或少地产生意志消沉、精神变态等情绪。[①] 竞争心理是人格特征的一个组成部分，它会影响到一个人的交际方式、行为习惯、工作热情，乃至身体健康。大学生竞争心理主要表现为个体或个体所属的群体为了己方的利益(包括物质利益和精神利益)与别的个体或群体展开争夺利益归属的心理。当代大学生，特别是 90 后大学生从小就生活在市场经济体制下，竞争意识比较强烈，具有目标明确、情感强烈、富有个性的特点。竞争目标清晰而明确，使竞争者时刻保持积极的态度和昂扬的斗志，百折不挠，最终取得理想的竞争结果。他们积极健康，充满热情，勇于通过竞争实现自己的目标。很多学生从进入学校开始，就在课余时间，通过社会实践，自主创业等形式，从事商业活动，在学习期间，提前感受社会的市场竞争氛围，为今后走向社会打好基础。可以说，竞争意识的培养与形成对大学生的成长成才具有积极影响。健康的竞争意识有利于培养大学生的创新思维，促进大学生创新思维等非智力因素的形

① 参见岑延远、聂衍刚：《论个体竞争性的心理学研究》，《心理发展与教育》2005 年第 3 期。

成，对大学生创新能力的培养以及健全人格的塑造起到巨大的推动作用[①]；竞争意识有利于促进大学生正确地评价自我，了解自身的优势和劣势，在竞争中能够扬长避短，最终达到提高自身能力的目的；竞争意识有利于培养大学生乐观开朗的生活态度，以面对生活和学习的压力，及时排解不良情绪，能够从平凡的生活中发现乐趣，积极地应对竞争和挑战。当然，竞争意识对大学生也会产生消极影响。包括现实生活中的无序竞争、逃避竞争、不讲诚信、违规犯纪、危害他人等，都会程度不同地影响到学生。例如，有些学生为了取得优异的学习成绩，不愿与同学合作，不愿与同学共享自己所学习到的新方法、新知识，以免他人超过自己，有时甚至利用一些不恰当的手段来维系自己的名次地位，弄虚作假，甚至发生给同学投毒的恶性事件等。所有这些问题表明，任何事物的发展都具有两面性，甚至多面性。高校的思想政治教育任重道远，需要面对新情况，解决新问题，契合时代发展的步伐，不断探索创新。

---

① 参见刘靖炜、刘爱书：《大学生竞争态度与五大人格关系的研究》，《中国健康心理学》2008 年第 4 期。

第二章　全球化视域下高校思想政治教育的内容创新

思想政治教育的内容是思想政治理论教育目标的具体体现。我国高校思想政治教育的主要内容是社会主义主流意识形态教育，其基本内容是从社会主义革命、建设和改革实践中总结概括出来的，具有相对稳定性，但它又不是一成不变的。根据教育目标和教育对象身心发展规律的变化而不断调整教育内容，根据时代和社会发展而不断充实和丰富发展教育内容，就成为思想政治教育创新的首要任务。

一、高校思想政治教育内容创新的目标、原则与理论依据

(一)高校思想政治教育内容创新的目标

高校思想政治教育内容创新的目标是一个多元的综合体系。我国高校思想政治教育内容的创新不仅是为了更好地继承和坚持马克思主义思想理论和政治立场，更好地坚持和发展中国特色社会主义理论体系，更好地弘扬和培育民族精神和时代精神，更重要的是为了更好地提高大学生的公民道德素质和促进大学生的全面发展。具体包括：

1. 更好地继承和坚持马克思主义思想理论和政治立场

中国近现代史已经证明，马克思主义的指导地位和中国共产党的领导地位的确立都具有历史的必然性。作为社会主义国家，中国共产党代表无产阶级和中华民族成为中国特色社会主义事业的领导核心，中国共产党的指导思想马克思主义也必然成为当代中国社会意识形态的核心，并进而成为高校思想政治教育的指导思想。马克思主义指导思想决定了社会主义核心价值体系的性质与发

展方向。继承和坚持马克思主义思想理论和政治立场，是社会主义核心价值体系教育的核心要求，也是维护社会主义文化建设的性质与方向的必然要求。我国高校的首要任务就在于培养“四有”的社会主义事业接班人。高校思想政治教育内容创新的首要目标就要更好地继承和坚持马克思主义思想理论和政治立场，使马克思主义在社会主义意识形态领域中居于指导地位。

2.更好地坚持和发展中国特色社会主义理论体系

中国特色社会主义理论体系是马克思主义中国化的理论成果。中国特色社会主义理论体系是高校思想政治教育的指导思想，同时也是高校思想政治教育的内容。在当代中国，坚持社会主义的建设方向，就必然要求坚持马克思主义思想的指导。当前我国经济社会发展已进入重要的调整时期，中国特色社会主义理论在实践中不断丰富和发展，既继承和发展了中华民族的优秀传统文化，也批判地吸收和借鉴了世界各国优秀文明成果；既体现了思想道德建设上的先进性要求，又体现了广泛性要求；既坚持了社会主义先进文化的前进方向，又符合不同层次群众的思想状况；既具有广泛的适用性和包容性，也是联结各民族各阶层的精神纽带。当代高校青年学生思想活动和心理活动既有明显的差异性，同时当代高校学生的思想意识独立性和选择性也非常强。所以，高校思想政治教育内容需要在继承和坚持马列主义经典理论的同时，创新发展中国特色社会主义理论体系，并使中国特色社会主义理论体系进课堂、进教材、进学生头脑，用这一理论体系教育和武装高校青年学生，使他们坚定马克思主义的理想信念，真正地理解、掌握和学会运用中国特色社会主义理论指导自己的实践和生活。高校思想政治教育内容的创新可以让高校思想政治教育更加贴近大学生实际，更易于为大学生所接受，也能够更好地坚持和发展中国特色社会主义理论体系。

3.更好地弘扬和培育民族精神和时代精神

中华民族的民族精神是以爱国主义为核心，团结统一、勤劳勇敢、爱好和平以及自强不息的精神。它使得中华民族创造了灿烂的文明，生生不息、连绵不绝，表现出强大的生命力。民族精神是一个民族的脊梁，也是一个民族信心和力量的源泉。时代精神是每一个时代特有的普遍精神实质，是一种超脱个人的共同的集体意识。时代精神集中表现在社会主体意识形态之中，但是在社会发展过程中，并不是所有的意识形态中的各种现象都能够表现着时代精神，只有某些体现时代发展潮流的意识形态，才能够标志着这个时代的精神文明，能够对社会生产发展产生积极影响，符合时代精神的具体体现。时代精神是一个时代的人们在文明创建过程中所体现出来的优良品格和精神风貌，是激励一个国家和民族奋发图强、振兴祖国的强大精神动力，更是构建新时期精神文明建设的重要内容。时代精神反映一个时代人类社会发展变化的基本趋势，并且已经成为被世界绝大多数国家和人民共同的意志、心愿和精神追求。培育和弘扬中华民族的民族精神能够有效抵制西方的腐朽思想对当代大学生的渗透,能够在最大限度内凝聚和动员当代大学生的力量,为建设中国特色社会主义提供精神动力和智力支持。所以,当前的高校思想政治教育内容创新必须更好地弘扬和培育民族精神和时代精神。

4. 更好地提高大学生的道德素质和促进大学生的全面发展

大学生作为祖国未来的建设者,提高大学生道德素质,促进大学生全面发展,是提高民族素质的基础。大学阶段是道德素质教育的重要时期,重视倡导爱国守法、团结友善、明礼诚信、敬业奉献、勤俭自强等全社会倡导的基本道德规范教育尤为重要。针对高校学生加大道德教育,结合社会实际,将与社会体制相适应的公民道德素质教育融入高校思想政治教育中,能够为大学生打下坚实的基础。只有在大学阶段坚持不懈地进行细致教育,将道德教育逐步渗透,才能切实地提升大学生的道德素质,才能为社会输出具有坚实道德素质基础的公民,才能为全面建成小康社会提供强大精神动力和道德支撑。同时,人的素质是全面而综合的,素质的范畴包括身体、心理和思想道德素质,以及科学文化素质。人的自由发展意味着人的主体性增强、独特性增强。马克思主义认为,教育是实现人的全面发展的根本途径。人们对于不熟悉的社会内容多数可以通过教育来完成,比如人们可以通过教育来了解、熟悉社会的生产流程,人们可以通过教育来发现自己的兴趣爱好,可以通过教育来选择自己的职业发展方向,可以通过教育来了解更多的社会动态,避免传统社会分工的片面性。马克思关于人的全面发展理论,为我们指明了促进大学生全面发展的方向,奠定了高校思想政治教育的理论基础。高校思想政治教育的最终目标就是促进大学生的全面发展,培养大学生成为中国特色社会主义事业的合格建设者和接班人。要实现当代大学生的全面发展,在高校必须要进行行之有效的高校思想政治教育,而且在高校思想政治教育的内容创新过程中,要坚持以促进当代大学生的全面发展为目标,努力发掘并且有效提高高校思想政治教育的实效性,以增强高校思想政治教育内容的吸引力和感染力。

(二)高校思想政治教育内容创新的原则

强调高校思想政治教育内容创新,绝不是随意所为,必须坚持原则。高校思想政治教育内容的创新只有坚持必要的原则才能有所依循,才能保障思想政治教育内容的创新符合培养社会主义“四有”接班人的需要,也才能使高校思想政治教育内容的创新工作健康有序地顺利进行。

1.坚持马克思主义理论的指导地位

马克思主义理论是社会主义核心价值体系的灵魂，是我们立党立国的根本指导思想。高校思想政治教育的内容也必须要以马克思主义理论为指导。马克思主义理论的指导地位在高校思想政治理论教育内容方面丝毫动摇不得。随着改革开放的深入，我国社会经济成分、组织形式、利益关系和分配关系日益多样化，人们的价值选择、社会意识、生活方式也日趋多样化。面对诸多变化，我们既要尊重差异、包容多样，更要强调和坚持指导思想和主导价值的地位，重视和巩固社会主义的理想信念，用共同理想凝聚力量，并坚持马克思主义的指导地位不动摇。只有这样，才能最大限度地形成思想共识，充分挖掘和鼓励不同阶层、不同群体所蕴含的积极向上的思想力量，齐心协力建设中国特色社会主义。

2.坚持以中国特色社会主义理论为主体

中国特色社会主义理论是马克思主义基本原理与中国具体实际相结合的理论结晶。自中国共产党成立以来，始终坚持以马克思主义的世界观和方法论作为指导，在领导中国人民进行革命与建设的过程中，始终将马克思主义的基本原理同中国的具体实际相结合，创立了马克思主义中国化的社会主义理论体系，包括毛泽东思想、邓小平理论、“三个代表”重要思想、科学发展观和“中国梦”等理论。中国特色社会主义理论是中国共产党在马克思主义的指导下，立足于当代中国社会实际，整合发展中华民族优秀文化，在中国特色社会主义革命和建设的伟大实践中，不断创新发展、解决现实问题、推进社会主义理论创新的结晶。当前，我国在经济社会各方面所取得的巨大成绩，得益于我们在社会主义现代化建设中开辟了中国特色社会主义道路，形成了具有中国特色的社会主义理论体系。马克思主义中国化是马克思主义在中国传承与发展的重要成果，是中国特色社会主义现代化事业的理论指南，同时更是中华民族的宝贵精神财富。在高校思想政治教育内容创新过程中，要始终坚持以中国特色社会主义理论体系为主体，同时使用这些理论来指导和创新高校思想政治教育内容。

3.坚持以学生为本，从学生实际出发

高校思想政治教育内容的创新要坚持以大学生为本，突出大学生的主体地位。历史唯物主义认为，人民群众不仅创造了物质财富，也创造了社会精神财富，是社会变革与发展的决定性力量。人民群众是历史前进的推动力量，是历史的真正创造者。社会发展的目标是为了实现人的全面而自由的发展，所以促进大学生的全面发展是高校思想政治教育内容创新的原则目标。高校思想政治教育内容的创新就是要进一步做好高校学生的思想工作，就是要真正以大学生为本，尊重和满足大学生的物质和精神发展需要，发挥大学生的能动性和创造性，促进大学生全面发展。高校思想政治教育内容创新是在实践中的创新，现实的创新性实践活动必将推动高校思想政治教育内容的不断完善，增强其实效性。因此，高校思想政治教育内容创新，必须贴近当代大学生的实际，坚持以学生为本，在实践中发展和创新高校思想政治教育的适应性内容。

4. 坚持借鉴继承与开拓创新相结合

继承是发展和创新的前提和基础。历史上任何时期的高校思想政治教育内容，都是总结前一个时期的成功经验和现实基础上建立起来的。如果离开前一时期的高校思想政治教育内容，就相当于失去了其继续发展和理论创新的条件，如果抛弃了以前的社会发展历史，高校思想政治教育内容的发展和创新就丧失了基础和前提。同时，借鉴和吸收西方相关教育内容发展的有益经验为我所用，可以更好地充实和丰富高校思想政治教育内容。借鉴继承的内在目的和必然要求是发展创新，而发展创新则以继承借鉴为前提与基础。所以，高校思想政治教育的内容的创新必然是在继承借鉴基础上的开拓创新。高校思想政治教育内容创新不仅要继承和借鉴其他相关学科的理论知识，更要在其他学科的理论知识提供的全新理论视野下，与时俱进、开拓创新，不懈地建构符合时代要求的高校思想政治教育新体系。①

（三）高校思想政治教育内容创新的理论依据

理论依据主要是与思想政治教育密切相关的历史唯物主义的基本原理和中国化马克思主义理论体系的重要原理等。其中，马克思主义关于社会存在与社会意识的辩证关系原理，以及上层建筑与经济基础的辩证关系原理是最基本的理论依据；而马克思主义的人学理论，以及社会主义精神文明建设的原理则是直接的理论依据。

第一，社会存在与社会意识辩证关系原理要求高校思想政治教育内容不断创新。恩格斯指出："每一个历史时代的经济生产以及必然由此产生的社会结构，是该时代政治的和精神的历史的基础。"②历史唯物主义认为，社会存在与社会意识二者是辩证统一的。社会存在决定社会意识，社会意识又反映着社会存在，社会意识是对社会存在的主观反映，产生于现实的社会存在。唯物史观向我们揭示了社会存在与社会意识之间的辩证关系。社会存在是社会生活的物质方面，主要包括人们在生产方式、人口因素和地理环境等方面；社会意识主要是指

① 参见周伟音：《三十年来高校思想政治教育内容创新研究》，齐齐哈尔大学硕士学位论文，2014年。

② ［德］恩格斯：《〈共产党宣言〉1883年德文版序言》，《马克思恩格斯选集》第1卷，人民出版社1995年版，第252页。

在社会生活的精神方面，包括政治、法律、哲学、道德、科学以及社会心理和风俗习惯等方面。社会存在与社会意识辩证关系原理为高校学生思想状况原因的分析，以及基于此的高校思想政治教育内容的制定提供了科学的理论基础。

马克思主义历史唯物主义基本原理告诉我们，社会意识的发展具有不可忽视的历史继承性。同时，社会意识与社会存在的发展、社会发展水平又是不平衡的，具有很强的相对独立性。社会意识并不完全依赖于社会生产力发展水平，即便是在落后的社会物质条件下也可能产生先进的社会意识和社会文化。而且各种社会意识形态一经存在彼此之间就会产生相互作用和影响。而在这些思维形式中，社会意识处于主导、支配的地位，而且只能是统治阶级的思想意识形态。同时，社会意识对社会存在的发生发展起反作用时，可能促进社会进步，也可能阻碍社会的进步发展。顺应历史发展趋势的社会意识一旦被人民群众所掌握，就能够成为人们改造现实世界的巨大物质力量，具有推动社会发展的巨大动力。发挥社会意识的能动性，必须要通过具有目的和意识的人的社会实践活动，才能够得以实现，统治阶级要想维护和巩固本阶级的统治地位，就需要使用本阶级的意识形态教育青年一代，形成统一的思想意识，培育本阶级统治所需要的青年接班人。正是基于这一原理，我国高校思想政治教育内容的发展和创新过程中，要始终坚持不懈地用马克思主义理论和中国特色社会主义理论教育广大高校青年学生，使他们树立共产主义的远大理想，坚定他们走中国特色社会主义道路的信念。

第二，上层建筑与经济基础关系原理要求高校思想政治教育内容不断创新。在马克思主义哲学理论体系中，经济基础主要是指在社会发展到一定阶段后形成的社会经济制度，即社会生产关系的总和。马克思主义认为经济基础是上层建筑的基础，一定的经济基础和一定的上层建筑共同构成一定的社会意识形态。上层建筑是指建立在一定经济基础上的社会意识形态以及与之相适应的政治法律制度和设施等的总和。在阶级社会中，政治法律制度和设施是上层建筑的重要组成部分，通常简称为政治上层建筑。马克思主义认为，经济基础和上层建筑具有辩证关系，即经济基础和上层建筑是辩证统一的。一方面，经济基础决定上层建筑。经济基础是上层建筑赖以产生、发展和存在的物质基础；经济基础的性质决定上层建筑的性质；经济基础的变革必然能够引起上层建筑的变革，并因此而决定着其变革的发展方向。另一方面，上层建筑对经济基础同时具有反作用。上层建筑会为自己的经济基础的形成和巩固服务。上层建筑能够通过多种多样的形式反作用于经济基础，而思想政治教育就是其中极为重要的形式。如前所述，中国高校思想政治教育内容必然是中国共产党和社会主义国家通过高等院校教育教学实践，对高校学生进行有规划、有组织的教学活动中所蕴涵的思想政治、道德法纪和心理健康等方面的实质性内容。实践已经反复证明，在中国社会主义革命和建设中，中国共产党的思想政治教育工作发挥了巨大的能动作用，不仅保障了经济发展工作以及其他一切工作，沿着社会主义建设道路的发展方向前进，而且提高了社会主义建设者的思想政治觉悟，使他们焕发出蓬勃的劳动生产积极性。同时，党的思想政治教育内容在高等教育中的推行，也为社会主义现代化建设事业培养了大批合格的社会主义事业建设的接班人。高校思想政治教育内容是高校思想政治教育的基础，要发挥高校思想政治教育的重要作用，必须重视高校思想政治教育的内容要与时俱进的创新，使教育内容始终符合历史进步的趋势，符合我国社会经济的发展要求。

第三，马克思主义的人学理论指出了高校思想政治教育内容创新发展的方向。马克思主义认为："人的本质不是单个人所固有的抽象物，在其现实性上，它是一切社会关系的总和。"①人的本质不是一成不变的，随着社会关系的发展而不断发展变化的，在不同的生产力发展阶段，由于生产关系不同，因此人的本质上也不尽相同，社会关系对人的本质形成具有决定性的影响作用。当前高校学生思想特点的认识是我们思考问题的前提，要想把高校思想政治教育内容传输到学生的脑海里、心坎上，就必须从当代大学生的实际情况出发。马克思主义的人学理论以人为研究对象，揭示了人的生存、发展的规律。高校思想政治教育内容发展和创新的目的是促进大学生的全面发展，培养社会主义建设的"四有"新人，因此两者在本质上是一致的。马克思主义的人学理论指出了高校思想政治教育内容创新发展的方向，运用马克思主义人学理论可以指导和引导高校思想政治教育内容创新和发展。在高校思想政治教育内容发展和创新中运用人的本质的理论，从高校学生的社会属性出发，准确判断当代高校学生的思想观念，在高校学生现实的社会关系基础上设置思想政治教育内容，结合各种社会关系的处理引导广大高校学生，把个人价值和社会价值结合起来，在为社会作贡献中实现个人价值。

第四，社会主义精神文明建设的原理要求高校思想政治教育内容不断创新。改革开放以来，中国共产党将精神文明与物质文明共同作为我国社会现代化建设的目标，逐步提出并且不断完善了中国社会主义精神文明建设的理论体系，以及一系列理论内容。社会主义物质文明与社会主义精神文明之间具有紧密联系，社会主义精神文明建设需要以社会主义物质文明建设作为基础，同样物质文明建设需要社会主义精神文明为其提供精神动力和智力支持。思想道德建设属于社会主义精神文明建设的理论范畴，思想道德建设决定着精神文明建设的社

---

① [德]马克思：《关于费尔巴哈的提纲》，《马克思恩格斯选集》第1卷，人民出版社1995年版，第56页。

会主义性质和发展方向；社会主义精神文明建设同时还包含教育科学文化建设，教育科学文化建设则是提高人民群众道德水平和思想觉悟的重要保障。思想道德建设与教育科学文化建设相互影响和渗透，其关系处理得当就可以互相促进、共同发展。这些社会主义精神文明建设理论内容，不仅创造性地发展了马克思主义经典理论，而且成为中国化马克思主义理论体系的有机组成部分。

（四）高校思想政治教育内容创新的实践依据

高校思想政治教育就其内容的存在形式来说，既是理论文本式的，也是实践经验的及时总结和概括。这就决定了高校思想政治教育内容创新富有实践性。

首先，创新思想政治教育内容是时代发展的需要。在全球化时代，多媒体网络高度发达，信息传播快速发展，特别是随着我国社会转型带来的新变化和改革开放后我国高校及大学生的一系列新变化的出现，要求高校思想政治教育内容必须坚持从实践中来，经受实践的检验，并伴随实践的发展而不断调整，通过创新来满足实践的需要。新媒体环境下思想政治教育呈现了如下特征：一是教育主客体关系的交互主体性特征，即教育主客体互动的模式由主客二分向主体际性转向，教育主客体互动的方式由人与人的直接互动向人与机的间接互动转向，教育主客体互动的时空向度由实时同步向实时同步与延时异步相融合转向；二是教育内容传播的技术性特征，即教育内容传播时效由单向滞后性向多向即时性转向，教育内容传播形式由单一媒体形态向多媒体形态转向，教育内容传播范围由相对封闭的小众向整体开放的大众转向；三是教育环境的耗散结构特征，即教育环境是开放的联系、非平衡的联系、非线性的联系；四是教育方法的连续统特征，即教育方法的存在原理是现实性与虚拟性的连续统，教育方法的运用理路是网上教育与网下教育的连续统，教育方法的作用机理是显性灌输与隐性渗透的连续统。面对新媒体带来的全新的理念以及大学生不断多样化的价值取向，思想政治教育内容必须更新，使之更接近现实，更易被学生所接纳，更富有实效性。

其次，注重吸取教育学、社会学、心理学、行为学等相关学科的最新研究成果，是达成思想政治教育目标的需要。从现实需要出发，适应客观形势的变化，注重利用现代高科技手段，重视校园文化、家庭、社会环境在思想政治教育中的重要作用，对思想政治教育的方式方法进行大胆探索和创新，才能不断增强思想政治教育的效果。当今时代的高校思想政治教育，作为社会运行大系统的重要组成部分，一方面要将自身汇入以改革创新为核心的时代潮流中；另一方面，必须以整体性的系统的创新实践才能真正反映时代精神的要求。高校思想政治教育只有从整个体系上综合体现改革创新的时代精神，才能真正提高其针对性和实效性。为此，要将高校思想政治教育看作是一个有机的整体，实现全面的且各部分有机结合、相互影响、相互促进、共生实效的创新体系。这个创新体系包括：高校思想政治教育课程和教材创新，高校思想政治教育队伍创新，高校思想政治理论课教学方法创新等。当前中国正由生存型社会向发展型社会转型，经济、政治、社会、文化、教育的发展都呈现出鲜明的阶段性特征，这对大学生思想政治教育产生了深刻影响。所以，思想政治教育必须准确把握社会转型的阶段性特征和大学生的思想行为特点，与时俱进，创新发展，在理念上坚持一切为了学生的发展，体制机制上注重科学化与灵活化，方式方法上注重精细化与生活化，途径上注重课堂化与社会化，手段上注重现代化与信息化，才能不断提高思想政治教育的有效性和实效性。特别是在知识经济时代，高校思想政治教育在培养德才兼备、情智并重、身心健康的创新人才方面需要承担起时代的责任，努力构建一个发展性的教育系统，以替代传统的矫治型的教育系统，从而促进大学生心理健康教育的良性发展。在这个过程中，如何构建大学生心理健康教育体系尤为重要。

再次，有效结合发展稳定性与连续性来实现内容创新。高校思想政治教育内容在马克思主义指导下，以中国特色社会主义理论体系为核心内容，总体而言是具有稳定性的。但改革开放以来，我国社会各方面均发生着日新月异、翻天覆地的变化。现实社会实践的变化，最终决定高校思想政治教育的内容，必须要随之而发展与创新，以适应现实社会存在的发展变化，实现思想政治教育内容的科学化。思想政治教育科学化就是指在马克思主义科学理论指导下，运用科学的理念、原则和方法，认识、把握、运用思想政治教育规律，实现思想政治教育最终目的的过程。思想政治教育科学化是思想政治教育合目的性和合规律性的统一。所谓思想政治教育合目的性，是指通过思想政治教育增强社会主义意识形态的吸引力和凝聚力，提升全社会的思想政治水平。所谓思想政治教育合规律性，是指在思想政治教育学科研究中所形成的理论范畴、研究对象、话语体系等不是对表面现象的感性概括，而是经过严格提炼并能够准确反映思想政治教育本质和社会发展规律的理论概括，并且这种理论概括是运用本学科独特的专业术语和概念来表达，达到精确化、规范化、系统化的水平，这既是思想政治教育科学化的内在要求，也是人文社会科学建设发展的必然规律。思想政治教育科学化主要包括学术研究科学化、人才培养科学化、教育实践科学化三个维度。其中，学术研究科学化是龙头、是根本、是指导，人才培养科学化是条件、是平台、是关键，教育实践科学化是基础、是源泉、是目的。在推进思想政治教育学术研究科学化中主要应处理好揭示特殊规律与揭示普遍规律的关系，应用研究与基础研究的关系，主干学科建设与分支学科建设的关系，单一学科研究与交叉学科研究的关系，继承研究和时代化的关系，借鉴研究和本土化的关系，理论研究与成果转化的关系；在推进思想政治教育人才培养的科学化中主要应处理好人才培养目标与课程设置的关系，学历教育与在职培训的关系，学历教育中本硕博不同层次人才培养的关系，在理论学习研究中培养人与在实践中培养人的关系；在推进思想政治教育实践科学化中主要应处理好系统理论教育与日常思想政治教育的关系，政治观、世界观、人生观、道德观、法纪观等教育内容的关系，大中小学德育的衔接关系，学校教育、家庭教育、社会教育的关系以及单位内部党政工团合力育人的关系。当前推进思想政治教育科学化，要坚持以马克思主义科学理论为指导，牢牢把握思想政治教育理论与实践发展的正确方向；要大力加强思想政治教育学科建设，努力推进思想政治教育学科化发展进程，切实提升思想政治教育学科化水平；还要加强思想政治教育实践创新和当代发展，努力使思想政治教育体现时代性、把握规律性、富有创新性，实现与时俱进的发展。

二、高校思想政治教育内容创新的任务要求

（一）思想政治教育内容创新的价值取向

从教育功能角度讲，创新思想政治教育内容的基本价值取向是为持续的创新教育奠定基础：一是打好创新精神的基础，二是为培养创新能力奠定基础。

创新精神是创新人格特征，是主体创新的内部态度与心向，它包括创新意识、创新情感和创新意志三大方面。创新意识是个体追求新知的内部心理倾向，这种倾向一旦稳定化，就成为个体的精神与文化。创新情感是个体追求新知的内部心理体验，这种体验的不断强化，就会转化为个体的动机与理想。经验研究表明，有创新情感的人常常情感细腻丰富，外界微小的变化都能引起强烈的内心体验；人生态度乐观、豁达、宽容，能比较长时间地保持平和、松弛的心态；学习和工作态度认真、严肃，一丝不苟，有强烈的成就感，工作的条理性强；对世间的所有生命都有同情心和责任感，愿意为改善他们的生存状态而尽心尽力等。创新意志是个体追求新知的自觉能动状态，这种状态的持久保持，就会成为个体的习惯与性格。经验研究表明，有创新意志的人常常是能排除外界的各种干扰，长时间地专注于自己的活动；工作勤奋，行为果断，对自我要求较高，对工作要求较严；善于沟通与协调，组织能力强，有较强的灵活性，为达到目的愿意变换工作的途径和方法；有较强的独立性和自制力，在没有充分的证据和理由之前，不轻易放弃自己的主张，能容忍别人的观点甚至错误等。

创新能力是创新的智慧特征，是主体创新的活动水平与技巧，它包括创新思

维和创新活动两大方面。创新思维是个体在观念层面新颖、独特、灵活的问题解决方式。创新思维是创新实践的前提与基础，如果想不到是不可能做得到的。经验研究表明，具有创新思维的人常常感受敏锐，思维灵活，能发现常人视而不见的问题并能多角度地考虑解决办法；理解深刻，认识新颖，能洞察事物本质并能进行开创性地思考；思维辩证，实事求是，能合理运用逻辑与直觉、正向与逆向等思维方式，不走极端，能把握事物的中间状态等。

创新活动是个体在实践层面新颖、独特、灵活的问题解决方式，创新活动是创新思维的发展与归宿。经不起实践检验的思维是无价值的。经验研究也表明，具有创新活动能力的人常常实践活动经历丰富或人生经历坎坷，经受过大量实践问题的考验；乐于动手设计与制作，有把想法或理论变成现实的强烈愿望；不受现成的框框束缚，不断尝试错误、不断反思、不断纠正；愿意参加形式多样的活动，乐于求新、求奇，乐于创造新鲜事物等。

(二)高校思想政治教育内容创新的基本要求

任何一个国家的高等教育特别是思想政治教育，都会对这个国家未来的面貌产生直接的、重要的、深远的影响，将决定着未来高级专门人才的思想、政治和品德素质。

高校思想政治教育内容具有针对性、相对稳定性、一定灵活性、相应层次性和递进连续性的特点。实现高校思想政治教育内容创新的基本要求是：一要根据大学生思想品德形成的规律和社会发展的要求确定高校思想政治教育创新的内容；二要根据高等教育整体规划安排高校思想政治教育创新的内容；三要根据高校思想政治教育总体目标设置高校思想政治教育创新的内容；四要根据高校思想政治教育内容是中学思想政治教育内容的深化和延伸，组织高校思想政治教育的新内容。现阶段，创新思想政治教育内容就是要坚持以马克思列宁主义、毛泽东思想和中国特色社会主义理论体系为指导，解放思想、实事求是、与时俱进，立足于帮助大学生树立正确的世界观、人生观、价值观，深入开展马克思主义基本理论教育，开展中国化的马克思主义理论教育，开展人生观、价值观、道德观、健康观和法制观教育，开展中国革命和建设、特别是改革开放的历史教育，开展基本国情和形势与政策教育，开展社会主义核心价值观教育，开展实现中华民族伟大复兴的“中国梦”的教育。

改革开放以来，在全国高等学校中普遍开展了坚持四项基本原则、爱国主义的教育。党的工作重点实现战略转移时，为避免社会上极少数资产阶级自由化分子打着“解放思想”“民主、自由、人权”旗号制造思想混乱、煽动闹事而给高校及大学生带来不利影响甚至造成破坏国家安定团结的严重后果，高校依据邓小平必须坚持四项基本原则、反对资产阶级自由化的论述及中共中央宣传部、中央书记处研究室发布的《关于加强爱国主义宣传教育的意见》及中央有关文件精神，组织和引导广大教师认真学习，提高认识，深入了解资产阶级自由化思潮在学生中的影响，加强教育教学的针对性。同时，对大学生进行以坚持四项基本原则教育为中心的形势政策、道德品质教育，积极引导学生坚定党的信念，把爱国主义的情感、觉悟变成奋发图强建设祖国、保卫祖国的实际行动，走德智体美劳全面发展的成才道路。1993 年，中共中央、国务院转发的《中国教育改革和发展纲要》，明确了学校德育工作的根本任务，强调要以邓小平理论为指导，进一步加强和改进学校德育工作，把德育工作提高到一个新水平。1994 年，中共中央国务院召开了改革开放第二次全国教育工作会议，会后印发的《爱国主义教育实施纲要》和《中共中央关于进一步加强和改进学校德育工作的若干意见》（下称《意见》），深刻地总结了学校德育工作的经验教训，明确了学校德育工作的形势与任务，提出了改进学校德育的内容、途径、方法，完善学校德育的管理体制，加强党对学校德育工作的领导等基本要求，使各级各类学校的德育工作有了更加明确的纲领。为贯彻落实《意见》精神，1995 年原国家教育委员会印发的《中国普通高校德育大纲（试行）》全面规划了有中国特色社会主义高等学校德育体制，体现了把高等学校德育作为一项社会系统工程来建设的思想。1998 年，中共中央宣传部、教育部印发的《关于普通高等学校"两课"课程设置的规定及其实施工作的意见》，要求各层次各科类学生都要开设形势与政策课，其主要内容是帮助学生全面正确地认识党和国家面临的形势和任务，正确理解建设中国特色社会主义的理论和实践，树立辩证唯物主义和历史唯物主义的世界观，确立远大的理想和正确的人生观。1999 年，中共中央发出《关于深化教育改革全面推进素质教育的决定》，开始把素质教育纳入德育工作的视野，强调必须把德育、智育、体育、美育等有机地统一在教育活动的各个环节中。2000 年 6 月，中央召开思想政治工作会议，对新形势下思想政治工作作出了全面部署。2004 年下发的《中共中央关于加强和改进思想政治工作的若干意见》指出："我国正处在改革的攻坚阶段和发展的关键时期……学校思想政治教育要全面贯彻党的教育方针，全面推进素质教育。"2015 年 7 月 27 日，中宣部、教育部印发了《普通高校思想政治理论课建设体系创新计划》，对高校思想政治理论课建设体系创新计划的指导思想、基本原则和目标任务作出了明确部署，强调高校思想政治理论课建设体系创新计划的指导思想是：高举中国特色社会主义伟大旗帜，以马克思列宁主义、毛泽东思想、邓小平理论、"三个代表"重要思想、科学发展观为指导，深入贯彻落实党的十八大和十八届三中、四中全会精神，深入贯彻落实习近平总书记系列重要讲话精神，深入贯彻落实《关于进一步加强和改进新形势下高校宣传思想工作的意见》精神，全面贯彻党的教育方针，立足坚定大学生对中国特色社会主义的道路自信、理论自信、制度自信，以教材体系、人才体系、教学体系建设为核心，以学科支撑体系、综合评价体系、条件保障体系建设为关键，以推动综合改革创新为动力，以问题为导向，以教育教学实效性为评价标准，进一步坚定信心，强化责任，系统规划，整体推进，落实思想政治理论课在高校立德树人工作中的战略地位，把培育和践行社会主义核心价值观融入教书育人全过程，为实现“两个一百年”奋斗目标、实现中华民族伟大复兴中国梦发挥应有的作用。这无疑全面规划了高校思想政治教育创新的基本思路。

与此同时，高校思想政治教育内容逐渐融入社会实践活动。1995年，团中央、中宣部、国家教委等部门联合发出通知，要求连续开展“中国大中学生志愿者扫盲与科技文化服务活动”。1997年，团中央、中宣部、国家教委、全国学联发出《关于开展中国大中学生志愿者暑期文化科技卫生“三下乡”活动的通知》，首次提出开展文化、科技、卫生“三下乡”活动，将大学生社会实践活动进一步拓展和深化。这一阶段社会实践的内容更加丰富，广泛开展了支教扫盲、业余文艺演出队下乡、乡镇青年科技图书站建设、乡镇企业咨询会诊、博士硕士农村发展讲座、医疗服务和乡村卫生常识普及等多种形式的志愿服务活动。同时，青年学生还深入到城市社区、工厂企业，开展了社区服务、挂职锻炼、社会调查等丰富多彩、生动活泼的社会实践活动。2005年2月，中共中央宣传部、教育部颁布的《关于进一步加强和改进高等学校思想政治理论课的意见》（以下简称《意见》）提出学科建设是加强和改进思想政治理论课的基础。设立“马克思主义”一级学科，开展马克思主义理论体系研究、马克思主义中国化研究、思想政治教育研究，为推进党的思想理论建设和巩固马克思主义在高等教育教学中的指导地位，培养思想政治教育工作队伍提供有力的学科支撑。《意见》正式提出，新的思想政治理论课设置为4门必修课。此次课程改革以“思想政治理论课”来概括原来的“两课”，客观地反映了“马克思主义理论”和“思想品德”这两类课程的内在联系，科学地综合了“两课”的基本内涵。在课程设置上突出了如何进行马克思主义基本原理、中国社会现实和中国历史这三方面结合为一体的教育，切实增强对当代大学生的全面的思想政治教育。

追溯思想政治教育发展轨迹，可以看出高校思想政治教育载体形式的多样性与有效性。从“思想政治理论课”的开设，发展到“政治理论课”与“思想品德课”，再到大学生社会实践等多种载体，其间还增添了“法律基础”、“形势与政策”等课程内容。从内容上看，不断成熟完善；从形式上看，载体丰富多样。实践证明，内容不创新，就没有思想政治教育的发展出路。实践同时也证明，模式拘泥于传统，忽视理论的先导作用，同样没有理想的结果。当前，面对青年学生现实生活中的热点、难点，从解决实际问题着手，提高思想政治教育的实效性，不断创新思想政治教育内容，既是时代发展的需要，也是高校思想政治教育工作者的历史使命。因此，要抓好以下几个方面的工作：

1.世界观教育

对于任何社会历史条件下的思想政治教育来说，世界观教育都是最根本的内容，是其他教育内容的奠基石。全球化大趋势的背景下更是如此。习近平总书记把世界观、人生观、价值观比喻为思想政治教育的“总开关”[①]。这无疑凸显了世界观教育的重要性。

大学生世界观教育是引导大学生健康成长、顺利成才的根本保障，是加强和改进大学生思想政治教育的主要内容。大学生世界观教育的效果直接关系到高等教育的人才培养质量，关系到社会主义人才培养目标的实现。因此，高校必须努力构建一个科学的、有实效的大学生世界观教育长效机制。高校思想政治教育工作部门应创新理念，为构建大学生世界观教育长效机制提供思想保障；加强队伍建设，为构建大学生世界观教育长效机制予以组织保障；通过科学管理，为构建大学生世界观教育长效机制提供制度保障；加大经费投入，为构建大学生世界观教育长效机制创造条件保障。[②]

2.政治观教育

政治观教育是思想政治教育的核心内容，政治素质是个人全面发展的首要素质。学生的生活离不开政治，大学生的政治观如何，不仅关系到大学生个体的健康成长，而且事关社会主义的前途命运。因此，加强对大学生的政治观教育，是一件艰巨而意义重大的事。高校历来是各种不同的理论学术观点、思想观点交汇、融合、斗争的阵地。在世界风云变幻的形势下，高校能否坚持社会主义方向，能否塑造政治素质合格的人才，关系到中国社会未来的命运。马克思指出：“人创造环境，同样，环境也创造人。”政治观教育总是在一定的社会环境中进行的，既受环境的影响，也对环境产生一定作用，我们在看到环境对人们政治思想作用强化的同时，也要看到人们改造环境的作用也在强化。因此，大学生政治观教育必须以马克思主义德育环境论为指导，探索优化政治观教育社会环境的新思路。[③]

在新的历史条件下，政治观教育环境正经历巨大的变化和发展。大学生政

---

① 参见习近平：《在党的群众教育路线教育实践活动第一批总结暨第二批部署会议上的讲话》，2014 年 1 月 21 日《人民日报》。

② 参见卢利亚、张玲论：《新形势下大学生世界观教育长效机制》，《湖南社会科学》2007 年第 5 期。

③ 参见许浩：《社会环境因素与大学生政治观教育》，《思想政治教育研究》2005 年第 4 期。

治观教育必须与变化了的时代主题相适应，与变化着的社会环境相适应，与鲜活生动的教育对象——当代大学生的思想实际相适应。主导性的政治观念只有在社会生活实践中为各种环境因素所强化，才能被大学生真正接受并内化为个体的政治品德，成为他们政治行为的指南。

3.人生观教育

青年大学生，朝气蓬勃，思维敏捷，勇于创新，积极进取，身心发展都处在“活跃—动荡—变化—成型—基本定型”这样一个过程之中。处于人生关键时期的大学生建立什么样的人生观，对其个人和社会都是至关重要的。针对当前高校大学生的思想状况及存在的问题，加强和改进大学生思想政治教育工作应把“人生观”教育作为重点和突破口，并在深化大学生人生观教育的工作实践中拓展有效途径。[①]

高校思想政治教育一直都非常注重培养学生健康的、科学的人生观。面对当前大学生中存在的突出问题，人生观教育应该着重于加强“以人为本、关爱生命”的内容，着力于引导大学生认识生命的价值，尊重自己和他人的生命，努力提升自身生命的内涵和价值。加强对大学生人生观的教育，首先，思想政治教育工作者应努力树立“以人为本、关爱生命”的新型学生观。应该树立从生命的角度和高度来理解学生的本质、将学生视为不断走向个体完善的独特生命存在的学生本质观；树立立足学生发展的终身性，为学生的发展奠基，增强学生发展的自主性，激发学生的创造潜能，实现学生发展的个性化，促进每一位学生发展的学生发展观；强调学生生命主体的能动性，将学生视为社会活动的实践者、平等交流的对话者的学生角色观。其次，要改进人生观教育的形式和内容，使人生观教育充满时代内容和强大的生命力。通过开设相关课程，并在其他课程中加强渗透与开展课外活动，增强实践体验相结合的人生观教育方法，使大学生学会珍惜生命、丰富生命、升华生命。[②]

4.法制观教育

大学生法制观问题一直是学校和社会关注的焦点。研究大学生的法制观，有针对性地对大学生进行法制观教育，是思想政治教育的重要内容。

针对大学生对法律知识的掌握还不够全面和深入、对法治的理解也存在偏差、对司法现状表示担忧和不满、对法治的价值判断和现实选择存在矛盾等问

① 参见范文俊、庄岚：《再论大学生人生观教育的重要性及有效途径》，《长春理工大学学报》（社会科学版）2008年第5期。

② 参见李清华：《人生观教育：大学生思想政治教育的起点与归宿》，《山东省青年管理干部学院学报》2008年第4期。

题，高校应强化法律基础课教育，增加学习时间，使学生能够有足够时间系统学习我国现有的重要法律，同时把民主教育作为专项教育内容，培养大学生的宪法观、公民观、民主观。通过增加社会实践活动，引导大学生正确认识我国的司法现状。实行依法治校，营造良好的校园法制环境。优化校园环境，发挥环境育人的作用，可以提高法制教育的实效。校园环境对学生的教育影响方式与其他教育影响方式不同，主要表现在 3 个方面：一是直接现实；二是长期性；三是潜移默化性。校园环境还拥有一种巨大的精神力量，良好的校园环境能控制和限制不良风气和行为的滋长，规范学生的言行。①

5. 道德观教育

思想政治教育对大学生道德观教育影响重大。加强大学生道德观教育，并结合思想政治教育方法进行教育和引导，让其树立马克思主义的科学道德观，是摆在当前高校教育者和全社会面前的一个重大课题。

大学生优良道德品质的形成是长期的过程，是在一定的社会生活实践经验的积累以及个人自觉锻炼和修养中逐步形成的。面对当代大学生道德观的变化和发展，我们既要进行客观分析，也要以历史的眼光正确对待，从中发现问题，找出对策，改进和加强思想政治教育工作。在思想政治教育过程中，道德教育作为思想政治教育的基础性内容，是思想政治教育工作的目标和任务之一，加强大学生道德观教育离不开思想政治教育工作。针对当代大学生的道德现状和新的特点，一方面思想政治教育工作应加强大学生道德践行能力的培养，这是解决愿望与行动的矛盾，实现道德理想最有效的途径。作为大学生在道德修养上不仅应知道做什么，更重要的在于知道如何做。另一方面要加强大学生道德修养，帮助大学生树立马克思主义的科学道德观，培养他们高尚的道德品质和强烈的社会责任感。

6. 创造观教育

一个人是否具有创造力，关键是看其能否进行思维创新。所以，思想政治教育不仅要进行世界观、人生观、价值观教育，而且要开展创新思维教育。传统的思想政治教育思维往往把思想政治教育等同于理想教育，思想政治教育内容通常具有高度的政治理想性。在大众文化繁荣发展的当下，大众文化已经成为当代人思想观念、价值准则、审美倾向、行为方式、思维模式构造的重要文化参数。因此，“思想政治教育在突出政治性内容的同时，要注意把政治性内容的教育纳入社会发展和人的发展的轨道上来，使政治性内容与生活性内容相耦合，把整体

① 《当前大学生法制观状况及其教育研究》，http://www.xzbu.com/3/view-3457678.htm，2012 年 9 月 14 日。

性、全局性的宏观教育内容与个别的、具体的微观教育内容结合起来，增强教育内容的现实性、针对性和实效性”[①]。同时，不能忽视对科学思维的培养教育，因为它是追求真理与真知的认识图式，有利于学生正确运用辩证思维的方法，把握事物的本质和发展规律，综合运用各种科学思维方法面对新情况，解决新问题。最后应该注意的是社会主义核心价值体系与思想政治教育思维教育的关系，要始终用社会主义核心价值观引导、鼓舞、塑造青年。

7.健康心理教育

健康的心理是一个人全面发展必须具备的条件和基础。大学生是未来社会的主要领导者和建设者，他们将在很大程度上决定着未来社会的走向和发展状况，他们的心理健康与否，不仅影响着他们的学习和健康成才，而且对整个社会都至关重要。人类社会的快速发展，世界格局的动荡，地球环境的变化，使每个人的理解能力和承受能力都将经受更为严峻的考验。在当今大学生心理问题比较严峻的状况下，加强心理健康素质的培养，丰富不同学生心理教育的形式，改善培养、教育的条件和环境，是高校思想政治工作的当务之急。加强大学生心理健康教育可促进人格健康发展，提高学生综合素质，亦可以发挥学生潜能。为此，要不断加强对大学生的适应性、承受力、调控力、意志力、思维力、创造力以及自信心等心理素质的教育与培养，使其形成健康的心理和成熟的性格。

(三)高校思想政治教育内容创新的主要任务

高校思想政治教育的主要对象是大学生，而大学生思想政治教育涉及的范围广泛，教育的内容丰富，教育的方式多样，需要研究的领域、问题较多。这就决定了思想政治教育内容创新任务具有复杂性和系统性，需要根据不同的特点确立相应的任务。

1.加强思想政治教育学科研究

从需要思想政治教育学科支持的实际出发，一些理论工作者侧重于学科理论体系研究，这是必要的。当学科理论体系初步形成并得到多数人认同之后，学科体系仍需要进一步研究深化与完善。但思想政治教育学科研究，应着重于当前重大理论与现实问题，特别是大学生在成长过程中所遇到的实际难题的研究，这既是实现思想政治教育学科价值的需要，也是深化与完善学科体系的根本途径。中共中央、国务院颁发的《关于加强和改进大学生思想政治教育的意见》，分析了大学生思想政治教育所面临的国际、国内新形势与新问题，提出了加强和改进大学生思想政治教育的指导思想和基本原则，强调加强和改进大学生思想政

① 李书吾:《大众文化发展与思想政治教育内容创新》,《思想理论教育》2012 年第 21 期。

治教育是一项重大而紧迫的战略任务，明确要求以理想信念教育为核心，深入进行树立正确的世界观、人生观和价值观教育；以爱国主义教育为重点，深入进行弘扬和培育民族精神教育。教育“核心”与“重点”的确立，既由理想信念、爱国主义在大学生成长过程中的作用所决定，更是大学生自身发展的迫切需要。在开放、多样、多变、复杂的社会背景下，在市场体制所形成的竞争压力与科技发展所形成的信息压力下，许多学生由于缺乏社会生活经验，世界观、人生观、价值观尚未完全形成与稳定，因而容易产生迷惘与困惑，即迷途不知所向，疑惑不知所解，茫然不知所选。也就是面对开放、多样、多变、复杂的社会因素，发生了适应、取向、选择上的困难。迷惘与困惑是大学生思想领域的矛盾，而不是物质领域、知识领域的问题，其实质是精神需要、价值诉求、目标诉求。因此，帮助大学生认识迷惘与困惑的实质及产生原因，引导大学生确立正确的理想信念，培养大学生的爱国主义精神，则是促进大学生适应现代社会要求，不断健康成长和全面发展的关键。

同时，《关于加强和改进大学生思想政治教育的意见》还强调，在新的历史条件下，大学生的健康成长和全面发展，是在课堂教育、学校环境和社会条件的综合作用、影响下进行的，因而需要研究这些因素，特别是一些新的因素对学生的影响，开辟多样的、新的教育途径。而影响学生成长和发展的因素，都与学生的实际生活相关。大学生思想政治教育，再不是过去单一的理论内容、现实途径与课堂方式，而是理论与实践、现实与虚拟、社会与学校、课堂与课外等各个生活层面高度综合化、社会化的体系。为此，思想政治教育应以满足学生的实际需要为基本的出发点，即在坚持以育人为本的前提下，要贴近实际、贴近生活、贴近学生的要求，研究大学生实际生活中的思想政治教育。

研究理想信念教育、爱国主义教育与实际生活中的思想政治教育，是当前思想政治教育学科的研究重点。前者侧重面向社会、面向未来，以引导学生形成社会理想为追求，后者侧重面向实际、面向生活，以帮助学生提高生活质量为目标。前者为后者提供导向与动力，后者为前者提供前提与基础。两者相互联系、相互依存、相互促进。缺乏前者，实际生活将陷于实用、功利的自发状态，而缺少后者，理想信念则抽象、空洞而难以真正形成。

2.突出思想政治教育的重点

市场体制和经济全球化的推进，对外开放和多元文化的激荡，科技发展和社会信息化的环境，社会民主化和个性特色化的发展，广泛渗透在社会和个体生活的各个领域与环节，成为当今高校思想政治教育的环境内容。马克思主义理论、中国化马克思主义、相关学科（哲学、政治学、社会学、伦理学、心理学、教育学）理论等，都在教育者和学生的可选择、可运用之列，成为思想政治教育的理论内容和知识视野。环境内容与理论内容的不同结合，形成了当代社会与个体以及思想政治教育两个层面的发展态势：

一是社会层面的主导性与多样性的并存与矛盾状态。所谓社会层面的主导性与多样性，主要是指：多元文化交汇背景下的中华民族文化主导，多种意识形态并存条件下的马克思主义社会主义意识形态主导，多样化价值取向过程中的社会主义核心价值观主导，多样化知识、信息影响下的人本主导。主导性与多样性的并存与矛盾，在现实生活中，在大学生思想政治教育过程中已经不同程度、不同形式地存在，并正在影响大学生的成长与发展，也在影响思想政治教育的过程与效果。应当看到，以上四大客观因素，作为社会的基础与客观条件，由于其发展快、变化大，而且相互交织形成综合效应，极大地赋予了社会与个体多样化发展机制。诸如市场体制的竞争机制、信息社会的选择机制、民主发展进程中的参与机制等，都极大地调动了人们，特别是青年学生发展的积极性、主动性与创造性，从而为广大青年学生的个性化、多样化发展提供了极其有利的条件。同时也应当看到，社会的客观因素与竞争机制、选择机制的形成，虽然为社会的多样化发展提供了条件，奠定了基础，但这些客观因素与机制本身发挥作用、发展完善，则需要条件。这个条件就是上层建筑的职能，其中包括思想上层建筑职能，即通过思想（价值取向）、政治（包括政治目标、原则与法制）、道德（规范）的作用来保证多样化大体都能遵循一致的方向、规范发展，以维护社会的安定与秩序，推动社会与个体全面、协调和可持续发展。主体的多样化发展如果脱离了思想、政治、道德的方向主导与规范，主体相互之间必然产生矛盾、发生冲突，甚至导致社会混乱，主体的多样化发展也丧失了条件。相反，思想、政治、道德的主导，离开了主体多样化发展，就会成为教条，流于形式，甚至成为主体发展的障碍。

在当代中国，高校思想政治教育在本质上就是运用中国特色社会主义的思想、政治、道德理论对大学生进行规范和引导。而当下的引导是在多种客观因素、多样化理论影响和多种机制作用下进行的，是对多样化的导向与规范。不研究客观因素影响的性质与方式，或不正确地选择和运用理论，思想政治教育不是陷于空谈就是背离主导，这两种倾向十分突出地影响着大学生思想政治教育的效果。为此，思想政治教育学科，要综合运用发展的中国化马克思主义理论与相关学科理论，既要分别研究社会客观因素对学生思想、行为的具体影响，更要研究这些因素对学生思想、行为的综合影响。重点要研究市场体制和经济全球化推进过程中的国家政治主导，对外开放和多元文化激荡中的民族文化主导，科技发展和社会信息化条件下的人本主导。社会民主化和个体特色化发展中的核心价值主导，这就是新的历史条件下所要研究的主导性思想政治教育形态。主导性思想政治教育，在对象上是对社会多样化以及多样性思想政治教育的概括、超越，没有对多样性的抽象就没有主导性，在功能上就是形成共同理想、核心价值观，没有对多样性取向的规范就不可能有共同目标；在性质上就是维护社会主义意识形态的安全，没有对多样化文化的合理选择、吸纳、鉴别、批判，就不能发挥社会主义意识形态的主导作用。

二是个体层面的个性化与社会化的矛盾状态。所谓个体的个性化与社会化，是指大学生在市场体制条件下拥有自主权和民主发展条件下拥有自由性，能够独立、自主和创造性地发展自己主体性与个性特点；与此同时，还必须要融入社会的政治、经济、文化与道德生活，接受社会政治、法制与道德规范。应当看到，社会的客观条件，既赋予了个体个性化发展机制，同时也提出了社会化发展的新要求。市场体制、社会民主、信息条件赋予学生自主权、自由性，但有些学生往往只局限于自身范围，珍惜自身的自主权、自由性，难以兼顾全局而忽视制约自主权与自由性的政治、法制与道德规范。也就是说，拥有自主权、自由性的学生往往难以自发社会化，需要学校通过教育、管理推进学生个体社会化。社会化的实质是促进学生认可、接受、融入社会的发展目标与规范，而思想政治教育在本质上就是运用思想、政治、道德的目标、规范来推进学生的社会化。当下高校学生的社会化，是在学生拥有并追求主体性、而不是在过去依赖性条件下进行的。学生的主体性表现为独立性、自主性与创造性三个层次。一些学生在学习、生活、交往、择业等实际活动中，主体性显示比较充分，而对思想、政治和道德的价值性认识不充分，即对社会化的发展取向有所忽视，因而在思想、政治和道德观念、规范形成与掌握上主体性欠缺。

学生的生活，包括学生的物质生活、学习生活、精神生活等，都是实在的和必不可少的，这些生活本身就是社会的一部分，需要社会加以规范。要使学生在各项生活中真正富有主体性，必须以实际生活为基础，形成生活的正确目标，遵循生活的规范，自主地在生活过程中育德，通过生活实现与社会的交流与融合。离开学生的实际生活而空谈社会化道理，会造成实际生活与社会化规范的脱节。为此，思想政治教育学科，要研究当代社会背景下学生的生活内容、目标与方式，把社会的政治、法制、道德目标、规范融入学生的实际生活之中，实现个性化与社会化的有机结合，这就是“三贴近”所要求的生活化思想政治教育形态。马克思在谈到人与动物区别的时候指出：“动物和自己的生命活动是同一的。动物不把自己同自己的生命活动区别开来。它就是自己的生命活动。人则使自己的生命活动本身变成自己意志的和自己意识的对象。”[①]马克思在这里所说的人的“生命活动”，就是讲人的生活，人的“生活”是一种有意识、有目的的对象性活动，是

① 马克思：《1844年经济学哲学手稿》，《马克思恩格斯选集》第1卷，人民出版社1995年版，第46页。

创造“生存”意义的生命活动。生活化思想政治教育的目的，就是研究和赋予大学生生命活动的意义，就是对大学生的生活进行科学性与价值性引导，以提高大学生的生活质量与生命价值。

主导性思想政治教育与生活化思想政治教育，是基于研究与教育的一种划分，两者的区别是：前者主要是面向社会与所有个体的理论教育，后者重点是面向不同类型个体的咨询教育。两者的联系是：前者要根据个体实际与特点进行内化、铸塑教育；后者要运用社会理论进行社会化教育。光有前者而没有后者，难以实现理论向学生实际生活的转化，容易导致空泛；相反，光有后者而没有前者，难以实现学生在实践基础上的超越，容易导致局限。

3. 实施大学生思想政治教育专业化或专门化

大学生思想政治教育，主要包括思想政治理论课教育，日常思想政治教育，以及教书育人、管理育人、服务育人活动。思想政治理论课教育是系统的马克思主义理论教育，纳入了高校的课程体系与教学计划；教书育人、管理育人、服务育人活动主要依托业务教学、管理与服务工作进行日常思想政治教育，这主要依靠高校辅导员队伍担当。

这里所说的大学生思想政治教育专业化或专门化，主要是指从事大学生日常思想政治教育的高校辅导员的职业化。如何运用思想政治教育学科与相关学科的理论，对学生进行科学性与价值性相统一的指导、咨询与管理，实现学生的日常生活由自发向自觉、由经验向科学的转变，就成为实施高校思想政治教育内容创新的迫切任务。应当清醒地看到，大学生日常生活的范围是广泛的，内容是丰富多彩的，方式是多种多样的。正因为这一领域具有日常性与综合性的特点，所以学科研究或因平常而忽视，或因综合而放弃，致使这一领域长期处于自发状态。学生的日常生活，主要靠自己的摸索，难以得到科学性与价值性相统一的指导。高校不少辅导员往往忙于琐碎事务而疏忽教育，陷于经验化管理而缺乏专业化咨询。正是因为这一原因，导致大学生思想政治教育的影响力不大，辅导员在高校的地位不高，德育首位难以得到保证。

学生的日常生活，从教育学视角来划分的话，多是非智力因素；从人才学视角来划分的话，多属于“情商”范畴；从德育与智育的范围来划分的话，多归于德育范围。在学科领域或理论上，不管是教育学、人才学还是思想政治教育学，都有比较明显的结论，即在教育、培养学生的过程中，非智力因素、情商、德育相对于智力因素、智商、智育（非智力因素、情商、德育是三个同心概念，即中心相近边界不同），对学生的成长、发展更为重要，也就是学做人比学做事更重要。特别是在当代社会条件下，学生首先面临的问题，是在复杂社会环境中的思想与行为适应，是对多样化、多变性因素的辨析与选择，是对自己成长、发展方向的确认。这些价值判断、目标形成与社会化过程，要由学生在教师指导下自主进行。如果这些前提性的问题解决不好，个体智商会因缺乏条件保证而难以发挥出来，业务学习也会因心理、思想困扰而效果不佳。

然而，在市场竞争所引发的功利价值取向冲击下，在传统教育观念影响下，重智育轻德育、重科技轻人文的倾向，使一些高校的领导者和教育工作者，忽视了对大学生思想政治教育的研究与开发，致使思想政治教育滞后于科学技术和智育的发展，使一些学生在发展选择和取向上出现偏差，从而导致学生对思想政治教育的需要和教育者满足学生需要的方式与社会发展、人才培养的要求出现差距。也就是说，学生的专业学习，依托着专业、学科的系统知识，实现了学科化与专业化，而学生的非专业活动或日常活动，在很大程度上还处于自发的、经验的状态。在社会与自然一切领域都学科化与专业化的历史条件下，在追求高深学问的高等学校，在培养人才这一重要内容上仍然处于自发的经验状态，这显然是滞后的。因而急需对学生日常生活领域进行探索、研究和开发。这种探索、研究和开发，在很大程度上就是人才资源开发，就是实现大学生思想政治教育的专业化。

大学生的生活是一个多层次的系统，不可能笼统地进行研究，就像自然科学不能笼统研究自然界而只能分门别类进行研究一样。因此我们要按照大学生的生活结构，分层次开展研究。大学生生活，其主要构成和需要的理论和方法大体框架如下：一是政治生活，主要是党团生活，需要党团生活的理论与方法；二是学习生活，主要是学习、实践与研究活动，需要学习理论与方法、社会实践教育理论与方法和自主创新理论与方法；三是社会生活，主要是人际交往、社会适应，需要人际关系理论与方法、环境适应、优化理论与方法；四是职业生活，主要是就业、职业选择与创业，需要就业择业创业理论与方法；五是物质生活，主要是经济生活与日常活动，需要日常管理理论与方法；六是精神生活，主要是心理健康与调适，需要心理健康与心理调适理论与方法；七是虚拟生活，主要是网络活动，需要网络思想政治教育理论与方法。这些生活内容，构成了大学生生活结构，即政治生活是主导，学习生活是主体，职业生活、日常生活是基础，社会生活、精神生活是保证，虚拟生活是现实生活的补充与延伸。这些活动既有独立性，也有相关性。独立性是指它是学生全部生活不可缺少、不可替代的一部分；相关性是指它为学生的专业活动或智力活动提供条件和保证，同时也在学生的专业活动或智力活动中得到丰富与发展。

运用科学的理论和正确的价值观，对学生的实际生活进行指导与引导，解决学生的疑难与苦闷，避免学生的偏差与疏忽，减少学生的曲折与损失，无疑是十分必要的。但关键在于，用什么样的理论与方法进行指导与引导，形成什么样的指导理论与方法体系，这在实际教育与研究过程中是有不同取向与选择的。有的是满足于具体事务而轻视理论研究，有的是局限于狭隘经验而拒绝理论提升，有的照搬西方国家相关学科知识而否定思想政治教育等等，这些都不利于大学生思想政治教育理论与方法体系的形成。

因此，思想政治教育学科要从整体上、性质上、特色上把握大学生思想政治教育的专业化研究。这体现了以下几个方面的要求：

第一，大学生的生活特点决定大学生思想政治教育专业化特点。大学生处在迅速成长成才的人生关键时期。这一时期是充满希望与矛盾的特殊阶段，具有特殊的生理特点、心理特点、思想特点以及特殊需要、特殊地位和特殊作用。他们要在矛盾中选择，在曲折中发展，在比较中塑造。因而，在专业化研究中，一定要充分体现大学生的特点，而不仅仅是一般性思想政治教育研究。

第二，时代特征决定大学生思想政治教育专业化特点。时代特征集中体现在前面所讲的几大客观因素上，这些因素既改变着大学生的生活内容与方式，又开辟了大学生新的生活领域。因此，思想政治教育学科要对新的生活内容、方式、领域进行概括、提炼、升华，引导学生自觉进入现代生活。同时，要分别研究客观因素对学生影响的性质、方式与程度，分析、解决学生所共同面临的新情况、新问题，如社会竞争、信息化、多样化等对他们入团、入党、学习、交往、择业、创新、心理的影响，要对学生在竞争压力、信息压力下的迷惘、困惑、失衡、失态的表现、危害、根源进行深入分析。

第三，民族特性决定大学生思想政治教育的专业化特点。高校辅导员专业化 在发达国家高校已基本实现。如美国每个高校都有 10 个左右的专业化教育、咨询项目，每个项目都有学科（综合的）依托，并专门配备职业化的辅导员。发达国家用于辅导的理论与方法，是根据发达国家的文化传统与具体国情而形成的，是为发达国家培养人才服务的，我们可以借鉴但不能照搬。我国的民族特性集中表现为民族文化性质与社会主义性质。这一特性主要体现为：一是重德治德教的伦理文化传统（区别于西方重法治管理传统）；二是重整体主义、集体主义的价值取向（区别于西方重个体主义、个人主义价值取向）；三是重世俗的社会理想、民族信念（区别于西方重超世俗的信念与个体理想）；四是重和平和谐的发展追求（区别于西方多战争与不协调发展）；五是重以民为本、以人为本（区别于西方以神为本、以物为本）。以上这些特性由中国传统文化与中国化马克思主义理论来体现。因此，思想政治教育学科的研究既要明确提出大学生生活的指导理论，又要渗透这些重要的民族特性。

第四，应用性决定大学生思想政治教育专业化特点。大学生的生活是现实的、具体的，我们只能面向现实的、具体的生活问题进行研究，而不能脱离现实、具体的生活实际空讲道理。在选择理论、知识研究和解决问题时，要有针对性，要根据实际需要选择和运用理论而不是相反。应用性首先要求研究要有问题意识，要发现问题并围绕问题展开，而不是满足于理论体系的主观建构。同时，要有对问题表象的归纳、对问题本质的分析、对问题价值的阐述、对问题根源的探究，并要有解决问题的途径、方式、手段和技术。

4.抓好德育工作

高校德育的根本任务在于帮助大学生完成其对人生意义的求索和生存质量的提升。构建与学生生活紧密结合的、生活化的德育格局是高校人本性德育的真谛。人的生活和动物的生存的很大不同在于，人不仅需要生活在一个物理世界中，还需要生活在一个意义世界里。人通过自主的活动来构建自己，不断完善自我的内心生活，完善与外界的联系，完成作为“人”的意义。因而意义世界的建构对维持个体与社会的生命存在具有至关重要的价值。生活，究其根本就是追求人生意义的活动。一方面，意义内在于生活之中，是生活的有机构成。生活世界既是事实世界又是意义世界，是两者相互联结的世界。生活的意义负载于生活的事实中，离开了生活的事实和实际的生活过程，生活的意义就会成为虚妄，这样的“意义”也是无意义的。另一方面，任何生活事实都被打上了意义的烙印。生活的事实总是在生活意义的展开中实现为事实的，人也总是按照他自己对生活意义的理解和设定来营造现实的生活活动与生活关系的。人的生活包括物质生活和精神生活两部分。人不仅需要活着，而且需要活得有意义。由此，产生了人类社会生活领域一系列的关系准则：政治的、经济的、文化的、道德的、法律的，等等，其中包括协调人与人的关系、人与社会的关系、人与自然的关系的规范，这可称之为“道德准则”。道德教育的终极目标就是使人们追求幸福生活。

从一定意义上讲，人的精神生活比物质生活显得更为重要。因为“只有精神才是人的真正的本质”。马克思认为，精神活动是最使人向往的一个活动领域，是人的全面发展的一个主要方面。缺乏人对精神价值的追求，人的全面发展便是畸形的、虚无的，是永远也达不到目标的海市蜃楼。可见，道德的价值与存在取决于生活，道德教育的存在自然也是为了人的生活，为了人的精神生活，为了提高人的生活质量。人类的价值关怀不仅要体现于人的世俗世界，更要体现于人的意义世界。“在当今的学校中，人文学科的萎缩，德育、美育的被放逐，或者它们也变质为纯知识、纯技能学习的领地，这些都表明意义世界在教育阵地的塌陷，教育成为‘无意义’的教育。远离了意义世界的教育，也就从根本上远离了生活，因为人的生活是有意义的生活，没有意义的生活也就只能是动物式的存活了。"[①]大学生作为道德的存在，其最鲜明、最生动的意义就在于他们有属于自己的现实的道德生活。高校德育的根本任务在于帮助大学生完成对于人生意义的求索和生存质量的提升。高校德育只有致力于让大学生生活在一个意义世界里，使其圆满生长时，才能尽自己的职责于万一。道德与生活原本是一体的，道德源于生活。过什么样的生活，就受什么样的教育。"如果一个孩子生活在批评之中，他就学会了谴责。如果一个孩子生活在敌意之中，他就学会了争斗。如果一个孩子生活在恐惧之中，他就学会了忧虑……如果一个孩子生活在鼓励之中，他就学会了自信。如果一个孩子生活在忍耐之中，他就学会了耐心。如果一个孩子生活在表扬之中，他就学会了感激。"[②]大学生无时无刻不在生活的浸染之中，大学生的德性的发展和他的生活一脉相承，过什么样的生活，就受什么样的德育，就会有什么样的德性。"道德同存在的事实性密切相关，而不是同脱离实际的理想、目的和责任相关。作为道德基础的事实，来源于人们相互之间的密切合作，来源于人们在愿望、信仰、满足和不满的生活中相互关联的活动结果。"[③]生活世界是创设充满情感和智慧的教学情境、激活学生自主建构学习的保证。所以，只有根植于生活世界，德育才能具有深厚的基础和强大的生命力。离开了生活，道德就成了空虚的原则和僵死的规范；离开生活谈德育，无异于"岸上教游泳"。

生活的过程就是道德学习的过程。"生活在一起这个历程本身就有教育作用，它扩大且启发经验，刺激并丰富想象，使我们负责言论和思想的准确、逼真。"[④]生活是生命充实与展现的过程。这里的充实与展现理所当然地包括道德的充实与展现。大学生正是在生活的过程中，习得作为德性历史积累的规范，即"拥有德性"。同时，大学生的"德性"又必须以"德行"加以确证，即通过生活过程展现自己的"德性"，亦即"德性之知"不同于"见闻之知"，是来源于真实的生活体验并通过生活过程加以确证的实践之知，是一种"亲知"。从本质上说，生活乃是教育的根基，一切教育只有在生活中并通过生活，才能培养出全面发展的人，也才能造就出自由的人。日本结构化方式道德教学论的倡导者金井肇博士更是明确地指出，道德关涉所有人，关涉所有人的生活，没有脱离人的现实生活的道德。因此，道德和道德教育不应该只求高尚而脱离生活现实，道德应该被作为人类生活的现实问题来予以对待；道德教育必须立足于人、立足于活生生的人的生活现

① [美]杜威：《杜威五大演讲》，胡适译，安徽教育出版社 1999 年版，第 176 页。

② [美]杜威：《民主主义与教育》，林宝山译，五南图书出版公司 1992 年版，第 5～6 页。

③ 褚洪启：《杜威教育思想引论》，湖南教育出版社 1997 年版，第 22 页。

④ [美]杜威：《民主主义与教育》，林宝山译，五南图书出版公司 1992 版，第 5～6 页。

实来思考人与价值的关系。事实上，作为道德教育内容项目的诸类价值均与真实的人的多侧面中某一个或某几个侧面相互关联。我们应该根据其关联的性质，明确其价值与学生心灵衔接的机制，并在此基础上探讨德育的应有状态。生动活泼的德育就会由此而产生。

当然，德育不单纯是告知、传递、赠送，而是应设计促使受教育者产生某种感受、理解、体验的思想“碰撞”的教育活动，并让这些“碰撞”去产生它必然的效应。从设计的角度看，它是德育；从“碰撞”的角度看，它就是生活。我国高校可以借鉴外国好的经验，着力改变文本式的德育课程，建构生活化的德育课程体系，让德育课程“回归生活世界”，成为具备生命形态、具有生机活力的活的立体的教科书。教师应寓德育于学生的学习之中，设法把积极、主动、科学学习的理念传递给学生，让学生体验到学习时的快乐和美好的精神享受，形成良好的学习品质，从而达到转“智”为“德”的目的。这包括以下几个方面：一是引导学生适应性学习。随着近年来大学新生中独生子女比例的增大，一些学生来到大学后不适应环境，教师应积极采取应对措施，通过思想上的引导、生活上的督导、心理上的疏导、成才上的教导，帮助新生适应大学的学习环境。二是引导学生健康性学习。应向学生介绍学习过程中的学习心理的基本知识和规律，培养学生学习的动机、兴趣、态度、意志、毅力等非智力因素，以解决学生的心理活动中的学习障碍问题，使教师的“教”通畅、活跃。三是引导学生习惯性学习。养成良好的学习习惯是取得良好学习效果的重要保证。良好的学习习惯一旦形成，个体学习行为就能按照自主化的程序进行。在现代群体学习的形式下，良好的学风是维系学生高效学习和保证学习计划顺利完成的重要因素之一，良好的学风能够帮助形成动态平衡、朝气蓬勃的“生态群落”。因此，高校德育应当引导学生在学习中养成良好的学习习惯和学风。四是引导学生科学学习。科学学习是实现学习目的，取得学习成果的桥梁和手段。“怎样学习”比“学习什么”更为重要。因此，高校德育要特别注重学习方法的引导，可通过组织学法指导座谈会、经验交流会等形式引导学生掌握科学的学习方法，真正做到“授之以渔”，而不是“授之以鱼”。

“德育不可能到人们的头脑中直接作业，它是通过社会生活与交往这些外在形式在人们心田中潜移默化地进行耕耘的一种特殊活动。”[①]交往是德育的逻辑起点，是德育发生的重要前提，是德性发展的动力和内在因素，没有交往的德育无法实现促进人的发展的目的。高校在德育过程中，应注重通过学生人际交往活动培养其道德信念。高校应抓好两方面的工作。首先，专家授技。高校德育工作专家应教给学生交往的技巧。一是交往的选择性。“道不同，不相为谋”，同

① 鲁洁：《德育新论》，江苏教育出版社2001年版，第106页。

学之间在交朋友之前，应进行甄别，有所选择。二是交往的原则性。同学之间的交往应“和而不同”“群而不党”，贵在团结和睦，但不应盲目附和，对原则性的问题，应始终坚持自己的立场和原则。三是交往的吸引性。人际吸引的因素有多种，但最重要的是要有吸引人的才能。每位学生都应努力提升能使别人欣赏自己的才干，从而产生人际交往的吸引力。其次，部门力抓。高校共青团、学生会应经常组织开展学生集体活动，让学生在活动中学习有关人际交往的基本知识，培养和锻炼交往能力，同时也潜移默化地影响周围同学的生活习惯和行为习惯，逐渐克服不良习气。针对大学生存在交往困惑或障碍的问题，高校大学生心理健康教育部门应进行人际交往团体辅导或小组辅导，也可以引导学生采用角色扮演法，在编好的心理剧中扮演角色，或在生活中“扮演”与原来性格不同的角色。上述措施，能促使大学生勇于和善于建立平等友爱、互帮互助、开放宽容、诚实守信的良好人际关系，为自身的健康成长和社会的稳定发展做好人际储备。

另外，日常生活是人类生存和发展的基础，社会的经济变革、文化转变无不与之相联系，每个人的成长都是建立在对日常生活的感受之上的，只有在日常生活中形成良好的行为习惯，才能在纷繁复杂的社会生活中进行正确的选择。从超越的角度去构建。要超越消费主义制造的各种精神幻象，超越媒体对日常生活的引导与操纵，始终以批判和建构双向互补的姿态介入，并以大学生特有的情怀重构生活观，引导大学生克服将日常生活作为一种单纯满足感官享受、消遣娱乐以及纯感性化或欲望化面对人生世界的消极心理。要发挥德育对社会生活的简化、净化和平衡作用，引导学生在对日常生活进行认真细致的体验和观察的基础上，融入自己对生活的深厚感情，并深深扎根于这片创造新生活来源的广袤土壤，汲取各类营养，让日常生活中的真、善、美成为学生生命中最重要的元素，让学生从那些每天都见、每天都经历的事件和日常生活场景中提炼出高于世俗生活的精神。从艺术的角度去构建。要教育学生将艺术的精神灌注到日常生活中去，把自己的日常生活当作艺术品一样去创造，使日常生活情趣化、个性化、纯净化、理想化，并在此过程中塑造完美的自我，成就理想的人生。通过培养学生高雅的情趣，使其超越物欲，忘记一己之得失，将自己的人生理想寄托于对周围事物美的发现和创造中，使人性得到健康和谐的发展，从而达到精神的愉悦；引导学生在日常生活中保持个体性格的多样性，从而保持人格的完整；引导学生能够用冷静的头脑和敏锐的目光审视社会生活环境，特别要对令人目眩的生活时尚做出自己的思考和明辨，取其精华，去其糟粕；引导学生把日常生活本身当作改造的对象，不断将生命活力灌注到生活中去，使它理想化、美化，实现“日常生活非日常化”的飞跃。

在生活化情景中渗透德育。“一个完整的德育过程，应该是体验者的认知活动、体验活动与践行活动的结合”;“人对道德价值的学习以情感—体验型为重要的学习方式”[①]。高校德育区别于其他社会意识形态的根本特征就在于它的实践性。因为道德是以实践精神的方式来把握世界的,具有意识与行为、理论与实践相统一的特点。所以,高校德育也就有了它自身的特点和规律,即强调潜移默化、个体觉悟和生活践履,强调情感体验和知行统一。评价一个人道德品质好坏的客观标准,衡量道德教育成败的根本尺度,就在于道德实践。只有“知行合一”,注重道德实践,紧密结合学生的生活、学习的现实境况,在生活化情境中教育影响他们,道德教育才能成功。因此,高校德育必须把理论讲授与生活实践活动结合起来,注重在生活实践情景中,引导学生面对生活世界的种种现实问题,综合运用所学的道德理论知识,主动去探索、发现、体验、交往、亲历亲为,获得解决问题的真实经验,促使他们实现从理解规范到践履规范的转变,最终帮助大学生达到对自己的合理的内在控制。在充满生活气息的校园文化中渗透德育,作为一种特殊的意识形态和群体意识,充满生活气息的校园文化通过特定的人文环境的熏陶、渗透和升华,将其长期培育和积淀的传统作风和学术气息等转化为环境中人们共同的观念追求、价值标准、行为规范,从而不断作用于校园文化主体,实现育人的目标。充满生活气息的校园文化活动的类型和形式主要有:感受体验活动、游戏娱乐活动、行为操练活动、模拟操作活动、表演竞赛活动、信息交流活动、竞赛参与活动、自我展示活动、选择辨析活动、讲演辩论活动、运筹对策活动等等。高校要通过组织多元化的活动,让学生在“活动”中学习,在“主动”中发展,在“合作”中增知,在“探究”中创新,使德育焕发出生机勃勃的活力。

高校应设法使校园文化的教育作用自然化和情境化。这要求教育信息的输出应融于一切动态和静态的“看似无意实为有心”的校园文化之中,尽可能以自然的方式,从物质环境到精神环境体现教育的内涵,减少刻意的人为的痕迹,注重创设情景和氛围,以促使个体产生内在的需要和情感上的共鸣。让学生自己亲自感受到从事这项任务的必要性,达到深有感触,不愤不启,不悱不发的境界,自己主动地、积极地去完成。这样,就能促进德育与校园文化建设的和谐相长。在社区生活中渗透德育。随着社会的多元文化与价值的冲击,高校德育所面临的一个重要任务就是:正确选择和吸收与之相适应的认知行为模式、道德标准、文化和价值取向;本着参与、交流、服务的原则,给学生更多的生活维度、更多的德性发生的语境。开放的校园是时代的呼唤,是德育回归生活的必然。开放的校园应充分体现社区性,应拆除隔离德育与生活社区的围墙,以高校为核心向周边社区辐射,以其人文与科学的优势向生活社区蔓延、向社会蔓延,将社区纳入

① 鲁洁:《德育新论》,江苏教育出版社2001年版,第35页。

学校的视野，拓展学生生活空间，开阔高校德育新视角。面对生活，学生理应思考和感悟，去探求自己究竟能给别人带来什么，给社会添加什么有价值的内容；面对生活，学生理应运用所学知识透视人生百态，领悟生活之美。社区与校园的良性互动，将使高校德育落在生活的真义中，这也是高校人本性德育的应有之义。

三、高校思想政治教育内容创新的方法路径

（一）借鉴他山之石

“他山之石，可以攻玉。”综观当代发达国家的高校教育，尽管没有使用思想政治教育的名称，但在其课程设置和内容设计方面，都包含着丰富的思想政治教育内容。例如：在美国，网络教育内容非常发达，其中就包括公民教育、历史教育、法制教育、宗教教育与信息素养教育等内容，并呈现出隐蔽的政治性、较强的拓展性与明显的针对性三个主要特点。

在英国，高校教育经过宗教化、宗教与世俗化并进、世俗化三个阶段的发展，形成了宗教性、隐蔽性和多样化的突出特征。英国高校注重发挥传统文化的积极作用，充分发挥显性教育与隐性教育两种方法的优势，构建全社会合力育人的教育体系。

在日本，高校教育中思想政治教育的内容多种多样，主要通过以下几种途径来实施：一是专门课程教学。虽然日本各高校开设的专门思想政治教育课的名称及具体设置有所不同，但通过专门的思想政治教育课程来加强思想政治教育的目的是共同的。二是小组讨论。小组研究和讨论的授课形式是日本高校普遍采用的思想政治教育方式，对深入思想政治教育的内容教学有着独特的作用。三是主题讲座。开设主题讲座，是日本高校思想政治教育实施的重要一环。四是实践活动。在日本，实习、考察、调研等实践活动不是简单的课外活动，而是与课程相关联的一部分。此外，日本高校还通过专业课程教育和课外活动等形式补充和完善思想政治教育的内容。

韩国的思想政治教育更具特色：“孝道”教育从娃娃抓起，并渗透在韩国经济、社会生活的各个角落；以个人为圆心，逐渐扩展到家庭、学校、社会、国家的思想政治教育内容结构模式；具有韩国特色“身土不二”的爱国主义教育；采用古为今用、洋为韩用的方法；思想政治教育评价坚持多样化原则，多方面、多角度地考察教育效果，强调对学生思想道德品质进行客观、全面、准确的评价。我们需要认真学习和借鉴韩国的“孝子”产业、韩国特色“身土不二”的爱国主义精神和强

调知与行统一的观念。

北欧一向以经济发达、社会自由、福利优厚、清正廉洁、人民幸福指数高而闻名于世，具有北欧特色的思想政治教育对此功不可没。北欧各国的思想政治教育目标主要包含两个内容：反映个人要求的心理品质的目标和反映国家要求的公民品质的目标。北欧国家思想政治教育特色鲜明，一是思想政治教育的宗教色彩浓厚，二是重视对社会核心价值观的宣传与教育，三是思想政治教育的形式灵活多样，四是注重隐性的思想政治教育。这对我国思想政治教育具有重要的启示：首先，夯实思想政治教育的信仰基础，增强对中国特色社会主义的认同感和适应性；其次，努力拓展思想政治教育的空间，注重实践性和开放性；再次，大力改进思想政治教育的形式，注重柔性灌输与渗透性。发达国家思想政治教育内容和方式启示我们，创新思想政治教育内容可以多途径、多角度入手。

（二）营造良好的学科环境

一所大学的学科布局、规模和水平，构成一所大学的知识平台，也决定着创新教育的学科环境。学科环境是思想政治教育环境的重要组成部分，适宜的学科环境在一定程度上也是通才教育目标实现的重要因素。所谓学科环境是指大学校园内部能影响受教育主体的各种学科条件的综合，有四个构成要素，分别是学科设置、人（即教师和学生）、物（即图书资料、仪器设备等）、观念。“科学的学科设置和良好的学科氛围在大学生的成长过程中是不可或缺的，它构成了高等教育的一种生态。”①

然而，从当下中国高校的学科布局来看，思想政治教育作为一个专门学科，起步于20世纪80年代，建设时间较短，学科体系构建尚不完善，不仅学术界对该学科体系内容的构成观点不一，而且在实际运行过程中也没有引起应有的重视，甚至在一些高校还存在被边缘化的倾向。从事思想政治教育学科的教师往往遭受冷遇，仅有的学科研究在很大程度上处于“自娱自乐”状态：有的“陶醉于自我思辨，从概念中来又回到概念中去，论题越来越玄、论证越来越繁琐，越来越小众化”②；有的则“满足于注释、汇编与组合，而将思想政治教育学实质上演化为‘寻章摘句’之学”③，致使思想政治教育研究成为“无根性”④研究。有学者抽取21世纪以来的十年内我国十所高校思想政治教育专业硕士研究生学位论文

---

① 李冬梅、孙云英：《论学科环境对人才培养的影响》，《航海教育研究》2000年3月。

② 祖嘉合：《思想政治教育学科发展中存在问题的思考》，《思想政治教育研究》2011年第1期。

③ 沈壮海：《思想政治教育学科建设的关键词》，《思想理论教育导刊》2010年第10期。

④ 李合亮：《论思想政治教育学科建设的基础与关键》，《马克思主义研究》2013年第2期。

2077篇、博士论文279篇作为样本，经分析后发现，思想政治教育研究存在“无根性”特质。与其他学科相比，思想政治教育不同程度、不同范围地存在着“杂、散、疑、平、虚”[①]等问题。要实现思想政治教育内容的创新，首要问题就是要完善和强化思想政治教育学科建设，凸显其科学性和规范性，实现其意识形态性和政治性特有属性的价值，既不能简单地用“思想教育”“道德教育”“政治教育”代替“思想政治教育”，也不能与一般的“公民教育”相混同，而是要作为一门独立学科来建设，并且还要下大力气克服思想政治教育事实上存在的“两张皮”现象。所谓“两张皮”是指下面几种现象：一是目前高校中，部分思想政治教育研究人员只管理论探讨，单纯地进行所谓体系的“架构”，对于现实生活中人们的“困惑”与“不解”视而不见；二是部分思想政治理论课教师，只对课本上、文件中的内容进行机械传输，对于传播内容的价值与意义则不予以揭示；三是部分思想政治教育工作者，只是沉迷于日常管理，对大学生新出现的诸多思想问题不能科学认识与分析。高校思想政治教育“两张皮”现象的普遍存在，不仅制约了思想政治教育实效性的提升，而且也损害了思想政治教育学科环境的营造，更影响着思想政治教育内容的创新。对此，需要进一步提高提高思想政治教育者的理论素质，要站在学科及学术的前沿，开阔创新视野，重视理论研究及国际间的学术交流；积极营造科学、理性的学科环境，为思想政治教育内容创新提供广阔的空间。

（三）转变思想政治教育观念

转变思想政治教育观念是开展思想政治教育内容创新的先导。传统的思想政治教育往往是“灌输”和“说教”，对其内容的科学性、严谨性和吸引力很少顾及。革除“传统教育”的弊端，必须从转变教育思想观念开始。

就中国的高等教育来说，要树立全新的教育观和人才观，就需要把以传授知识为主的传统教育观转变成人文精神、科学素养和创造能力协同培养的新型教育观；把培养精英人才的教育观转变成培养“专通结合”人才的教育观；把片面的智力教育观转变成培养综合素质的教育观；把继承性和传播性教育观转变成内在价值观与外在价值观协同作用的教育观；把唯物质的教育观转变为可持续发展的教育观；将单纯的经济、政治的教育观变成以经济、科技和人力资源为基础的综合国力的教育观；把以学科为中心的教学模式转变为以学生为中心的教学模式。学生只有成为知识的主人而不是容器，才能创造性地应用知识，进而对知识进行创新。伴随高等教育观念的全面创新，思想政治教育就需要按照党中央

---

① 骆郁廷、佘双好等：《关于马克思主义理论与思想政治教育学科建设的思考》，《学校党建与思想教育》2003年第9期。

的要求和部署，抓住机遇迎接挑战，唱响主旋律，打好主动仗，勇于创新和发展，不断提高思想政治教育的水平，更好地为改革开放和社会主义现代化建设提供强大的精神动力和有力的思想保证。这就要求思想政治教育必须与时俱进，积极适应时代和社会的变化，实现全面创新。思想政治工作的创新既包括思想政治工作观念的创新，也包括内容、方法和机制的创新。

思想政治教育观念的创新是思想政治教育内容创新的前提。只有思想政治教育观念创新了，思想政治教育的内容、方法、机制等才能真正创新，才能发现和开辟思想政治工作的新天地。实际上，目前我国高等学校仍然沿袭着传统教育模式，虽然人们已经认识到传统教学方法的弊端，但在实际教育教学实践中，依然盛行着“仓库理论”。教育者把学生的大脑看作储存知识的仓库，在教学过程中大量使用的还是灌输型、塑造型的传统教学方法，引导型、发展型的现代教学方法仍处于辅助地位。思想政治教育教学过程仍然停滞在“传播知识—接受知识”的被动的旧式教育模式下，教师讲课的方法仍然沿着“原理＋例子”的模式。有些教师在教学过程中虽力争引进国外案例教学的方法，但在传统的重原理、轻实践的教学模式影响下，一个案例实际上只起到一个例子的作用。最新的教育理念、策略和方法难以引入课堂，因为现行的教学管理制度，强调的是按既定的大纲讲课，按既定的大纲要求命题考试，并以成绩作为考查教学质量的主要依据。这种教学评价模式不仅使学生没有独立思考的机会，学习的主动性、参与性及创造性受到制约，而且使教师的教学内容、方法和教学创造性也受到制约，这种教学方式培养出来的学生既缺乏应用能力，也缺乏创新能力。所以，我们强调创新思想政治教育内容，就必须做到：第一，始终站在理论和实践的前沿，更新思想政治教育观念，进一步强化服务学生的意识，这是实现思想政治教育观念创新的最重要、最核心、最根本的观念；第二，确立符合时代要求的新观念，这是实现思想政治工作观念创新的现实需要；第三，坚持以人为本，促进人的全面发展，这充分体现了新时期思想政治教育的价值定位和角色定位的新变化。

(四)优化课程内容体系

优化课程体系是实施创新教育的根本。课程的设置是培养具有创新能力人才的核心环节。只有构建起面向21世纪、面向知识经济的课程体系，才能孕育出知识经济时代高素质的人才。知识经济时代，我们面对的是瞬息万变的知识创新的局面，传统的以学科为中心的课程模式所形成的学生的知识结构、智能结构已不能适应知识经济时代对人才的需要。

创新课程内容体系是思想政治教育工作改革的重点所在，也是转变观念的主要落实之处。在谈到内容的改革时，人们往往很自然、也很直接地想到，应该根据目前形势和国际潮流的变化，补充一些什么新颖的东西，或者调整一下布局。实际上，在进行思想政治教育的内容设计与选择时，首先必须澄清这样一个问题，即这种教育的内容体系应该如何确立？只有理顺了思路，才能真正有针对性地确定教育的内容。

在我们几十年的思想政治教育工作中，尽管取得了突出的成绩，但同时也有许多教训值得认真记取。其中最重要的教训是：在设计教育内容时，不是从最基本的公民素质培养开始，逐步地上升到崇高的理想的引导，而是从一开始就为学生确定了一个可望不可即的目标，忽略了如何让学生一步一步实现它，结果导致了学生在学习时目标不明确，对未来茫然不知所措。教育的过程应该是：感性认识—感悟—知识。知识是学习的最高阶段，只有经历前面两个阶段才能获得知识。教育的过程是一个获得智慧的过程，从中使受教育者获得创新的能力。但长期以来的填鸭式教育，使学生们从小就能很容易获得知识，但缺乏探究，没有感悟，最终只是学得了知识，但没有得到智慧。改变这种状况，不仅要改变传统的教育观念，而且必须从优化课程内容体系入手。可以说，新时期以来我国高校在思想政治教育课程设计的理论与实践方面取得了一些进展，但在建设社会主义市场经济发展体制和高等教育大众化背景下，高校思想政治教育内容设置仍不够切合学生思想实际。目前我国思想政治教育课程设置中只有《马克思主义基本原理概论》《毛泽东思想和中国特色社会主义理论体系概论》《思想道德修养与法律基础》《中国近现代史纲要》《形势与政策》五门必修课，从形式上看有点单一，缺乏多样性，具有统一模式化、非个性化特点。这导致学生关于马克思主义理论与实践的知识结构单一狭窄。还有一个问题就是课程内容设计学术性过强，缺乏灵活性、趣味性，与市场经济中创新型、应用型人才的思想政治素质要求不吻合，与未来人才培养规格不适应。

分析我国高等思想政治教育课程设计的情况，以学科为中心的课程设计观念没有考虑到大学生是受教育的主体，忽视了作为主体的大学生；以活动为中心的课程设计主要目标指向学生的实际操作技能，解决实际问题，没有考虑到知识的思想教育价值。思想政治教育课程设计应该考虑大学生的思想需求与兴趣，把科学的知识结构和理论体系结合起来构成思想政治课程的内容。思想政治课程设计应该把理论与实践有机地结合起来，使大学生有新奇感，启发大学生的思路，鼓励大学生大胆探索、大胆设想，放手让大学生在实践中自我锻炼，依靠自己的力量，使大学生产生自豪感，增强自信心，强化思想发展意识。

（五）抓好社会主义核心价值观教育

社会主义核心价值观是社会主义核心价值体系的内核，体现社会主义核心价值体系的根本性质和基本特征，反映社会主义核心价值体系的丰富内涵和实践要求，是社会主义核心价值体系的高度凝练和集中表达。党的十八大以来，中央高度重视培育和践行社会主义核心价值观。习近平总书记多次作出重要论述，提出明确要求。中央政治局围绕培育和弘扬社会主义核心价值观、弘扬中华传统美德进行集体学习，中共中央办公厅还印发了《关于培育和践行社会主义核心价值观的意见》。党和国家的高度重视和有力部署，为加强社会主义核心价值观教育实践指明了努力方向，提供了重要遵循。

党的十八大提出，要积极培育和践行社会主义核心价值观，倡导富强、民主、文明、和谐，自由、平等、公正、法治，爱国、敬业、诚信、友善，富强、民主、文明、和谐是国家层面的价值目标；自由、平等、公正、法治是社会层面的价值取向；爱国、敬业、诚信、友善是公民个人层面的价值准则。这 24 个字是社会主义核心价值观的基本内容。

社会主义核心价值观与社会主义核心价值体系是两个既有内在联系，又彼此区别的命题。从根本上来说，社会主义核心价值观与社会主义核心价值体系在本质上是一致的、统一的，它们都体现了社会主义的核心价值追求，是建设中国特色社会主义不可或缺的重要组成部分。但从严格的意义上来说，它们又是相互区别的。社会主义核心价值体系指的是社会主义意识形态中那些反映社会主义经济、政治和文化制度要求、体现社会主义发展趋势的核心思想意识、价值观念的总和，而社会主义核心价值观则是对社会主义核心价值体系核心内容和精神实质的高度凝练及抽象概括。从具体内容来看，社会主义核心价值体系是一个由马克思主义指导思想、中国特色社会主义共同理想、以爱国主义为核心的民族精神和以改革创新为核心的时代精神、社会主义荣辱观等多方面内容所构成的科学价值体系；而社会主义核心价值观则是集中体现这种核心价值体系的根本目标和要求，即“富强、民主、文明、和谐、公平”等社会最高价值追求。社会主义核心价值体系的内容比较具体全面，而社会主义核心价值观的内容则比较抽象概括。确立社会主义核心价值观与构建社会主义核心价值体系，是一个相辅相成、有机统一的过程。对高校思想政治教育来说，加强社会主义核心价值观教育，就要做到：

第一，坚守高校社会主义核心价值观教育主阵地，清醒认识“普世价值”的西方意识形态的渗透本质。西方发达国家凭借经济科技上的优势，把持着强势话语权，维系着其思想上的统治，以“普世价值”名义推行自身价值观。当今世界，意识形态的冲突突出表现为文化软实力竞争的加大，特别是核心价值观的冲突。欧美发达国家打着“普世价值”的旗号进行核心价值观上的渗透，力图把握思想主导权，抢占道德制高点。而马克思主义在深刻揭示了西方自由、民主、人权的阶级实质和历史局限后，成功抢占了当代人类文明的道德制高点。以马克思主义为指导的社会主义核心价值观，是我们把握新时期主流意识形态建设主动权的基础。高校大学生处于社会化的敏感阶段，其价值观极易受到社会多元文化的影响，特别是披上“普世”外衣的价值观更容易受到青年学生的推崇。当代青年学生担负着建设社会主义和谐社会的重任，加强高校大学生社会主义核心价值观教育，占领高校核心价值观教育阵地，是加强与巩固当代青年学生对社会主义、马克思主义认同感的迫切要求。同时，要用马克思主义引导学生深刻认识资本主义本质，培养学生形成良好的价值判断力和价值分析能力，提高他们的思想品德素质和综合能力。

第二，培育和弘扬社会主义核心价值观必须立足中华优秀传统文化。“牢固的核心价值观，都有其固有的根本。抛弃传统、丢掉根本，就等于割断了自己的精神命脉。”[①]中华文化源远流长，积淀着中华民族最深层的精神追求，代表着中华民族独特的精神标识，为中华民族生生不息、发展壮大提供了丰厚滋养。中华传统美德是中华文化的精髓，蕴含着丰富的思想道德资源。不忘本来才能开辟未来，善于继承才能更好创新。吸取传统文化精髓，立足我国发展现实，注重培养核心价值观教育中的时代精神。我国核心价值观的建立离不开对传统文化精华的广泛吸收，也离不开时代要求和发展现实，所以在高校核心价值观教育中要立足中华民族传统美德，合理吸收传统文化精髓，注重中华文明的传承。同时，在新的时期，还要树立时代榜样，用勤俭节约、诚信、友善等社会美德塑造新一代大学生。世界各国都非常重视对本民族整个历史发展过程的宣传，以增强青年学生的民族自豪感和自尊心，培养他们的民族意识和爱国精神。我国对学生的爱国主义价值观教育也只有根植于本国历史传统，才能有效地实现富有中国特色社会主义核心价值观教育的目标。

第三，加强在隐性教学活动中对大学生进行核心价值观教育。社会主义核心价值观融入高等教育的过程离不开思想政治理论课的建设。思想政治理论课在高校社会主义核心价值观教育过程中发挥着主导性作用。应充分认识思想政治理论课的主导地位，充分发挥思想政治理论课的引领作用，充分提升思想政治理论课的课堂控制力，充分发挥思想政治理论课教师的主导作用，全面提升思想政治理论课在高校社会主义核心价值观教育中的主导性。除了思想政治理论课，其他专业课程、选修课程、实践课程乃至学生社团活动、校园文化等都对培育学生的核心价值观起着重要作用，而且正是这些隐性课程实现了潜移默化、润物

---

① 习近平:《使社会主义核心价值观的影响像空气一样无所不在》，http://news.xinhuanet.com/politics/2014－02/25/c_119499523.htm，2014 年 12 月 25 日。

细无声的教育目的。目前我国高校思想政治理论课教学存在着学生排斥大于喜爱的情况,因而将核心价值观教育真正渗透到学校教学、管理、服务、活动等各个环节所发挥的作用不可小觑。所以,应把社会主义核心价值观渗透到文学、历史、艺术、政治等课程中,渗透到校园文化、社会实践活动、学生社团活动以及学校管理各环节中,增强核心价值观教育的实效性。

第四,拓宽核心价值观教育的实施途径,多样化开展核心价值观教育活动。在对大学生进行核心价值观教育时要采取多种方式。思想政治理论课是大学生核心价值观教育的主渠道,但不是唯一途径,要充分开发和利用多种价值观教育途径,调动学校一切有利于价值观教育的资源开展核心价值观教育。教育规律显示,社会实践在社会主义核心价值体系教育中的作用。首先,社会实践对大学生认知社会主义核心价值观具有转化作用,使大学生化抽象理论为具体行为,化被动接受为主动学习。其次,社会实践对大学生认同社会主义核心价值观具有强化作用,能够增强实践体验、澄清理论是非,提升社会主义核心价值观教育说服力。再次,社会实践对大学生践行社会主义核心价值观具有承载作用,能够提升社会主义核心价值观的个体化和整合力。同时,社会实践对大学生弘扬社会主义核心价值观具有辐射作用,是大学生模范践行社会主义核心价值观、增强其影响力的重要平台。微博在社会主义核心价值观教育中也有着不可忽视的作用。社会主义核心价值观要得到大学生群体的认可和接受,就必须进行广泛和有效的传播。微博作为一种新型的传播媒体,其传播速度快、传播范围广、内容互动等特点与大学生群体所具有的高素质、性格活跃等特点相契合,已经成为向大学生传播社会主义核心价值观的重要媒介。这就需要转变社会主义核心价值观的传播理念,重视微博在传播社会主义核心价值观中的重要作用,把大学生关注的现实问题与社会主义核心价值观教育联系起来,运用核心价值观说明、解释现实问题,充分发挥微博“意见领袖”的作用,扩大社会主义核心价值观传播的影响。

第五,坚持以人为本的价值观教育过程,加强学生价值判断能力的培育。实践证明,成功的价值观教育不仅是满足社会的需求,更是个人发展的要求。价值观的主体是个体的人,解决学生实际需求、贴近现实生活的教育形式才更有意义。因此,要把社会主义核心价值观的教育过程与学生的成长和发展结合在一起,把核心价值观教育变为学生自身发展的需求。学生在不同的年龄阶段,身心发展都有一定的规律性,并且有着不同的需求,因此在核心价值观教育的过程中,要遵循他们的身心发展规律,适时提供比如职业生涯规划教育、心理咨询服务、就业指导服务等,帮助他们解决成长过程中可能遇到的情感、学业、人际交往、就业择业等各方面存在的困惑,真正做到以人为本,增强他们对学校的归属感和对社会主义核心价值体系的认同感和亲近感。同时，要重视对学生价值的引导教育，重视加强价值理性的培养，增强学生的价值思考和判断能力，激发大学生自身的道德意识，提升他们的道德判断能力。

（六）加强优秀传统文化教育

博大精深的中华优秀传统文化既是“涵养社会主义核心价值观的重要思想来源”，又是“我们在世界文化激荡中站稳脚跟的根基”[①]；既是中国化马克思主义不可或缺的思想来源，也是马克思主义中国化不断深化的思想支撑；既是中华民族以爱国主义为核心的民族精神的传承，又是每一位中国人尤其是青年学生树立正确的世界观、人生观、价值观的重要精神食粮。教育部社科司于2014年初颁布的《完善中华优秀传统文化教育指导纲要》，为推动大中小学中华优秀传统文化教育一体化，促进优秀传统文化进教材、进课堂、进头脑，作出了新的部署。

中华优秀传统文化和社会主义核心价值观具有内在的、历史的联系。一方面，中华文化是社会主义核心价值观的重要根源，社会主义核心价值观的产生、形成和完善，是优秀传统文化内容自然的、历史的延续和发展；另一方面，社会主义核心价值观与中华优秀传统文化基本价值相对接，充满与中华优秀传统文化相同的民族精神。离开中华优秀传统文化的支撑，社会主义核心价值观将成为无源之水、无本之木。继承弘扬中华优秀传统文化，要与培育和践行社会主义核心价值观紧密结合。开展中华优秀传统文化教育有三个层面的主要内容：一是以天下兴亡、匹夫有责为重点的家国情怀教育；二是以仁爱共济、立己达人为重点的社会关爱教育；三是以正心笃志、崇德弘毅为重点的人格修养教育。这三个层面，分别体现了与“富强、民主、文明、和谐”国家层面的价值目标、“自由、平等、公正、法治”社会层面的价值取向和“爱国、敬业、诚信、友善”公民个人层面的价值准则的对接。比如，“家国情怀”是对国家具有高度认同感和归属感、责任感和使命感的体现，是出于对国家价值发自内心的认可而生成的一种对国家的特殊认知和情感归属。从国家层面上看，家国情怀是国家凝聚力形成与维持的重要动力源；从个人层面上看，只有建立了家国情怀，才会感受到自己与国家之间的紧密联系，感受到国家给予的幸福和力量，才能将中国梦当作共同的愿景和追求去努力奋斗。

此外，深入推进传统文化的理论研究和宣传普及，是时代赋予广大高校哲学

---

① 《中共中央政治局进行第十三次集体学习》，http://www.gov.cn/ldhd/2014-02/25/content_2621669.htm，2014年2月25日。

社会科学工作者的光荣使命。一方面，我们要认真汲取中华优秀传统文化的思想精华和道德精髓，深刻认识并发挥我们的独特文化优势，激活传统文化的价值观基因，在新的历史条件下成为中华优秀传统文化的切实继承者；另一方面，要将马克思主义原理和中华优秀传统文化有机结合起来，立足当代中国实际，深入开展“实现中国梦”“社会主义核心价值观与中华优秀传统文化”“文化典籍整理挖掘”等专项研究，以海纳百川的气魄汲取各种文明养分为我所用，成为中华优秀传统文化的高水平研究者；同时，还应以自觉自信的态度深入开展国际学术交流与合作，通过“请进来”和“走出去”相结合的方式，在世界上主动发出中国学术的声音，为弘扬中华文化做出积极贡献，成为中华优秀传统文化的积极传播者。① 高校作为人才培养的摇篮，首先要加强对传统文化教育意义的认识，充分体会传统文化教育对于培养大学生的民族精神、人文精神，帮助大学生形成正确的人生观、价值观和世界观，塑造健康人格等方面的重要作用；同时，从根本上改变原来的传统文化教育模式，不断探索传统文化教育的新路径。

第一，开设传统文化教育通识课程，构建传统文化教育教学课程体系。开设传统文化教育通识课程，就是立足各高等院校的实际情况，将传统文化教育作为学生的必修或选修课程，列入教学大纲，纳入学校课程体系。另外，在其他基础课中，可以有选择地增加有关中国传统文化的教学内容，为大学生较系统地学习传统文化知识提供必要的平台，使得学生能够系统了解中国传统文化历史，从而有利于他们接受传统文化熏陶，习得传统美德智慧。目前，一些高校已经开设了以“博雅课程”命名的传统文化教育通识课程，并将相关课程纳入学校的课程建设体系，采取立项方式进行重点打造，给予充分的经费支持，鼓励高水平教师和学科带头人申报建设，使得这些学校兴起了浓厚醇郁的“博雅艺术”之风。构建传统文化教育教学课程体系，还包括在思想政治理论课教学中融入传统文化教育内容。马克思主义政治理论课和思想品德教育课最主要的任务是引导学生学习掌握马克思主义的立场、观点和方法，把握正确的世界观、人生观和价值观，确立建设有中国特色社会主义的共同理想，促使青年学生健康成长，成为时代所需要的合格人才。这里面包含着人文素质教育的目标，也是提高大学生的文化修养、理论修养、道德修养方面的要求。如果在思想政治理论课中恰当地穿插、引用传统文化知识，不仅能使教学内容生动翔实、深入浅出，而且能够吸引大学生的关注，更容易为他们所接受，从而使得思想政治理论课的思想政治教育工作更能收到实效，同时也使得传统文化教育工作真正落到了实处。

第二，提升师资队伍素养，挖掘学科课程的人文内涵。在高校现有的传统文

---

① 参见《教育部社科司负责人谈加强中华优秀传统文化教育》，2014 年 4 月 28 日《光明日报》。

化教育模式中，任教教师大多从中文、历史等学科的现任教师中抽选。他们大多有自己的专业课程教学任务，再承担传统文化教育课程，往往会觉得力不从心，很难投入更多的精力，从而影响到课程教学质量的提高。这就要求学校在这方面应该加大投入，争取建立一支专职传统文化教师队伍，即使是选任相关学科教师，也应合理分配他们的教学任务，以便使他们有足够的时间来备课。同时，要认真做好传统文化教学队伍的建设工作，有条件的应开展对教学队伍的培训工作，通过派出学习、资助课题、组织交流研讨活动等形式，打造一支知识深厚、业务熟练、勤于钻研、敢于出新的教师队伍。在此基础上，学校要加强对师资队伍的检查、督导工作，并定期进行考核，以便使得传统文化教学工作走上正轨并保持可续发展的良好态势。在具体的课程教学业务指导方面，应引导教师队伍探索出一条针对性强、切实可行的教学方法，避免由于学术气太重、课程太过艰深古涩而打击学生们的接受兴趣。在此基础上，教师再引导学生理解传统文化中蕴含的深刻含义，令其真正体会传统文化的精髓，从而在潜移默化中受到良好的教育。

第三，营建良好校园文化环境，打造传统文化教育优良载体。营建良好校园文化环境，就是在高校校园内呈现传统文化的精髓与意蕴，要从校园物质文化建设和精神文化建设两个方面着手。校园物质文化，是校园物质创造的形式和成果的总和。在许多办学历史悠久的高等院校校园，能够看到保存较为完好的古代园林建筑。亭台轩榭、雕台镂窗、墨迹遗画，都是一笔极其珍贵的传统文化教育资源，让求学其间的大学生们无形之中就受到了良好的教育。即使是建校时间不长的高等院校，也可以在校园建设过程中多加留意，道口路边的名人名言、古朴雅净的书画长廊、庄重肃穆的圣人雕像，所有的这些都可以转化成传统文化教育资源。在精神文化建设方面，通过学校团委、学工处等具体部门的引导，适当组织一些传统文化纪念、推广活动，创设良好的传统文化情境，营造良好的传统文化宣传氛围，以此去感染、启迪、陶冶和塑造学生。比如，许多高等院校利用清明节、端午节、中秋节等传统文化节日，组织一系列生动活泼、参与广泛的传统民俗文化宣传活动，在校园内掀起浓浓的民俗情怀，让一些热衷于过洋节日、与传统节日隔膜较深的大学生受到良好的教育，真正领略到中国传统节日文化的魅力，增强民族自豪感和认同感，在潜移默化中提升民族精神和人文精神。

第四，坚持“引进来”与“走出去”相结合，拓宽传统文化教育新途径。传统文化教育工作的开展，可充分利用社会上的丰厚资源。近年来，随着各地对传统文化教育的高度重视，不少地方免费开放了博物馆、展览馆等文博机构。这就可有计划地组织大学生参观相关场馆，让他们切身感受到中华文化的源远流长、博大精深；主动和相关传统文化演出机构联系，邀请他们到学校来演出。近几年来，由教育部、文化部、财政部等部门联合发起的“高雅艺术进校园”活动就收到了很好的效果。京剧以及各地方剧种纷纷走进各大高等院校，为广大师生们呈上了一道道丰厚炫目的传统文化大餐。一时间，各大高等院校掀起了“戏曲热”“传统文化热”“昆曲演习社”“国学社”“戏苑沙龙”等社团组织纷纷问世，带动了校园传统文化教育工作的开展，效果十分显著。因此，有条件的高等院校应该主动与相关部门建立联系，定期或不定期地邀请相关机构到学校演出，建立“高雅艺术进校园”的长效机制，进一步营造良好的传统文化宣传与学习氛围。

以学生社团为抓手，把传统文化教育与开展各种活动结合起来。传统文化教育的推广，既有赖教师的认真传授和相关部门的大力推广，更应依靠学生的内在推动力。通过学生社团等力量的宣传普及，能够使得传统文化更加迅速地走进大学生。长期以来，大学校园内里一部分热爱传统文化的学生自发成立的学生社团一直顽强地维持下来。在近年的传统文化热潮中，又涌现出一大批研习传统文化的社团，如国学社、剧社、诗社、古文研习社、古琴演习团、太极沙龙。高等院校应该充分重视学生社团工作，有组织地引导学生社团开展活动，并在资金、场地、成员培训等方面给予必要的指导，使得各传统文化社团能够尽快扎根立足，并迅速走上正轨，真正成为推广传统文化的“播种机”、吸引传统文化爱好者的“吸纳器”。在引导传统文化社团开展活动过程中，应注重将社团活动与开展主题活动、社会实践活动结合起来。在诸如传统文化节日和纪念伟大历史人物、重大历史事件的纪念活动中，重视传统文化社团活动的开展，充分发挥传统文化社团的带动作用，吸引更多的同学关注传统文化。

第五，运用现代技术和手段实施传统文化教育。当代大学生对新鲜事物有着明显的求知欲，传统的教育模式必然使学生感到兴趣索然，因此，教学方式的改革对传统文化教育十分必要。针对学生们的喜好，把计算机技术充分引入到传统文化教育的课堂中，会起到意想不到的效果。以韩国为例，韩国的教育者非常重视传统文化教育与高科技媒介的紧密结合。他们致力于探索、挖掘传统与现代紧密结合的方式方法。在首尔，经常有各种各样的展览会，传统文化经过计算机的制作、合成、加工，以一种无与伦比的美展现在人们的面前，这种传统与现代的完美结合深受学生们的喜爱，更为重要的是，学生们可以在内心深处不断地认知和感受传统文化的精髓。传统文化并不是通过灌输就能被学生接受并喜爱的，而是应该以各种各样灵活的方式深入并渗透到学生们心中，让他们在不知不觉中认识、接受、喜爱它。

中华优秀传统文化是人类文明进程与文化成就的重要组成部分，是中华民族最深厚的软实力。当人类社会在最初走进经济为主的社会形态的时候，精神方面的缺失造成的社会影响并不显著。但是随着社会物质生活的越来越富裕，这方面的影响也就越来越明显。高校作为人才培养的摇篮，在全球化时代，面对学生们在传统与现代、东方与西方之间的彷徨与困惑，教育者有责任担当起传承和弘扬优秀传统文化根基的使命，努力用中华民族创造的一切精神财富来以文化人、以文育人。

第三章　全球化时代高校思想政治教育方法创新

"工欲善其事,必先利其器。"创新高校思想政治教育,方法是关键。方法是人们想问题、办事情的思路和方式。方法"是工具,是在主体方面的某个手段,主体方面通过这个手段和客体相联系"①。方法对头,事半功倍,方法不对,事倍功半,甚至事与愿违。创新思想政治教育方法,就是要把握思想政治教育的规律性,找到教育者与受教育者之间紧密契合的桥梁,以增强教育的实效性。

一、方法创新是实现高校思想政治教育实效性的根本途径

方法创新是实现高校思想政治理论教育目标的必要条件,更是影响思想政治理论教育效果的重要因素。在全球化时代,知识爆炸,信息网络技术高度发达,无论是知识的获得路径还是人们行为方式和生活方式都越来越趋向多样化。这样的时代条件,客观上要求高校思想政治教育方式方法必须实现从单向灌输型向双向交流型转变、从显性型向显性与隐性结合型转变、从单一型向综合型转变,利用信息网络等新技术,实现高校思想政治教育方式方法的现代化、多样化。

(一)方法创新的内涵

方法是主体把握客体的手段、方式与途径的总和,是主客体相关联、相结合、相统一的中介条件。方法是由目的、主体能力、客体形式、工具等因素共同组成的结构,这种结构决定了人的活动方式,即方法样式。方法与理论同属主观认识

① 《列宁全集》第55卷,人民出版社1990年版,第189页。

范畴，都是对客观事物的反映。但二者的认识对象有所不同。理论是对客观事物及其规律的认识，客观事物是理论的客观原型；而方法必须以客体的规律为依据，但又不同于对规律反映的理论，而是客体规律与主体因素的统一，是主体为更有效地把握客体而创造出来的规则、手段。也就是说，一方面，方法并不是任意的主观性的东西，必须以客观规律为依据；另一方面，它又是人的主观创造的产物。方法帮助人实现自己的目的，人借助于方法及其工具接近或作用于客体，以使客体能够满足自己的各种需要。方法扩大了人生存与活动的世界，动物只能以有限的、不变的方式生存，而人总是能够通过方法、工具、技术的革命，进入新的活动空间，体验新的生活方式。方法给人以多种选择，同一目标可以采用不同的途径实现，这使人可以权衡利弊，比较优劣，以多样化的方式从事自己的活动，显示自己的存在。

方法创新是属于以人的活动方式、程序为对象的创新，它直接创造出的是新的方法，它所导致的活动结果的改变、活动对象的增值是派生的。人们往往注意既成的、物化的、易观察的创新，而没有充分重视方法的创新及其作用。实际上，很多的对象化创新都离不开方法的创新，是方法的创新推动了对象的创新，因为方法创新选择了新的活动方式，开辟了新的活动途径，也就自然进入了新的活动区间，产生了新的活动结果。方法创新不像物化创新那样具有直观的和凝固的形态，而是一种操作性的、过程性的形态，因此界定方法创新要在动态中把握，从方法使用与运行的过程中区别出其发生的变化；在结构中把握，从方法要素的改变看引起的整个方法模式的转型；在样式中把握，从方法类型的整体转变判断方法的根本变革；在输出端把握，从方法的效果变化由果溯因分析方法的创新。如同黑格尔所说的“理性的技巧”，方法创新是人不断增强中介性活动的能量，利用新的工具性因素，放大自己的体力与突破自己的生理极限，提高自己的活动效率，扩大人的世界的范围。荀子说：“君子生非异也，善假于物也。”善于发明与使用工具就是方法的实际运用，而且随着工具的不断革命，人类所利用的“物”也从古代的“舆马”“舟楫”发展到今天的航天飞机、核潜艇等。

方法创新是人类文明进步的基石。正是依靠生产方法、生活方法以至于社会运行方法的大大小小的不断创新，才发展出如此丰富、复杂、多样的现代文明世界。英国教育家阿弗烈·诺夫·怀特海指出：“19 世纪最大的发明就是找到了发明的方法。一种新方法进入人类生活中来了。如果要理解我们这个时代，有许多变化的细节，如铁路、电报、无线电、纺织机、综合染料等等，都可以不必谈，我们的注意力必须集中在方法的本身。”[①]由此可见，教育的创新也必须从方

① ［英］阿弗烈·诺夫·怀特海：《科学与近代世界》，何钦译，商务印书馆 1959 年版，第 94 页。

式入手,以实现教育的主题。

(二)思想政治教育方法创新的必要性

思想政治教育方法是连接教育内容和教育对象的重要桥梁和纽带,是实现教育主体与客体之间双向交流的渠道,它的作用在于实现思想政治教育的目标,完成思想政治教育的任务。在长期革命和建设实践中,我们党历来高度重视思想政治教育的方法问题。毛泽东早就指出:"我们不但要提出任务,而且要解决完成任务的方法问题。我的任务是过河,但是没有桥或船就不能过。不解决桥或船的问题,过河就是一句空话。不解决方法问题,任务也只是瞎说一顿。"[①] 2006 年 6 月,江泽民在中央思想政治工作会议的讲话中强调指出:"加强和改进思想政治教育,过去行之有效的好传统、好方法要坚持,更重要的是要适应新情况,不断探索新方式、方法、手段和机制。"[②]新时代,习近平总书记多次论述了新时期开展思想政治教育的方法问题,提出"要通过教育引导、舆论宣传、文化熏陶、实践养成、制度保障等,使社会主义核心价值观内化为人们的精神追求,外化为人们的自觉行动"[③]。这些思想理论无疑为搞好思想政治教育工作提供了方法指导。

众所周知,高校思想政治教育的过程既与学生的"认知过程"统一,也与学生"人格养成过程"统一。作为对科学知识的"认知过程",主要着眼于事实判断,是一个求真的过程,其教育的目的是使受教育者熟练而系统地掌握该思想和方法,并能够运用其分析和解决实际问题;而作为育人的"人格养成过程",主要着眼于价值判断,是求善的过程,其教育的目的是使受教育者认识和理解、体验和认同价值体系的意义,并能够身体力行,形成自己的情感、态度、价值观,确定自己的理想、信念和人生目标。要达到这样的教育目标,教育方法的不断更新就应该成为一种常态。

二、观念创新是方法创新的先导

观念创新在人类和社会发展中起着极为重要的引导作用。全球化时代条件下,特别是在中国社会转型期,各方面矛盾的突显使得高校的思想政治教育工作面临空前的压力。如何在错综复杂的社会背景下构建以科学发展观和社会主义

① 冬泽东:《关心群众生涯,主义工作方法》,《毛泽东选集》第 1 卷,人民出版社 1991 年版,第 139 页。

② 江泽民:《在中央思想政治工作会议上的讲话》,2000 年 6 月 29 日《人民日报》。

③ 习近平:《习近平谈治国理政》,外文出版社 2014 年版,第 164 页。

核心价值观为指导的高校思想政治教育工作，就成为高校思想政治教育观念创新的重要课题。

(一)观念与观念创新

所谓观念，就是指一种认识或思想，是人们由其所具有的知识及过去的实践而长期形成的种种观点与概念的总和。“观念创新，就是要改变人们对某种事物的错误的、过时的或不利于实践的既定看法和思维模式，换一个新的观察角度，得出一个新的结论或形成一个新的观点，从而采取新的态度和方法的过程。”[①]一切创新，观念先行。观念是创新之本，失去创新的观念，如无本之木，无源之水。事实上，一定的内容、形式、体制、方法等都是一定观念的反映。因为人的任何行为都是受到意识的引导，具有什么样的观念也就决定了在工作中会采取什么样的工作方式，自然也就会产生不同的工作效果。我们说观念创新是思想政治教育创新的先导，是因为：

1.思想政治教育的观念创新是内容创新的基本前提

思想政治教育本质上的思想性、政治性、时代性，必然要求其内容与时俱进。而教育内容的创新又是以观念的创新为前提的。如果思想政治教育的观念不转变、不创新，仍停留在传统的思想政治教育层面上，思想政治教育在内容上就不可能有新的突破，也就难以体现社会发展的要求和时代精神的精华。实际上，经济全球化为思想政治教育观念更新提供了崭新的思想基础和宽广的国际视野。经济全球化带来的全方位的社会变革将直接导致人们思想的进一步解放和观念的进一步更新。随着社会主义市场经济的发展和完善，我国经济实力不断增强，人们的心理状态、思维方式都将随之发生深刻的变化。这将有助于我们在更深层次上认同全球的理念、民主的理念、科学的理念、法制的理念、道德的观念，增强主体意识、竞争意识。特别是我国应对加入 WTO 以后的一系列政策和策略所体现出来的有所作为、敢于竞争和善于竞争、抓住机遇、发展自己等一系列崭新理念，为高校思想政治教育观念更新提供了更为直接的思想来源。

2.思想政治教育观念创新是方法创新的内在动力

在全球化、信息化、文化多样化的时代，传统的单向的理论灌输和说教的方法已很难达到教育的理想效果。这就需要从思想观念创新的角度入手来促进教育方法的创新，使教育观念由保守转向开放，由单一转向多样，推动思想政治教育方式向着主动性、现实性和多样性的方向发展。首先，要树立社会化的思想政治教育理念，由全社会共同承担思想教育任务，形成人人做思想教育工作、时时

---

① 徐殿龙：《观念创新是本》，2007 年 1 月 15 日《经济参考报》。

做思想教育工作、事事做思想教育工作的大气候。也就是说,思想政治教育不仅仅是思想政治工作者的事业,而且是全体人民的事业。动员全社会成员都积极参与,使人人都成为教育者,人人都能受到教育。其次,思想政治教育应当适应新形势,针对新问题,注重吸取教育学、社会学、心理学、行为学等相关学科的最新研究成果,注重利用现代高科技手段,重视校园文化、家庭、社会环境在思想政治教育中的重要作用,对思想政治教育的方式方法进行大胆探索和创新,以增强思想政治教育的效果,达到思想政治教育的目标。

3.思想政治观念创新是机制创新的保证

思想政治教育的优化过程就是建立健全并贯彻、落实各项制度的过程。思想政治教育的机制能否得到创新优化,直接关系到思想政治教育价值目标的实现。只有引入先进的思想政治教育观念,优化和创新思想政治教育的机制,才能最终实现思想政治教育的实效性。因为高校思想政治教育是由高校思想政治教育者按照一定的社会政治要求、思想观念、道德规范,利用各种环境、机制、载体等手段,对受教育主体施加有目的、有计划、有组织影响的政治教育、思想教育、道德教育和心理教育等实践活动。而以人的思想和精神世界作为工作对象的思想政治教育,因信息生产的高效和传播新媒体(包括互联网和手机在内)的迅猛发展,进入到了一个无限选择的时代。在这样的时代条件下,思想政治教育者的观念创新就成为其机制创新的保证。

(二)思想政治教育观念创新的任务要求

从教育观念创新角度来看,全球化进程要求高校思想政治教育转变传统的思维方式和方法,树立全新的国际化意识。所谓国际化意识是指人类价值主体在承认国际社会存在共同利益和人类文化现象具有共同性的基础上,超越社会制度和意识形态的分歧,克服民族国家和集团利益的限制,以全球视野去考察认识社会生活和历史现象所形成的一种意识。但国际化意识并不等于国际一体化,它更多的是指一种思维方式。国际化意识主要包括人类生存意识、人类共同发展的意识、人类和平意识和人类整体的意识。全球化的发展使得世界各地区和各民族之间有了更多的“共识”,从而以全新的视角思考解决各自民族问题甚至全人类共同的问题。这种国际化意识并不要求抛弃国家的民族的特色,恰恰相反,其发展的基础是在尊重差异的根基上建立的。

从全球化视野来看,高校思想政治教育方法是多元化的,包括课程内容的设置。例如:在哈佛大学,从20世纪40年代开始,哈佛大学就把本科生的课程分成三个部分:主修课、选修课、通识课(相当于我们的思想政治教育课程),此外还有写作课与课外活动。哈佛通识教育委员会主席J.哈里斯认为,这些都是哈佛式“自由教育”的基本元素。主修课致力于培养学生对某一学科的深入理解，这是专业化时代的要求——只有当一个人深入钻研了某一复杂学科，不仅学会分析问题，而且学会合理地解释解决问题之后，才能明白真正的智力探究与探索是什么意思。即使一个人学生时代选择的专业与他未来的事业之间毫无关联，或者 20 年后将所学的专业知识全部忘光，但他至少懂得精通一门专业是怎么回事。选修课占 1/4，是为了让学生按自己的兴趣自由探索主修专业之外的知识，比如一个文科生偶尔也会仰望星空，追问宇宙大爆炸是怎么回事。或者一个满脑子代码的计算机系学生可能也愿意欣赏一点贝多芬、莫扎特或印象派的作用。

哈佛的通识课程占总课时量的1/4。所谓通识课程，就是学校提供给本科生的一系列基础课程，学生必须从中选出几门作为必修课，无论他们的专业或兴趣为何。从 2013 年开始，哈佛新的通识教育计划正式推行，重新划分了学生需要涉猎的八大知识范畴领域，包括艺术和诠释、文化与信仰、经验推理、伦理推理、生命系统科学、物理世界科学、世界中的社会、世界中的美国，共计 400 多门课程。在哈佛，主修课可以任意选、任意换，甚至专业也可以换，唯有通识课属于校方指定必修的，非选不可。哈佛大学认为，比起古典名著或者最前沿的科学知识，某些学问的方法才是学生必须掌握的，比如你可以没读过莎士比亚的作品，但必须在教授的指导下以评论和分析的方式研读经典文学；你可以不了解法国大革命的历史，但你得懂得如何将历史作为一种探究和理解的方式，观察和分析当今世界的主要问题；你可以没上过“经济学原理”，却不可能没修过一门探讨社会问题基本原理的课程。哈佛文理学院院长威廉・科比提出过这样一个问题：21 世纪前 25 年，何谓“受过良好教育的人”？这是个最简单，却也最艰难的问题。对哈佛学生来说，没读过莎士比亚更可耻，还是不知道染色体与基因的区别更丢人？哪些知识是重要到必须教给每个学生的？比如足够多的经济学知识让他们看懂华尔街的财务报表，足够多的科学素养让他们读懂《科学美国人》上的每篇论文，还是足够多的幽默感让他们看懂《纽约客》上的笑话？“受教育”与技术训练不是一回事。尤其在“自由教育”(LiberalEducation)的视野之内，一个受过教育的人，必须理解自己以及自己在世界中的位置——文化的与自然的——从而追求一种富有意义的人生。曾任哈佛大学校长、著名科学家、教育家科南特指出：“美国教育的要务不是使少数幸运的年轻绅士学会欣赏‘美好生活’……我们的目的是培养最大量的未来公民，理解自己的责任与利益，因为他们是美国人，是自由的人。”对一所真正的大学而言，为学生寻找一个共同的知识核心，在他们各自的天赋与兴趣之外，发展他们的综合知识能力与教养，是不可推卸的责任。“通识教育”就是作为一种与“专业化”“职业化”“功利化”相抗衡的力量，于 19 世纪末 20 世纪初，随着美国现代研究型大学的崛起而成为一种教育潮流。

从这个意义上讲，我们认为，我国高校思想政治教育必须要做如下创新：

1.价值观创新

我国传统的思想政治教育体制中，受当时国情的影响，偏重于强调社会价值的重要性。在国家利益与个人利益相冲突时，以牺牲个人利益为主。在这种思想的指导下的教育，无疑对我国社会的稳定和发展做出了贡献，并且有其历史必然性。但是随着全球化进程的推进，社会的发展，人们逐渐发现这种价值所带来的矛盾和冲突。社会的发展，人们思想的更新和改变使得个体日益重视自身的权益，而教育的指导思想却没有根据人的发展与时俱进，导致以社会本位为主的价值观与以个人本位为主的价值观常常发生对立。在思想政治工作目标的确定上，以往的教育侧重强调社会要求，忽视甚至否定个人的内在需要，致使思想政治工作难以吸引受教育者的积极参与，理论上的高标准严要求以及追求社会发展的理想化状态在实践中却难以实现。而随着全球化的发展，大量信息涌入人们的视野后，一股个人本位思潮因迎合了人们长期得不到满足的心理而一度盛行起来。这股思潮过于追求个人的需求，忽视甚至否定社会价值，致使思想政治教育更加难以开展。在全球各民族联系日益紧密的时代，思想政治教育必须要跟上时代的步伐，不能片面地把社会价值与个人需求相对立。实际上，社会价值与个人价值是一种“真实的共同体”，具有内在的统一性。一方面，社会利益实际上是个体利益的总和，“只有在共同体中，个人才能获得全面发展其才能的手段，也就是说，只有在共同体中才能有个人自由”①。另一方面，重视个体的发展，满足个体的需要也是社会的当务之急。“每个人的自由发展是一切人的自由发展的条件。”②国家和社会在发展经济的同时，保障个人的合法权益，创造个人发展的机会，充分重视和尊重个人的需要也是社会发展进步的有力保障。这就是说，我们在确立思想政治教育目标上，要充分尊重个人的利益，破除单纯的唯社会价值的教育观，确立社会价值与个人价值内在统一的新价值观，真正使思想政治工作在满足社会发展需要的前提下，保障个人的正当权益，促进社会价值与个人价值的协调发展。

2.任务观创新

传统的高校思想政治工作任务侧重单向地向大学生灌输社会的政治、思想和道德规范，把学生当成被教育的对象，而不重视受教育者的实践能力和个性的培养。诚如著名教育家蔡元培先生所说：“教育是帮助被教育的人，给他能发展

---

① [德]马克思、恩格斯：《德意志意识形态》，《马克思恩格斯选集》第1卷，人民出版社1995年版，第119页。

② [德]马克思、恩格斯：《共产党宣言》，《马克思恩格斯选集》第1卷，人民出版社1995年版，第294页。

自己的能力，完成他的人格，于人类文化上能尽一分子的责任；不是把被教育的人造成一种特别的器具，给抱有他种目的的人去应用的。”[①]而现代教育发展观强调教育过程的互动性，教育者与被教育者都具有主观能动性，认为大学教育的目的是提高大学生的生存能力和发展潜力，注重保障大学生的充分发展，鼓励大学生参与社会事务，发挥其影响社会变革和变迁的积极作用，使之更好地融入社会。[②] 思想政治教育以人作为思想政治教育的逻辑起点，以人的发展和需要为自身的使命。人的发展决定着思想政治教育的教育方向。随着全球化进程的深入，人们的思想和生活方式都发生了根本变化，人们对精神生活的要求更高。因此，我们应该充分尊重大学生的个性发展，确立灌输社会规范与培养能力和发展个性有机统一的新任务观，切实把握好个性发展与社会进步之间的辩证关系，处理好个人价值与社会价值的和谐共存、相互促进。

3.主体观创新

高校思想政治教育工作是做大学生的工作，必须坚持以大学生为本，着眼于大学生的全面发展，既教育人、引导人、鼓舞人，又尊重人、理解人、关心人。但是，在传统的高校思想政治教育工作中，长期存在着视教育者为唯一主体，忽视受教育者的主体作用，把受教育者仅仅视为消极接受教育的对象的现象。这种片面的唯教育者的主体观，必然导致思想政治工作进程中的单向输入的倾向，忽视受教育者在教育过程中的能动作用，使得整个教育过程缺乏互动，严重压抑了受教育者在教育过程中的积极性和能动性。改革开放以来，随着市场经济的发展，受教育者的作用越来越受到了重视，但在现实教育中又产生了片面关注受教育者的主观要求，而忽视了对其进行正确引导和约束的现象，即片面地强调受教育者为唯一的主体，强调受教育者的自我教育和自我修养，忽视教育者的教育和引导作用。实际上，教育者和受教育者在思想政治教育的过程中都有着至关重要的作用，只是两者扮演的角色不同，忽视任何一方主体的地位都将影响教育的实效。所以，在思想政治教育工作过程中，我们既要克服唯教育者的主体观，又要防止片面的唯受教育者的主体观，确立教育者的主体性与受教育者的主体性的辩证统一的新观念。

4.效益观创新

高校思想政治教育工作作为培养大学生的思想品德的活动，其效果的评判应该以人的思想素质的发展为标准。爱因斯坦曾说过：“只用专业知识教育人是很不够的，通过专业教育，他可以成为一种有用的机器，但不能成为一个和谐发

---

① 蔡元培：《蔡元培文集》，上海远东出版社 1994 年版，第 100 页。

② 王德勋：《高校宣传思想政治工作实效性浅析》，《学校党建与思想教育》2005 年第 4 期。

展的人。”①而以往一些学校偏重学生基础学科的学习和专业知识的学习，缩少思想政治教育的时间，轻视对学生做人的能力的培养，特别是一些理工科的学生更是不把政治理论课当回事，甚至一些学校领导和管理人员也存在偏见，有意无意地消减思想政治教育的内容和时间，以所谓的技能教育代替素质教育，忽视了教育的本质和基础。教育领域这种本末倒置的效益观必须改变，必须通过思想教育和人文精神的熏陶，通过理想和信念的塑造，使学生真正懂得修身、齐家、立国、立言的根本道理，做一个真正的文明社会的建设者。

三、高校思想政治教育方法创新的原则

创新不是无源之水、无本之木。创新必须是建立在过去经验和成果基础上的继承与发展。创新的过程，是对思想政治教育的规律性进行认识和把握的过程，而认识和把握思想政治教育的规律又是对过去的经验和成果进行分析、总结的结果。也就是说，创新是思想政治教育的必然之路，但是创新不是随意的、盲目的，而是要根据思想政治教育环境、条件、对象的变化，遵循思想政治教育的规律和原则的创新，是在建设有中国特色社会主义前提下的创新。从宏观上说，一是坚持社会主义方向不动摇，二是坚持解放思想、实事求是、理论联系实际的原则；从微观上说，就是要体现“以人为本”，坚持主体性、实践性、前瞻性、激励性、疏导结合的原则。

（一）实事求是原则

实事求是是马克思列宁主义的精髓，是毛泽东思想的精髓，也是邓小平理论的精髓。关于“实事求是”的含义，毛泽东明确指出：“‘实事’就是客观存在着的一切事物，‘是’就是客观事物的内部联系，即规律性，‘求’就是我们去研究。我们要从国内外、省内外、县内外、区内外的实际情况出发，从中引出其固有的而不是臆造的规律性，即找出周围事物的内部联系，作为我们行动的向导。”②我们党依靠实事求是的思想路线，取得了革命和建设的伟大胜利。

“文化大革命”结束以后，在中国面临向何处去的重大历史关头，邓小平坚持解放思想、实事求是的思想路线，冲破“两个凡是”的历史禁锢，在新的实践基础上继承前人又突破陈规，开拓了马克思主义的新境界，创立了邓小平理论。实事求是要求我们不仅要从实际出发，而且要在新形势下，解放思想。解放思想则要

---

① 《爱因斯坦文集》第三卷，商务印书馆 2009 年版，第 134 页。

② 毛泽东：《改造我们的学习》，《毛泽东选集》第 3 卷，人民出版社 1991 年版，第 801 页。

求主体能够打破习惯势力和主观偏见的思想障碍。客观世界的内在发展规律要求主观与客观相符合，相一致。只有解放思想，才能达到实事求是；只有实事求是，才能不受主观偏见的束缚，才是真正的解放思想。

解放思想、实事求是、理论联系实际原则，要求教育者立足于客观存在的社会实际情况，立足于思想政治教育的实践情况，立足于教育对象的思想实际状况，研究、发现实际生活中的新情况、新问题，做到有的放矢，对症下药，增强思想政治教育的实效性，避免令人无法接受的"假、大、空"式教育。应该说，多年来思想政治理论课教学中虽然一直强调理论联系实际，但大多往往是在课堂上进行各种案例的堆积，只注重了学生对某些问题的认知和理解，而忽略了对学生逻辑思维的训练，使思想政治理论课教学只是知识的填充，而缺乏思想的启迪。我们强调理论联系实际，就是要让学生成为"联系"实际的主体，而老师是向导，引导学生尊重客观实际，学会辩证地分析问题、思考问题，形成独立的思想判断，深刻体会"理论是灰色的，而生活之树长青"[①]的哲学道理。

(二)以人为本原则

以人为本是思想政治教育方法创新的基本原则。尊重人、理解人、关心人也是社会主义新型人际关系的重要表现和基本方法。

中共中央国务院印发的《关于进一步加强和改进大学生思想政治教育的意见》(中发[2004]16 号文)明确指出："以大学生全面发展为目标，解放思想，实事求是，与时俱进，坚持以人为本，贴近实际，贴近生活，贴近学生，努力提高思想政治教育的针对性和吸引力，感染力。"在做思想政治教育工作时，要动之以情，让思想政治教育多一些人情味，这种人情味，绝不是不讲原则，放松管理，取消批评而一味迁就、迎合教育对象，也不是迁就不合理要求或容忍不守纪律的行为而放任自流。它要求在开展思想政治教育时要发扬民主精神、民主作风和坚持民主的方法，平等待人；尊重人们的人格和民主权利，让教育对象充分表达自己的思想观点和意见，在平等、宽松的氛围中做好教育工作。同时，在思想政治教育中要讲究真情互动，注重加强思想政治教育的艺术性、思想性、知识性、趣味性和娱乐性，在实施中淡化训诫成分，增强沟通交流；淡化单向灌输，增强双向互动；淡化权力意识，增强平等氛围，使思想政治教育收到实效。坚持以人为本的教育原则，具体说就是要体现学生的主体性。

全球化时代，网络社会的崛起促使青年一代的自我意识、民主意识以及成长意识快速发展，表现出理性、自信、自主、自觉的崭新精神风貌。他们在处理人与

---

① 列宁：《论策略》，《列宁选集》第 3 卷，人民出版社 1995 年版，第 27 页。

人之间的关系时，表现出一种与单向度的主客体关系不同的、更加重视主体际关系的崭新态度和行为方式。也就是说，在教育者主动建构的教育情境中，教育者是主动施教的主体，受教育者是参与活动、接受信息的客体。而在受教育者主动建构的自我教育情境中，一方面，受教育者是主动学习的主体，教育者则是具有辅助、服务功能的客体；另一方面，受教育者还是自我教育的主体。于是，教育者和受教育者在具体的思想政治教育情境之中实现着互动作用，形成了具体而并非抽象，运动而并非静止的主客体交替重叠的、相互作用的运动过程。这一新型的思想政治教育主客体关系的形成正是青年大学生主体意识迅速发展和逐步成熟的结果。因而，在网络环境下的高校思想政治教育工作中，必须确立主体性的教育理念和教育原则，顺应大学生主体性发展的趋势和特点，尊重并提升受教育者的主体意识和自主活动，在满足大学生的成才需要、服务辅导大学生成长发展的过程中实现思想政治教育的目标。具体应该做好如下两方面的工作：

(1)加强调查研究，充分了解大学生作为受教育者在成长方面的各种需要，根据不同类型大学生使用网络的目的以及接受网络影响状况的差异，做到在网络思想政治教育工作中抓住他们思想和行为发展阶段上的主要矛盾，满足其成长成才的需求，提高他们接受网络教育的能动性，从而实现对青年思想发展的有效引导。教育者在工作中要尊重青年学生的主体意识和参与热情，注重对高年级学生的民主参与观念的引导，规范其民主参与行为方式的健康发展。在教育方法上，要积极发挥正面宣传教育阵地的桥梁和纽带作用，建立规范化的沟通渠道，并与现实中的沟通渠道密切结合，引导大学生树立良好的法制、民主观念，实现合理、有序的民主参与行为。

(2)充分调动大学生作为自我教育者的主体的能动作用，从而提高网络思想政治工作的实效性。网络文明条件下的青年一代在自我意识、民主意识以及成长意识等方面快速发展，表现出了理性、自信、自主、自觉的崭新精神状态，因此我们要充分发挥青年学生的自我教育作用，引导他们在网络条件下积极参与对理想信念问题、社会热点问题、大学生思想道德和心理人格成长等问题的讨论、探索和争辩；引导他们在网络上交流马克思主义理论和时事政治问题的学习心得和体会，帮助大学生在发现问题、独立思考、交流与辩论以及总结提高的过程中实现自我教育。

(三)循序渐进原则

循序渐进，就是按一定的顺序、步骤逐渐进步。也就是说人们对客观事物的认识，有一个由简到繁，由低级到高级，由直观到抽象的循“序”过程，人们对任何事物都不可能一步就达到对其本质的认识。人们思想认识的形成过程，往往也是从浅层次的心理感受层面，提升到思想体系和世界观层面的过程。

现代教学论认为，教学之所以要循序、系统、连贯地进行，是由于教学中传授和学习的科学知识本身具有内在的逻辑联系；学生认识活动也是有由已知导向新知的顺序的；学生的智力和学习能力的发展也是有顺序的。南宋理学家、教育家朱熹就曾说过：学习要“循序而渐进，熟读而精思”；“未得乎前，则不敢求乎后，未通乎此，则不敢志乎彼”。捷克教育家 J. A. 夸美纽斯也强调：“秩序是把一切事物交给一切人们的教学艺术的主导原则。”[①]教学不相应地按照一定的顺序进行，就违反教学的客观规律。现代心理学认为，人的思想、心理存在一种“自身免疫效应”，当与人自身固有的思想体系相区别的外界思想进入人的思想时，人自身的原有思想就会形成一个“防护层”，阻止外界思想的侵入。这种外界思想被人感知的程度越大，它所受到的抵触也就越强烈。因此，思想政治教育要解决人们的思想意识问题，转变人们的思想观念，就应该从浅层面生动、活跃的心理感受入手，逐步达到解决深层次思想体系方面的问题。这就要求高校的思想政治教育工作不仅要渗透到学生的日常生活学习之中，而且要渗透到全体教职工的工作、生活和业务学习之中，与各项具体的活动有机结合起来，把教育内容融入教育对象日常的工作管理、学习指导、生活帮助之中，以服务于人的形式开展教育工作，形成日常化、经常化的思想政治教育，达到春风化雨，润物无声的境界。

具体到高校的思想政治教育来说，坚持由表及里，由浅入深的循序渐进原则不仅体现在教育方法的创新中，还涉及课程内容设置的循序渐进，核心问题就是要考虑到受教育者的心理承受能力和知识结构的接受能力。就教育方法的创新来说，作为教育者首先要考虑教育的意图、观点和理论在多长时间、多大范围、多深程度上能够被受教育者所接受，而不会引起他们心理上的紧张、恐慌、厌倦或对立情绪。这就需要主动深入到学生之中，了解和掌握他们的心理需求及学习等实际情况，及时把握他们的思想脉搏和动向，围绕学生的思想实际开展思想政治教育。把党和国家的路线、方针、政策的宣传教育与社会的发展以及学生个体的发展和利益结合起来。采取默默无闻、潜移默化、循序渐进、寓教育于“无形”的方式，寓教育于活动中，寓教育于娱乐中，寓教育于其他管理工作的过程中，通过感情感染，动之以情，晓之于理，激起心理层面的激荡，由情入理，在思想教育的高度解决问题。就课程内容的设置来说，坚持循序渐进的原则，就是既要考虑到受教育者的知识结构状况，又要考虑不同课程内容之间的逻辑关系。因为每门课程自身内容有一个内在逻辑结构，不同课程之间也有一个内在逻辑结构问题。例如，目前高校开设的思想政治课程有《马克思主义基本原理概论》《毛泽东

① 参见张所帅：《教学论里的“圣经”——读夸美纽斯〈大教学论〉》，《新教育》2012 年第 3 期。

思想和中国特色社会主义理论体系概论》《中国近现代史纲要》《思想道德修养与法律基础》《形势与政策》。就思想政治理论课程的内部结构来看,《马克思主义基本原理概论》是对“世界是怎样的”“如何认识和改造世界”“未来世界如何”这三个紧密相连的内容的描述,全面解答了什么是马克思主义和怎样坚持马克思主义的问题,从整体上科学地把握了马克思主义的科学内容和精神实质,是了解和把握《毛泽东思想和中国特色社会主义理论体系概论》课所讲的马克思主义中国化的理论成果的理论基础;而《中国近现代史纲要》主要通过展示一代又一代的中国人民在探索中国出路、寻求民族独立和人民解放以及走向国家繁荣富强和人民共同富裕之路的历程,回答中国人民为什么选择马克思主义、选择中国共产党、选择社会主义道路和选择改革开放等一系列问题,是了解和把握《毛泽东思想和中国特色社会主义理论体系概论》课所讲的马克思主义中国化的理论成果的实践基础。按照这样的逻辑结构,就应该先开设《马克思主义基本原理概论》和《中国近现代史纲要》,再开设《毛泽东思想和中国特色社会主义理论体系概论》;而《思想道德修养与法律基础》与《形势与政策》从大学生入学就可以开设。这样,既符合历史的逻辑结构,也与大学生的知识结构相契合,学习起来才能事半功倍。如果课程安排顺序颠倒,不仅违背课程内容内在的历史规律,也不符合学生的知识结构,无论是学生学还是教师教都将是事倍功半,很难达到预期效果。

(四)疏导结合原则

疏导结合原则是高校思想政治教育工作的一条重要原则,体现了思想政治教育工作“合目的性”和“合规律性”的统一。“疏”的要求是,从人们思想的实际的发展趋势出发,以相信群众、依靠群众为出发点,采取百花齐放、百家争鸣的方针,放手让各种意见和观点充分表达出来,经过观察和研究,作出引导的决策。“导”的要求是,在疏通的基础上对正确的意见和思想观点,旗帜鲜明地表示肯定和支持,促进其进一步发展;同时,对于错误的意见和思想观点,通过民主讨论、说服教育、批评与自我批评的方法,以理服人,化消极因素为积极因素。

疏通与引导的关系是密切联系、不可分割的关系。可以说,疏通是解决问题的前提,是引导的必要准备;引导是疏通的必然继续,是疏通的目的所在。如果不遵循疏导的原则,错误的思想观点得不到纠正,正确的思想观点得不到支持和鼓励,势必影响思想政治教育的效果。因此,在思想政治教育实践中,必须又疏又导,疏导结合。只疏不导,就会失去正确的方向;只导不疏,就会没有引导的根据,没有引导的条件,使引导成为空谈,从而失去思想政治教育的意义。在思想政治教育的过程中坚持疏导的原则,就要求我们全面地掌握疏导的内涵,发扬民主、广开言路，创造畅所欲言的气氛；坚持平等的原则，教育者和受教育者互相尊重，互相理解，在尽可能和谐的交流氛围中进行；不迁就错误的意见，不放弃批评和自我批评的武器；说服教育为主，执行纪律和法律为辅。

疏导结合原则的落实主要有两种方法或策略：一是先疏后导，二是既疏且导。先疏后导的方法主要用以发现问题，释放现实生活中的问题和矛盾所形成的张力。特别是在虚拟网络时代，大学生们往往把他们在现实中受到抑制或是无处发泄的心理情绪抒发在网络上。因此，基于情绪化表达的非理性言论往往是校园 BBS 论坛的显著特征。在这里，经常可以见到许多偏激的观点、强烈的情绪发泄以及相互“顶牛”式的争吵。如果排除那些别有用心的恶意攻击，这些情绪化的表达是一种有助于缓解紧张感、压力感的自我心理“释放”。正是由于虚拟网络去除了现实利益关系所形成的“压力阀”，使得各种矛盾所产生的张力能够迅速在网络空间得以释放。可以说，网络空间成了现实冲突和思想问题集中展现的平台，也是解决这些矛盾和问题的重要场所。对此，思想政治教育工作者必须坚持疏导性原则，通过充分讨论、说服教育、正面引导相结合的方式来解决大学生的思想认识问题。坚持疏导原则的重要意义在于，突发事件发生之后，校园 BBS 上往往会出现大量的言论，随着意见的扩散也会形成一定规模的舆论。在这个时期，多样的意见和观点、复杂的思想和心理状况和模糊的发展形势是网络舆论形成初期的主要特征。面对这种情况，思想政治教育工作者不能去堵塞和压制言论，采取捂盖子、掩盖问题的做法，因为这样往往会由于压制了大学生表达思想的自由而激化矛盾。实际上，在网络条件下任何堵塞和压制言论的做法不仅不能奏效，反而会引起学生的严重反感而使德育环境进一步恶化。因而，要采取疏导的方法，尊重学生的主体意识与参与热情，以相信群众和依靠群众为工作出发点，让各种意见和观点充分得以表达。而在大学生们的意见充分表达、思想观点得以真实展现的过程中，教育者要耐心观察、认真研究，密切观察事件过程中学生思想发展的动态，发现事件背后存在的深层次矛盾，抓住主要思想症结，展开有针对性的德育对策，促进大学生思想和行为沿着正确的方向发展。

（五）言传身教原则

所谓“言传”，就是摆事实，讲道理，以情感人，以理服人；所谓“身教”，就是身先士卒，以身示范，以行感人，以德服人。

实施思想政治教育，必须坚持言教、身教并举，身教重于言教的原则。这是做好新时期思想政治工作之根本，也是加强和改进思想政治工作的保证。叶圣陶先生曾经说过：“身教最为贵，知行不可分。”思想政治教育要真正说服人，一靠真理的力量，二靠人格的力量。所谓真理的力量，就是教育者讲的内容必须合乎实际，反映事物的本质和进步趋势；所谓人格的力量，就是教育者教育别人的道理必须表现为自己的行动，言行一致、以身作则、率先垂范，要求别人做到的，自己应该首先带头做，努力塑造自己的美好人格，做教育对象的表率。

身教胜于言教。有了人格的力量，真理的力量才能得到发挥。在思想政治教育中，人们不仅看教育者说什么，更重要的是看他们如何去做，通过教育者的"做"来认识他们的"说"，判断"说"的真实可信性，决定是否接受教育者的"说"。只有立说立行，严于律己，率先垂范，才会产生巨大的感召力、凝聚力。坚持身教胜于言教的原则，就是要发挥教育者的人格力量，以教育者积极健康的人格作用于教育对象，对被教育者的思想、观念、行为产生积极的影响。在开展思想政治教育时，无论人前人后、公开私下、有无监督，教育者要求教育对象做到的，自己首先做到；要求教育对象不做的，自己坚决不做，事事时时处处都严格要求自己，不做思想的巨人、行动的矮子，保持言行一致、表里如一，以自己完善的人格、高尚的思想道德品质示范于教育对象，使教育对象在教育者的人格力量熏陶和影响下，提高思想道德水平和政治觉悟，不断成长和进步。

（六）系统性原则

系统性原则也称"整体性原则"。从管理学的角度看，系统性原则要求把决策对象视为一个系统，以系统整体目标的优化为准绳，协调系统中各分系统的相互关系，使系统完整、平衡。从教学论上讲，系统性原则要求教学必须循序、系统、连贯地进行。

思想政治教育是一项系统工程，有其复杂的结构程序和运动规律。思想政治教育主体（教育者）、教育客体（教育对象）、教育介体（教育内容、载体、方法、设施等）和教育环体（教育环境）等各种要素构成了思想政治教育的有机系统。系统性原则要求教育者在拟定和选择教育方法时，要从思想政治教育系统的角度进行系统分析，系统设计，要根据思想政治教育过程中内外部各个要素的相互联系，全面地、联系地、完整地、发展地看问题，反对片面的、孤立的、简单的、静止的形而上学的观点。

坚持系统性原则创新教育方法，必须从系统的整体出发，既要考虑教育对象的思想特点与需要，又要考虑思想政治教育任务、内容的要求，还要考虑教育队伍的状况和客观环境的变化。就教育内容而言，进行思想政治教育，要让教育对象知道某些概念、原理以及整个思想体系的创立背景和适用范围。任何断章取义地引用，或生搬硬套、生拉硬扯，都是唯心主义的，非科学的；而无视新情况、新问题的出现，一味地照本宣科，则是教条主义的，不可取的。就教育对象而言，由于学生所学专业不同、年级不同，其思想发展状况也不平衡，在实施思想政治教育时不能搞“一刀切”，而要根据不同教育对象的思想状况和具体特点，有选择地运用合适的方式开展教育。思想政治教育是系统工程，在开展思想教育时，不仅要从整体来把握，而且要从个体入手，根据不同的教育对象和不同的问题，不断寻找新的角度，适应不同对象的思想特点，灵活机动地采用各种教育方法，充分调动教育对象的思想感情，形成教育者与教育对象之间的双向互动，从而使教育主体、教育客体、教育介体和教育环体等各种静态结构要素，形成动态的有机系统，提高思想政治教育的效果。

思想政治教育方法创新还要遵循激励性原则、实践性原则、前瞻性原则。这些原则体现了时代气息，反映了思想政治教育对象的思想新特点。只有掌握并坚持这些原则，才能真正做到思想政治教育方法的创新，也才能更好地提高思想政治教育的针对性和实效性。

四、高校思想政治教育方法创新探索

有效的思想政治教育，是“教育者通过各种形式对受教育者进行有关政治、思想以及道德、心理等方面的教育，使其内化接受并进一步将教育内容外化付诸于行为”①。为了达此目的，思想政治教育者就必须在方式方法上下功夫。

(一)借助信息网络新媒体技术实现高校思想政治教育手段创新

在经济全球化、政治多极化、信息网络化、文化多元化的时代条件下，传统的说教式、灌输式的教学模式已远远不适应时代的发展。借助信息网络新媒体技术实现思想政治教育手段的创新就成为一大趋势。

现代网络新媒体高超的技术特性，是传统思想政治教育的技术和手段无法比拟的。它能随时随地地将文本、声音、图像、电视信息传递给设有终端设备的任何地方、任何人，网络中的每个人既是信息的接受者，又是信息源的提供者，这为新时期高校思想政治教育提供了一片崭新的天地，也带来了难得的创新契机。可以说，在信息全球化的今天，过去那种“嘴喊、腿跑、手抄”的体能型模式，“以时间换空间”的思想政治教育模式，已远远落后于时代所需。充分利用网络等新媒体技术，实现高校思想政治教育方法的现代化，就成为时代发展的必由之路。

1. 运用各种现代网络媒体阵地，有效开展思想政治教育

---

① 王贤卿：《论高校思想政治理论课教学方法创新的特点与路径》，《思想理论教育导刊》2011 年第 1 期。

运用各种现代网络媒体阵地,有效开展思想政治教育,关键在于思想政治教育工作者需要及时转变教育观念,紧跟时代发展的脚步,善于掌握新技术,适应信息时代发展的需求。网络的出现和发展,是信息时代发展的必然结果。网络所形成的是一个具有开放性技术架构的生存空间,正如互联网的创建者们所言,互联网的关键概念在于,它不是为某一种需求设计的,而是一种可以接受任何新的需求的总的基础结构。[①] 正是由于网络基础架构的开放性和人的需求的无限性,激发着人们不断创造出新的网络应用技术。而每一种网络技术的广泛应用,都会形成一个由网络技术媒介与相应的用户群体以及信息内容组成的微观信息系统,这些微观信息系统实际上就是一个新的思想政治教育场域。随着网络技术的不断创新和发展,这些新的场域也是在动态的发展变化之中。因此,在这个新的技术革新浪潮时代,思想政治教育工作者必须具有前瞻意识,把握科技创新的时代脉搏,主动地发挥每一种新的技术力量的进步因素和教育价值,实现对技术应用的积极引导和网络教育场域的主动营造,这是当前高校思想政治教育工作发展的正确策略选择。

开放的信息传播环境在推动人们开阔视野、拓展素质的同时,也造成西方意识形态以及社会多元化思想的大量涌入,冲击大学生的理想信念的健康成长。这就要求学校教育者在推进校园网络硬件建设的同时更要大力建设网络"软环境",用积极向上、丰富多彩的教育内容来吸引大学生,把大学生凝聚在互联网上的马克思主义阵地周围。其一,教育工作者要真正进入现代网络媒体境地,努力适应网络这一种全新的教育环境。教育者必须努力学习网络知识,掌握网络的使用技术和操作技巧;并且在日常的学习、工作和生活中多接触网络,使用网络;最重要的是要培养起自己参与大学网络文化生活的意识,加强与大学生进行网上交往活动的主动性,真正地融入网络生活,真切地去感受网络文化,体验大学生们在网络空间的交往、学习、娱乐方式以及他们思想、心理以及行为的发展变化,真正做到与大学生在同一个环境下进行交流。其二,教育工作者要不断进行话语体系的创新,要熟悉和掌握网络文化,学会网络语言,采用大学生喜闻乐见的话语体系,做到在网络环境下能够与大学生实现有效沟通,以增强思想政治教育的吸引力和渗透力。其三,教育工作者要转变教育观念,在与大学生平等对话的过程中引导他们思想和行为的发展。网络社会的崛起对于当代教育提出了新的文化境遇。传统教育从文化意义上看是典型的"前喻文化"模式。教育者以权威的身份向教育对象灌输教育内容,两者之间缺乏平等的交流。而网络时代带

---

① B. M. Leiner, V. G. Cerf, D. D. Clark, et al. "A Brief History of the Internet," *Acm Sigcomm Computer Communication Review*, 1999, 39(5).

有显著的文化反哺的特征，由于大学生走在互联网使用的前列，是网络社区的主体力量和文化创造者，因而在网络信息传播的条件下，大学生在某些方面反过来变成了其前辈的知识传授者和信息传播者。这形成了具有典型意义的"后喻文化"色彩的文化场域。思想政治教育工作者要充分认识和把握教育文化的时代特征，在教育活动中转变教育观念，创新教育方式，充分重视与大学生在网络实践中的平等交流和沟通，积极引导他们发挥自主性和创造性，在教育和自我教育的结合中发展进步。

现代网络不仅改善了思想政治教育工作者的工作条件，增加了开展工作的工具和载体，更重要的是带来了新的工作方式、思维方式和价值观念。网络文明极大地促进了人的主体意识的成长，当代大学生在平等意识、自主意识、参与意识、选择意识等方面有了较大的发展和提升，民主参与的行为更为活跃；在思维方式方面，网络的便捷性、开放性、自由性、平等性、共享性使得主体自身的自由个性和创造性思维能力和思维水平得以前所未有的充分发挥，反映出信息时代条件下人的实践发展水平和科学文化水平的提升，并进而在精神状态上呈现出自主、自立的精神状态和更加活跃、理性的独立思考的精神状态。正是网络时代所带来的教育环境和青年大学生思想意识的显著变化，这就向思想政治教育者提出了新的要求：

其一，注重把价值观念的教育渗透在知识性教育之中。网络思想政治教育最为重要的工作就是使得受教育者能够在纷繁复杂的网络信息海洋中明辨是非、正确选择自己的立场并形成观点，从而引导和帮助大学生树立起正确的价值观体系。在这个工作中，要运用"价值认识的形成依赖于相关真理"这一基本规律，把价值观念的教育渗透在知识、信息的传播过程中。在学校新闻宣传工作中，要积极通过丰富多样的知识性信息发布、客观真实的新闻报道等实现对大学生思想发展的积极影响，努力让知识性信息或知识性认识的发布和传播服务于促进青年正确价值观的形成。

其二，注重把教育理念和价值观念渗透在校园网络文化的建设之中。大学生群体是一个同质性很强的特殊社会群体，他们在年龄、心理特点、兴趣爱好、行为方式等方面都比较接近，有着较为一致的文化需求，校园文化正是大学生文化生活需求的反映。作为应对社会大众文化冲击、在网络空间保持和发展校园文化的一种"防卫性反应"，大学生们有着建设校园网络文化、在校园网上营造自己的精神文化空间的积极性和创造性。在许多高校，大学生们正是在校园网络上建构出了属于自己的学习生活和交往场所，创造和发展着属于自己的网上精神文化空间。因此，高校教育工作者要主动参与和引导校园网络文化的建设和发展，把主流价值观渗透在这块承载着大学生归属感和文化认同感的网络空间中。

其三，注重把价值观念渗透在技术创新和应用之中。技术是蕴涵价值的，技术的价值性包含在其知识、方法、程序及其结果之中，蕴涵着丰富的内容。互联网的出现本身就是开放、创新、共享、平等的体现，如开放的技术架构、公开的软件代码以及自由创新和获取信息等。具体到每一种网络技术，都有其教育价值可以挖掘和应用。如P2P技术（又称“点对点传输技术”）推动了以信息的即时交互为载体的社会交往网络的发展。用户在交换信息资源的同时，主动地进行交流和互动，进而衍生出配套的管理规则和交互礼仪。针对此类技术应用的内在价值，思想政治教育工作者可以通过引导和支持大学生开发出用于学生集体学习和信息资源共享的公共软件，在大学生网络实践中弘扬利他主义精神，这是加强集体建设、加强集体主体教育的有效途径。

2. 占领网络教育制高点，使思想政治教育进网络

现代网络的发展为高校思想政治教育工作提供了新的工作载体和手段，开辟了新的空间和新的渠道，是我们大力弘扬主旋律的主要阵地。所以，作为高校的思想政治教育必须积极占领网络教育的制高点。中国互联网信息中心发布的报告显示，在数以千万计的网民中，大学生是最活跃的群体。互联网带给校园文化的是丰富、庞杂的信息，这些信息良莠互现、正反交错、泥沙俱下，是一柄“双刃剑”，给高校思想政治教育工作增加了极大难度。不少大学生把网络作为在校园中发表言论、交流感情的主要场所，这对他们的学习、工作、生活和思想观念产生着深刻的影响。

网络使得学生的社会化程度得到很大的提高，但许多学生对网络的负面影响缺乏足够的认识。因此，要加大高校思想政治教育进网络的力度。一方面，要加强大学生网络道德教育，加强国家有关互联网管理的法律法规的宣传教育，制定大学生互联网道德规范，开展大学生健康上网自律承诺活动，自觉遵守网络道德，告别不健康网吧。另一方面，要建立思想政治教育网站，积极推进社会主义核心价值观进网络活动，组织专门力量，制作一些思想性强、趣味性好、适应性广的优秀信息移植到校园网中，并针对一些社会热点问题提出正确的观点。同时，还可在校园网上开设网络互动栏目，开展互联网知识竞赛、网页设计竞赛等活动，用正确、积极、健康的思想文化充实和占领网络阵地，不断提高思想政治教育网站的点击率和影响力。让思想政治教育内容在“进教材、进课堂”的基础上“进网络”，以拓展思想政治教育的渠道。目前清华大学、北京大学、浙江大学等分别设置的“红色网站”“红旗在线”“求是潮”等无疑是思想政治教育平台的一种拓展。利用网络这个平台，给学生提供一些与国家、民族或学生自身利益息息相关的热点问题供学生讨论，增强思想政治教育的针对性和实效性。

3. 利用现代通信传媒技术，提高思想政治教育的实效性

手机短信和微信已成为人们交往的一种便捷方式。它可以作为日常沟通交流的工具，弥补语言通话的不足，还可以传递新闻、服务信息，与广播、电视、互联网等其他媒体实现互动等。手机短信对于乐于追求时尚和潮流的大学生群体来说，已成为他们生活的重要组成部分。这对于高校思想政治教育工作者来说，运用手机短信的独特优势开展思想政治教育工作也是如虎添翼。可以说，手机短信、手机报、手机飞信、手机微博的兴起，极大地丰富了大学生的业余生活，促进了人际交流沟通，但一些不良短信包括色情、欺诈、诅咒等短信的传播也严重影响着心智还不完全成熟的大学生的健康成长。对此，思想政治教育工作者就需要有效利用手机短信及网络平台，趋利避害，及时帮助青年学生在使用现代信息工具时自觉屏蔽其不良影响，净化校园手机媒体环境。

其一，充分利用手机短信与大学生进行点对点深入交流。短信交流的非现场性，可以通过短信形式，可以使交流双方避免面对面的尴尬。短信交流形式使一些不便直说且可能产生分歧的意见尽情地表达出来，使交流双方比较轻松随意。这种交流方式可以使高校思想政治教育者与大学生在交流时具有充分的思考时间，使教育者有一定的时间根据学生的问题慎重提出解决的方法，学生也有一定时间进行反省、思考，认真地考虑教育者提出的意见，进而在教育者的引导下努力向着积极的方向转化。通过短信交流，有利于高校思想政治教育者更加深刻地把握学生的思想动态，了解学生的内心世界，发现大学生隐性的思想问题，进而有的放矢地开展具体的心理辅导，增强思想政治教育的实效性，保证大学生能以积极健康的心态工作、学习和生活。同时，大学生还可以根据自身的情况主动地与高校思想政治教育者进行交流，将面对面的不好意思说出的心理困扰通过短信及时与高校思想政治教育者进行沟通，以获得科学指导，避免在成长的道路上走不必要的弯路。

其二，积极开展校园微信文化活动，提升学生微信文化品位。校园微信文化活动以创建文明健康的微信为宗旨。活动方式可以根据各高校自身条件自主选择，如校园微信宣传活动、校园微信征文活动、校园微信创作比赛等。在校园微信文化活动的开展过程中，大学生可更加深入地参与到微信创作过程中，更加深刻地理解校园微信的内涵，更加自觉地接受校园微信文化的熏陶，从而有效地净化校园微信文化环境，提升大学生的微信文化品位，使大学生从根源上抵御不良微信的侵蚀，使不良微信失去生存土壤。

其三，创建高校微信平台，弘扬红色微信文化。红色微信意指积极、健康、向上的微信，包括马克思主义、理想信念、社会主义核心价值观，以及古今中外的名人名言、格言警句、中华传统美德和社会公德的励志箴言等内容。利用高校手机微信平台传播校园红色信息的具体方法包括：一是需要组建红色微信创作队伍，选拔科学文化素质高、思想政治素质过硬的教师、政工干部、辅导员、学生党员等组成红色微信创作小组，编写、搜集科学健康、积极向上的红色微信并在恰当的时间发送给学生。二是建立多位一体的工作机制，建立以校级、院级、年级、班级为单位的手机微信平台，层层联动，保证红色短信覆盖高校每一位学生，取得红色微信的教育效果。三是建立高校双向交流工作机制，即除高校红色微信创作队伍专门创作红色微信之外，鼓励所有大学生参与到校园红色微信的创作中来，使大学生不仅对校园红色微信文化提出自己的意见和建议，还可以自己动手编写红色微信。四是建立校园手机号码和红色微信数据库，高校红色微信创作小组可以根据微信内容进行筛选，挑选优秀的短信输入红色微信数据库，并及时更新，确保所有大学生在特定的时机都能够收到高校手机短信平台发布的红色微信。

其四，科学把握微信发布时机，取得良好教育效果。在恰当的时机发布具有教育意义的微信，才能取得良好教育效果。恰当的时机一般指重大节日、重大社会事件发生以及特定大学生群体活动等。在重大节日，发布节日祝福微信，并将思想政治教育内容融入其中，可以使大学生在接受节日祝福的喜悦中积极地将思想政治教育的内容内化。例如：国庆节到来之际，高校思想政治教育者向大学生发送节日短信，在表达祝福的同时将革命先烈们的浴血奋战才得以建立中华人民共和国的历史信息融入其中，让学生们深感建国的艰难，倍加珍惜现在的幸福生活。同时国内外重大事件(包括党的代表大会的召开、国际热点问题的爆发等)的发生也会引起大学生的广泛关注，高校思想政治教育者应及时把握时机，因势利导，提高大学生的思想认识。此外，在一些特殊时期，包括新生入学之际、每学期期末考试之时、大四考研期间、毕业生择业之季，这些时间大学生都面临程度不同的压力或困惑，高校思想政治教育者可通过手机微信对学生进行即时疏导，给予鼓励和宽慰，做大学生前进道路上的知心人和引路人。

4. 综合运用现代科学研究成果，丰富高校思想政治教育工作方法体系

现代世界各国争相运用现代化信息技术加强和改进对外传播手段。我们必须适应这一趋势，加强信息传播手段的更新和改造，在高校思想政治教育中必须积极掌握和运用现代传播手段。高校学生思想政治教育工作人员必须对新技术的发展变化具有一定的敏感性，尤其是新事物、新技术、新工具引发的大学生思想状况的变化，以及相应工作内容、规律、方法的变化。这既是大学生思想政治教育工作人员对自身的要求，也是高校应当尽力实现的工作要求。大学生思想政治教育工作人员只有提高自身的敏锐性，及时把握这些技术对大学生思想政治教育带来的影响，加强自身相关技术业务培训力度，掌握大学生使用现代传媒，包括手机播报、手机微博等的基本情况，并注重微博对大学生影响情况的主

动了解和分析，才能早日占领和建设思想政治教育工作的新领地，把握这方面工作的主动性。同时，高校对大学生思想政治教育工作人员运用微博等方式开展工作应该提出明确的任务与要求，有针对性、有力度地开展这方面的学习、培训和交流，并利用新技术建设好思想政治教育阵地，积极吸引大学生的眼球和目光，凝聚他们的行动，让大学生朝着党和国家的总体育人目标方向成长。

应该说，新媒体作为一种教育载体，具有不可替代的形式或工具意义，但是绝不能让形式遮蔽或掩盖思想政治教育的目的或内涵。我们必须明确，一方面，思想政治教育的一以贯之的价值理念是新媒体条件下开展思想政治教育的前提和基础。如果缺乏这些思想政治教育的价值内涵支撑，新媒体条件下的思想政治教育只会流于形式，不仅会走向现实思想政治教育的反面，而且还不利于青年学生群体道德水平的提高。另一方面，新媒体化思想政治教育是传统思想政治教育在新媒体上的延伸和发展。传统思想政治教育作为基础性工程，必须占据主导和支配地位，对高校学生思想政治教育起着决定性作用。新媒体在虚拟的实践条件和环境中形成的判断和观念，必须经过现实社会实践的考察和检验才能最终被认可、接受和推广。正是因为新媒体在思想政治教育领域的介入，促进了教育手段的现代化，更促进了教育观念的现代化。在新媒体环境下，创新思想政治教育应以传统思想政治教育为基础，以新媒体化思想政治教育为拓展，建立新媒体化思想政治教育与传统思想政治教育相结合的有效模式，实现两者的互通与融合。①

（二）构建“凸显个性—综合呈现”的思想政治理论课教学方法体系

思想政治理论课作为大学生思想政治教育的主渠道，是帮助大学生树立正确的世界观、人生观、价值观的重要途径，其教学效果直接影响思想政治教育的实效性。也就是说，学生对教师课堂教学传授的知识和信息是否乐意接收、理解、接纳并转化为自身的行为，就成为衡量思想政治教育实效性的重要尺度。

然而，目前我国高校思想政治教育过程中，学生对教师所讲授的内容程度不同地存在着不接收、不理解、不接受、不行为的“四不”现象。② 所谓不接收，就是在思想政治理论课教学过程中，受教育者在选择性注意、选择性理解和选择性记忆这三个环节中将教育信息屏蔽掉，没有把教育者所传递的教育信息纳入到知觉系统的现象，也就是说受教育者并没有注意、理解和记忆教育信息。所谓不理

① 参见赵敏、何文玲：《新媒体环境下德育模式的创新》，《山东青年政治学院学报》2012 年第 6 期。

② 参见王贤卿：《论高校思想政治理论课教学方法创新的特点与路径》，《思想理论教育导刊》2011 年第 1 期。

解，即教育对象对所接收到的教育信息并不理解，不明白为什么是这样或者为什么要这么做。所谓不接受，即教育对象已理解了所接收到的教育信息和内容，但是并没有将其内化为自己的认知，也就是对于教育内容不认同，不相信。所谓“不行为”，即教育对象已经接受认同了所接收的教育信息，并已将其内化为自身的信念，但却没有将已接受的规范、准则等付诸实际行动。所以，产生了“知而不行、言行不一”的现象。应该说，导致“四不”现象的原因很多，而从创新教育方法的角度审视以往高校思想政治理论课的教育教学，其枯燥单一的说教式的教学方式无疑是制约该类课程实效性发挥的瓶颈。为此，我们倡导构建“凸显个性—综合呈现”的教学方法体系，以实现教学方法全面创新。

所谓构建“凸显个性—综合呈现”的教学方法体系，就是根据思想政治理论课体系中不同具体课程的特点及教学要求，在对多种教学方式方法进行深入研究和认真选择，并充分把握它们的特点、内在联系及其共同取向的基础上，对教学方式方法进行优化组合。核心是坚持以教学观念转变为先导，牢固树立“以学生为本”的理念，注重根据学生的实际情况和教学内容的目标要求，善用探究式、讨论式、启发式、参与式、案例式等教学方法，因材施教、因时施教、因人施教，以实现“教学有法，教无定法，贵在得法”。其本质是通过教学方法的整合，构建形成各种方式方法协调配合、具有更强教育功能和最佳教学效果的教学方法系统，以达到提高教学实效性的目的。

1. 探究式教学法

探究式教学方法又称“发现法”“研究法”，是指学生在学习时，教师只是给他们一些事例和问题，让学生自己通过阅读、观察、实验、思考、讨论、听讲等途径去独立探究，自行发现并掌握相应的原理和结论的一种方法。它的指导思想是在教师的指导下，以学生为主体，让学生自觉地、主动地探索、掌握认识和解决问题的方法和步骤，研究客观事物的属性，发现事物发展的起因和事物内部的联系，从中找出规律，形成自己的概念。在探究式教学的过程中，学生的主体地位、自主创新能力得以充分体现。

思想政治理论课的教学目标是促使学生从思想上掌握政治理论，在实践中践行政治理论的思想原则。也就是要旗帜鲜明地表明自己的政治立场，将学生培养成为建设中国特色社会主义事业的栋梁之才。因此，要想以理服人，让学生信服教师所讲的思想政治理论，就必须针对学生的特点进行因材施教。如果我们仅仅去说服他们，他们是无法完全接受，或者是半信半疑，或者是拒绝的。因此，我们要在教学中适当地运用探究法，由学生自己探究获得结论或者真相，这样更容易令他们信服。例如：“中国近现代史纲要”是给本科学生开设的一门思想政治理论课。本科生主动学习的能力较强，探究问题的愿望也很强烈。关于近代以来的历史，他们从中学时代就已经开设接触，对重大的历史事件也比较清楚。如果教师还是只讲课本的基本事件，基本线索，学生们就会感到厌倦。毕竟什么知识也不能反复多次，反复多了就会引起学生的排斥或逆反。90后的大学生思维敏捷，个性化突出，有自己的见解，但是他们缺乏系统性的理论思想来支持自己的行为。甚至有的学生认为课本掩盖了历史事实，历史真相不可见，用历史来说服他们很困难。因此，采用探究教学法，让学生主动参与到课堂上，以探究的方式来完成教学任务就会取得事半功倍的效果。

历史的真相问题是历史学的理论课题，我们有必要对学生解读这个问题。历史学发展到今天，很多理论性问题都已经为大多数人所理解接受。历史本身有一个客观存在的过程，也有一个为历史学家所记载的历史过程，还有一个为历史哲学家所研究的历史理论的过程。历史学家所记载的历史过程是否能够和历史客观过程相吻合，历史哲学家所研究的历史理论对历史的发展又有什么关系，这些是任课教师必须阐明的问题。众所周知，经过人脑、语言来表述某一事件时，极有可能会出现偏差，不可能与已发生的客观过程完全吻合。尽管历史学家致力于通过自己的记载还原历史真相，但这仅是一种值得追求的理想。也就是说，百分之百地还原历史真相不可能，但是无限地去接近历史真相、总结历史发展规律是可以实现的。历史时代以不同的面貌呈现给后人，不同时代的人们的历史活动总是有很多反复的过程，很多目标点是相同的，我们在研究历史时就会去寻找他们的异同之处，就会发现历史发展是有规律可循的。鉴于此，我们才会认识历史，才会总结历史经验教训，才会站在历史的高度去看民族、国家的发展。当教师用历史过程证明某个原理成立时，学生就会自发地产生探究历史真相的激情。很多学生在看历史剧时都会问，历史上真的有其人其事吗？然后才会有查阅历史资料的动机。中国为何由一个天朝大国沦落到四夷侵略的地步，是每个学习近代史的人都会追问的问题。

“中国近现代史纲要”的教学需要准备许多“接近”历史真相的资料发给学生，让他们来品读，并谈出他们的认识。教师会为学生准备资料，学生也可以自己准备资料，从而实现“我的课堂我做主”的目标。毕竟课堂既是老师的，又是学生的。清王朝缘何由盛转衰、封建社会缘何由盛转衰，类似的问题都可以进行研讨，如清朝从乾隆朝开始有衰落的现象。乾隆多次出巡，去避暑山庄，去山东、山西，更为有名的是他六次下江南。再如对鸦片战争发生前的中外历史进行比较中，将中国历史置身于世界史的范围来考察。教师可以将材料提供给学生，鼓励学生进一步查阅材料，而后再拿到课堂上让大家一起讨论，讨论后要经过以小见大、从表及里的分析过程，推出来的结论必须是教材上得出来的结论。因为，我们的教材是经过高校专家组多次反复论证撰写出来的，具有很高的学术性、思想性和政治性。如果学生没有推出预期的结论,或者得出了相反的结论,我们的建议是:暂时保留学生的意见,不可妄断,更不可以教师的权威地位来讽刺或者讥笑学生,最好留下问题进一步探索,直至让学生心服为止。

探究式教学可以有效实现师生在教学过程中的互动。在探究中,学生学会了查阅资料、分析资料,学会了对不同见解的兼容并储,学会了团结合作、分工协作、完成目标的工作程序,学会了宽以待人、严于律己的为人处事风格。探究教学的核心理念是使学生保持一颗恒定的"格物致知"的心,这种教学方法所起到的作用是将教师的"有法之教"转化为学生的"无法之学",从教学意义上完成了理论与方法的统一。由于历史问题都是一环紧扣一环演进的,所以,探究式的教学方法运用于"纲要"课程的教学可谓如鱼得水,游刃有余。值得提醒的问题是,教师要自始至终地掌握好中国近现代的历史演进过程中的主流、主题、主要矛盾、主要任务,不能偏离方向,讲成专业历史课程。教师平时要多注意收集资料,典型性的资料最能说服人。另外,教师要坚信自己所讲授的内容是真实有效的,自己没有信心,学生不可能有,只有自己相信才会有感情、有激情、有理性地分析,收到教学的最佳效果。

2.问题式教学法

问题式教学方法是通过提出问题、解决问题来完成教学任务的一种常见手法,是通过问题的设计来激发学生对事物的认知过程。问题本身的设计要有一定的难度和深度,否则起不到应有的效果。如前所述,无论是《马克思主义基本原理概论》《毛泽东思想和中国特色社会主义理论体系概论》《中国近现代史纲要》《思想道德修养与法律基础》《形势与政策》的公共必修课还是《当代世界经济与政治》的选修课,其内容和思想都有着内在的联系性,尤其是每门课程又都自成体系,非常严谨,这就要求在给学生的问题提出上要有前后联系性,起到发人深省的作用。

近代以来面对西方列强的入侵,中国人民是怎样面对现实,又是怎样选择了自己的道路。这个问题始终是引发学生在"纲要"课上思考的问题。教师可以让学生假设自己就是那个时代的人,他会做出怎样的反应。引导他们正确认识爱国主义在不同的历史时代的表现形式,以及如何通过个人的行为来完成时代赋予的历史使命,使学生明白每个时代都有贤人志士,在自己所处的时代里完成历史时代赋予自己的历史任务。同时,将一个大问题又可以置于某章、甚至某节内容之中。如:中国共产党在大革命失败后,对前进道路的选择问题,这是社会现实给年幼的中国共产党提出的严峻考验。通过"八七"会议、南昌起义、广州起义、秋收起义直到走上井冈山,建立革命根据地,中国共产党人用自己的言行回答了何去何从的问题。讲授这些问题时一定要引导学生精读毛泽东的《中国的红色政权为什么能够存在》《井冈山的斗争》《星星之火可以燎原》《反对本本主义》等著作，通过经典著作的研读和历史事件的讲述，让学生自己得出有关“中国共产党在没有前人经验借鉴的情况下，在条件如此复杂、形势如此严峻的存亡关头，没有放弃对人民的责任、没有放弃自己的理想追求”；“正是由于毛泽东及时总结社会实践经验，才引导中国革命走出自己的道路”的结论。同时要让历史人物活起来。历史人物有血有肉、有爱有恨、有对有错，他们个人的社会活动、思想理论对当时历史发展的影响以及历史又是怎样选择了他们，这些问题需要通过陈独秀、毛泽东刘少奇等典型的历史人物来阐明。在红色根据地蓬勃发展的过程中，是什么力量让红色政权得以发展？在反围剿的过程中，中国共产党和红军是如何面对比自己强大的敌人的？红军为什么要战略转移？在长征的过程中，红军力量很弱小，为什么还要提出抗日的主张？国民党围剿红军、消灭共产党，但共产党为什么主张释放蒋介石？促使学生得出结论：“只有那些敢于担当、勇于承担、生命不息、奋斗不止的人，才会做出惊天地泣鬼神的伟业”；“那些在历史上没有留下名字的人，虽然没有走在历史的前沿，但是他们紧跟时代发展的潮流，追随那些伟人完成了自己的使命，同样令人敬仰！”；“伴随着历史进程的发展，国内主要矛盾的变化，会促使敌对的双方放弃眼前的矛盾，为了共同的利益团结起来”等。类似这样的结论需要由老师引导，学生自己获得，不能由老师“直奔主题”。总之，有问题才会引人深思，才会收到育人的功效。

问题式教学法最值得提倡的是培育学生的问题精神。没有疑问的学习是没有收获的学习，这就是孔子所说的“学而不思则罔，思而不学则殆”[①]。只有养成“打破沙锅问到底”的学习习惯才会培养学生终身学习的良好品质。问题式教学法在具体运用时还需要注意的是：教师不能整堂课都在问学生，一个接一个地问下去，要有主次，要分清轻重缓急，将布置作业与课堂的问题紧密结合起来，有准备地组织课堂。在问题式教学中，教师的讲解一定要论从史出，史论结合，不能只有史的叙述没有论的评价，因为只有在论中才融入了人的情感、观点、立场，才会激起学生的情感和思想的活动，达到师生之间的互动与共鸣。

3. 讨论式教学法

讨论式教学法强调在教师的精心准备和指导下，为实现一定的教学目标，通过预先的设计与组织，启发学生就特定问题发表自己的见解，以培养学生的独立思考能力和创新精神。讨论式教学法通常以学生一定的知识积累和对问题的分析能力为前提，由学生讨论，甚至是辩论，以求达到共同的认知目的，提高自身的素养。

---

① 《诸子集成·论语正义·为政》卷2，中华书局1986年版，第31页。

"思想道德修养与法律基础"课的内容比较适合使用讨论式教学法,即便是绪论课亦可使用。绪论介绍本课程的性质、主要内容、学习意义、学习方法、大学、大学应该怎样度过、大学生的人生价值如何选择等有关问题。关于课程的定性是理论性比较强的问题,如何让学生自己认定该课程的性质并愿意接受该课程的内容是很关键的问题。如果我们强行告诉学生这是一门"以马克思主义、毛泽东思想、邓小平理论、'三个代表'重要思想和科学发展观为指导,对大学生进行思想道德修养和法律基础知识教育的一门必修课程。通过本课程的教学,帮助学生逐步形成高尚的道德情操,树立正确的人生观、价值观、道德观和法制观,增强社会主义法制观念,提高思想道德素质,树立体现中华民族道德传统和时代精神的价值标准和行为规范,注重从自己做起,从小事做起,努力把自己培养成为有理想、有道德、有文化、有纪律的一代新人",那么学生就会机械地去记,或者逆反,得不偿失。最好的办法是让他们来发表自己的见解,让定性的问题在讨论中完成,此后接受起来就会比较容易。那么设计什么问题为宜呢?我们在教学中是这样做的:首先,在学习新课之前,设计一个思考问题:请同学们回顾自己的成长过程,思考每个人是否可以随心所欲地成长,为什么,这样学生会立即否定随心所欲。然后就会思考自己在成长的过程中都受到过来自哪些方面的约束。他们会找到:在成长的过程中,经常要面对家人、老师、朋友的教育和帮助,还会受到社会的、学校的、政府的、法律的多方面力量的约束。这是一种什么现象?为什么会这样?这样对我们的成长是否有利?这种外在的力量是我们作为人必需的吗?学生会以此往下思考,进行各种观点的讨论,教师无论如何都要认真听学生的发言,把具有代表性的观点记下来,在恰当的时候——如他们不知道该说什么或者无法进一步深入思考时,教师就需要及时地把学生的发言整理出来,梳理好,先把大家的观点摆出来,然后再将接近正确观点的看法隐晦地点出来,引导学生得出结论:作为人实质上是双重身份,一是自然人,一是社会人。如何完成自然人向社会人的转化?就要不断在成长过程中受到约束。当我们的自我意识越来越强时,我们自我约束的能力也越强,道德感也越强烈,这就是道德的力量。如果突破了人伦道德底线,就会受到法律强力的制裁,这是一种外在于自我的力量,这是法律的力量。因此,不论什么人,国籍如何、民族如何都要受到这两种力量的约束。但是,不同的民族、不同的国家,道德和法律的要求不一样,这是为什么呢?话题进一步深入。这时学生就会发现不同的民族不同的国家之间在道德与法律上的规定既有相同之处也有不同之处,进而才会分析出我们国家与西方国家等存在着制度上的不同,才会想到这些不同点关系着当下我们该如何选择的问题。那么作为中华民族的一员,我们究竟要成为为谁服务的人呢?他们自己就会找到答案。当他们找到答案后,再进行深入的教学就不再困难。以此类推，关键看教师如何组织题目引导学生参与讨论。当学生发现自己的观点为老师所认可时，无疑会极大地助推他们进一步的思考，提高他们的自信心，进而令其产生对本课程的兴趣。所以，恰到好处地、灵活地运用讨论式教学方法，对提高学生的学习主动性极为有利。

讨论式教学方法会给学生留下终生难忘的印记。为了一个观点，同学们可以争论得面红耳赤。他们中有的滔滔不绝，有的拍案而起。在争辩中，师生的思想才会碰撞出思想的火花，点燃学习的激情。因此，讨论式教学方法在整个教学过程中可谓神来之笔，具有画龙点睛的功效。值得注意的是，虽然讨论式教学可以在本课程的每一章都适用，但是切记不可多用，要有选择性的使用。尤其是针对理论性强的、社会争议大的问题，学生对这样的问题不能很好把握，最好采取讨论式。绪论课为什么可以使用呢？就在于绪论课有一定的理论性，而且第一次上课，将以尊重学生为前提的教学方式展现出来，有助于与学生建立和谐的关系，提高学生对教师的认可度，达到“亲其师，信其道”的效果。所以，作为教育者，对学生在讨论中提出的问题一定要科学引导，做画龙点睛的点评，不要轻易否定学生的观点，即使有些观点不“完全不正确”，也不要当着全体学生的面来否定他，可以让该学生保留自己的意见，可以让其他同学针对他的观点课后查找材料，进一步论证；即使学生的观点已经为其他同学驳倒，也要鼓励踊跃发表观点的学生积极独立思考。学术一定要有宽容，有尊重，才会有不同的观点，才会有独立的见解，才会有创新。讨论课因占用的教学时间比较长，所以不能常用，但是关键的时候必须要用。我们认为，在构建社会主义核心价值观的问题上，在引导学生树立正确的人生观、价值观、世界观问题上，在大学生就业创业问题上，在践行社会主义法治问题上都值得运用。

讨论式教学是以师生平等为原则，以培养学生的主体意识和创新能力为目标，在承认学生的主体地位的前提下，改变传统的以教师为权威主体的教学模式，营造师生平等交流的学习氛围，构建师生相互交流知识和情感的平台，使师生在相互对话与交流中实现教学相长的一种教学模式。互动型教学模式的互动不仅包括教师与学生之间的互动（主体互动），还有教学内容、教学形式和手段与教学主体、教学对象之间的互动（物人互动），理论与实践之间的互动（知行互动），历史与现实之间的互动（时空互动），课内与课外之间的互动（场所互动），以及思想与心灵之间的互动（性灵互动）[①]等。讨论的过程也就是这些互动的碰撞与交流，从而产生新的思想火花，并内化于心，外化于行。

4. 案例式教学法

① 吴杰：《高校思想政治理论课教学模式评析》，《天津市教科院学报》2009年第2期。

案例教学是一种使学生在一个高度拟真的情境中，综合运用所学的理论独立地分析问题，作出判断和决策的教学方法。教师经过精心准备，把抽象的理论转换成具体生动的事例即案例交给学生，并组织他们开展讨论。由于每一个案例的内容都是不同的，新奇的事物对青年学生有特殊的吸引力，可以激发他们主动思考、积极探讨的热情，从而实现从知识层面向理论层面的转化，再由理论探讨向分析实践、解决问题的过渡，从而使思想政治理论课教学质量与效果不断提高。

案例教学形式，由于它生动形象并富有深刻的教育意义，广受学生欢迎。但这并不意味着只要是案例教学就一定深受学生追捧和认同。究其原因，我们现在面对的是一个开放程度很高的信息社会，在学生获取知识信息的手段、途径、渠道很多的情况下，学生的知识面宽、思维活跃、理解力强，这对我们的案例教育提出了很高的要求，案例要服务、服从教学内容的需要。在“思想道德修养与法律基础”课程教学过程中，可以充分灵活地运用案例教学法，将反映道德修养或法律知识的现实情况展现给学生，从而由表及里地帮助学生深入学习理论知识。当然，案例教学要有思想性和针对性，要求有精辟的思想分析和独到见解。要想做到这一点，教师必须要有深厚的理论功底和广博的知识。教师积累的案例素材要多、要精，选取的案例应集知识性、科学性、趣味性为一体。教师在教学过程中对案例举证和案例分析要合情合理，要由表及里、由此及彼地找出案例中隐藏在现象背后的，带有规律性、普遍性的本质特征，由此归纳总结并建构和深化理论。这样才能将理论知识与所举案例包含的思想道理融会贯通，才能将思想政治理论课讲得生动有趣而富有思想教育意义。引入案例教学法，使教学从现实生活中的具体事例出发，贴近实际、贴近生活、贴近学生，把学生普遍关心的现实问题拿到课堂上来，并让学生亲自参加讨论和分析，这不仅符合青年学生的思维特点，容易引起他们的共鸣，同时也为思想政治理论课理论联系实际找到了契合点，使学生学会自觉地运用所学理论去认识和解决社会实际问题。通过对典型案例的分析和讨论，获得了在无需亲身实践的条件下就能在短期内接触并处理大量的各种各样实际问题的机会。对所选案例不能只是故事般的叙述，而是要对案例的内涵进行挖掘，要深度解读，并给学生留有余地回味思考，使学生透过案例所蕴含的理论知识和人生道理进行思想上的反思、反省、提升。理论联系实际是思想政治理论课教学的基本要求，也是搞好思想政治理论课教学的重要原则。通过案例举证和逻辑分析让学生思维活跃、视野开阔、知识面拓展，激发学生的学习兴趣和学习动力，从而最大限度地增强思想政治理论课教学的有效性，达到以案说理、以理解案、理案结合的有效教育。

案例选择的基本要求是：首先，所选取的案例要贴切，要符合教育教学的目的，契合教学内容并与之相呼应。选取的案例要经典、新颖。所谓经典，是指案例要具有深遂的思想性、代表性，并经得起时间的检验；所谓新颖，是指案例要有独到的视角和前瞻的思想，给学生耳目一新的感觉。不能一味哗众取宠或为博取学生一时的好感而罗列一些不恰当的或低级趣味的，生搬硬套、牵强附会的案例充斥教学过程，否则，案例教学就背离了思想政治理论课的教育宗旨而失去了思想政治理论课的教育意义。因而应选用经典、新颖的案例进行案例教学，以澄清学生思想中的困惑与迷茫来满足学生的求知需求。其次，要把所教理论知识贯穿于案例之中。所选案例情节应精炼，篇幅不宜过长。既要选择贴近学生思想实际和兴趣爱好的案例，满足学生对科学知识的崇尚需求；也要选择与教学内容和教学目的相关联的正反两方面的典型案例。案例要少而精，要有启发性，能激起学生思想震动，形成台上台下的共鸣。其三，案例选取还要从我国改革开放和中国特色的社会主义市场经济丰富的社会实践中吸取营养，选取具有说服力和感召力的案例进行思想教育，使学生极大地关注我国正在进行的中国特色的社会主义的伟大事业，为今后走向社会、融入这场伟大的社会实践打下坚实的思想基础。

5.启发式教学法

启发式教学是指教师在教学过程中根据教学任务和学习的客观规律，从学生的实际出发，采用多种方式，以启发学生的思维为核心，调动学生的学习主动性和积极性，促使他们生动活泼地学习的一种教学指导思想。这里要着重说明，启发式教学不仅是教学方法，更是一种教学思想、教学原则和教学观。教师在教学过程中要根据教学任务和学习的客观规律，从学生的实际出发，采用多种方式，以启发学生的思维为核心，调动学生的学习主动性和积极性，促使他们生动活泼地学习。

启发式教学重在转换教育理念，要求以学生需求为中心，培育学生自主学习的能力。启发式教学应着眼于学生的发展。学生的身心发展同一切事物的发展一样，内因是根据，外因是条件，外因通过内因而起作用。在教育和其他诸客观因素的作用下，学生主体内在的新的需要与已有发展水平之间的矛盾运动，是学生身心发展的内因，即内部动力。旧的矛盾不断解决，新的矛盾接着产生，从而推动着学生的身心向着高水平、高层次发展。在思想政治理论课中开展启发式教学就必须深深植根于学生身心发展的内部矛盾之中，并具有推动矛盾向前发展的无限活力。我们要在教育和教学活动中为学生的学习活动创设良好的外部条件，以促进教与学的相互转化和新旧知识的相互贯通，并使学生具有驾驭矛盾转化过程的主动权，以实现认识发展的飞跃，取得学习与发展的最佳效果。教师既是布道者也是服务者，教师必须研究如何把抽象的理论转化为学生能够接受的知识，只要是有利于学生学习的，教师都值得去努力。在思想政治理论课中启发式教学得以广泛使用，在《马克思主义基本原理》这门课程中运用得更是恰到好处。在马克思主义哲学部分，诸多理论知识是抽象的，思辨性较强，单纯地为学生讲授，效果是有限的。教师如何将抽象的理论知识转化为学生可接受的东西便成为重要的问题。调查表明，不少大学生缺乏马克思主义理论素养和系统的理论思维能力，对于马克思主义理论的学习，只是为了应付考试，死记硬背一些概念和观点，而没有真正学懂，更没有学以致用。

因此，要把马克思主义理论变成思想的主导、行为的指南和认识世界、改造世界的强大武器，这就要求教师应从学生的实际出发，使教学的深度、广度、进度适合学生的知识水平和接受能力，同时考虑学生的个性特点和个性差异，区别对待，因材施教，做到有的放矢。教师要与学生共同建立起一种民主、平等、协商的师生关系。教师不仅要了解学生的所思所想，而且要使教学活动能够在和谐、宽松的环境中展开，师生共同探讨，互相启发和提高。这样就会使学生对教师产生信任感，这种信任感往往会转化为学习的积极性，使学生在课堂上积极主动配合教师，提高思想政治理论课教学的实效性。

启发式教学要求教师和学生都要具备问题意识、研究意识和和能力培养意识，教师既要讲授正确的观点，又不是仅简单地提供所有问题答案，而是鼓励学生善于捕捉现实的热点、难点和疑点，进入图书、网络进行学习，并主动走进社会寻找问题的答案和真相，学生分析问题和创新的能力在这过程中得到了培养。同时启发式教学特别强调教师在运用科学的教学方法传授知识的同时，要教给学生学习方法和认识方法，在优化思想政治理论课教学方法的同时，还要优化学生的学习方法和认识方法。学生在校学习的知识毕竟是有限的，到了社会实践中会遇到大量新的知识和问题，因此教学要切实教会学生如何学习，如何研究，如何获取、精选需要的知识信息，如何进一步综合分析并解决问题。思想政治理论课现代启发式教学要求教为学服务，教法服务学法，变学生“要我学”为“我要学”，达到“我会学”的目的。通过启发式教学，培养学生的自学能力，使学生掌握独立获取知识、系统整理知识、科学运用知识的方法，使学生在自学中开发自身智慧的源泉，启动自身智慧的潜能，从而成为创新型、开拓型人才。

当启发式教学充分发挥其作用时，学生个体思维将会变得十分活跃，课堂将从沉闷走向愉快和谐。课堂不仅起着传授知识的作用，还将熏陶学生的情感。师生在这种亲密互动中，不仅进一步激发了教师的启发优势，也体现出了学生的思维特质，师生在相互交流学习中教学相长。因为教师的每一次提问，虽说基本上是针对所有听课学生的，但在学生回答问题时，由于每位学生的个性特点不同，思考问题和回答问题的方式和情形就可能完全不同，而教师根据学生的不同回答，能够判断出学生的个性，从而进行相应的点评和指正。在思想政治理论课教学过程中，教师将学生学习中的进步和不足，及教师教学的要求和效果等信息随时反馈给学生并引导学生进行积极的反思，在此基础上向学生提出新的学习目标。在新目标的积极刺激、诱导下，学生将对学习前景有所期待，进而将这种期待上升为信念，转化为今天学习的动力。在这个过程中也就能进一步培养学生的自我分析、自我评价、自我激励、自我调节学习行为的能力和习惯。这样，经过一次次的启发式教学，学生的个体思维在这种相对开放自由的课堂教学环境中得到进一步的锻炼和提升，教师的教学也因而得到不断的改进和完善。

6. 说服引导法

说服引导法，即以理服人，以情感人。客观事实和科学理论不可能在人们的日常生活实践中自动发挥力量，只有通过系统教育和全面灌输，才能为人们所接受和掌握。无论是在课堂上还是在做思想工作时，教师都需要在认真调查研究的基础上，摸清学生的思想状况和存在的思想问题，运用政治理论课、思想品德课、形势政策教育和伦理道德讲座等形式，有的放矢地进行说理引导。具体而言，就是要切实把握不同年龄、不同类型、不同层次教育对象的特点，针对其身心状况、个性差异、文化水平和接受能力，因人而异地进行说理教育。在理论说服过程中，既要大力宣传社会主义现代化和改革开放取得的伟大成就，又不要粉饰现实生活中的阴暗面，敢于揭露和谴责不正之风与腐败现象，着力引导大学生透过现象看本质，分清主流和支流。正如马克思所说："理论只要说服人，就能掌握群众；而理论只要彻底，就能说服人。所谓彻底，就是抓住事物的根本。"①彻底改革"我说你听"的陈旧教育模式，通过相互交流看法、共同分析探讨问题或不同观点的争辩，得出正确结论，从而培养和提高大学生识别、判断与评价问题的能力。另外，在理论说服过程中，还要讲究语言的艺术性，运用现代化教学手段，使高深的道理通俗化，抽象的理论具体化，复杂的问题简单化，从而使课堂教学具有吸引力和说服力。说服教育就是要"晓之以理，动之以情"，通过摆事实、讲道理，达到以理服人的效果。

7. 比较鉴别法

真、善、美总是同假、恶、丑相比较而存在，相斗争而发展，有比较才有鉴别。所以比较鉴别法可以帮助大学生准确掌握区分是非的标准、增强分辨是非的能力，从而自觉坚持真理、修正错误，及时识别和抑制各种错误思潮的影响。从纵向上说，可以将事物的过去和现在加以比较。如把党的十一届三中全会以来取

① ［德］马克思：《〈黑格尔法哲学批判〉导言》，《马克思恩格斯选集》第1卷，人民出版社1995年版，第9页。

得的成就同十一届三中全会以前的情况进行比较，以提高大学生坚持党的基本路线的自觉性和坚定性。从横向上看，可以把有一定联系的不同事物加以比较。例如，把我国同西方资本主义国家相比较，一方面应该正视西方发达资本主义国家在科学技术和人才、管理方面的先进之处，进一步认识到改革开放政策的正确性，增强振兴中华的历史责任感和使命感；另一方面也可以看到资本主义社会还存在着诸多丑恶腐朽的东西和不可克服的社会矛盾，从而坚定社会主义信念。同时还可以与剧变后的原苏东国家进行比较，通过对那里的社会发展以及人们生活状况的分析，用血的教训揭示社会主义的改革决不能变为改向，警惕各种形式自由化思潮的泛起。当然，纵横比较要均衡，切忌顾此失彼。比较鉴别的标准是以事实为依据，鉴别差距，比出自信。

8.情感育人法

列宁说过："没有'人的感情'，就从来没有也不可能有人对真理的追求。"[①]情感既是品德认识转化为品德信念的催化剂，又是品德认识转化为品德行为的推进器。"感人心者莫先乎情"，高校思想政治教育工作者应当以自身的高尚情操对教育对象进行情感感化，以引起共鸣，应当用真诚无私的爱去架构与大学生相互沟通的感情桥梁，在心理相容的情感气氛中使教育如春风化雨、点滴入土。还要综合运用文学、美术、音乐、舞蹈、影视等文学艺术手段对教育对象进行情感熏陶，使大学生由欣赏而动情、由动情而移性，在不知不觉中潜移默化。

教学方法的存在与运用不是孤立的，它是整个教学中的一个子系统。随着思想政治理论课教学实践的内外条件的变化，教学方法也在不断发展，需要教师根据教学实践的发展不断作出调整与变革。因此，思想政治理论课教学方法应该契合时代特点，根据不同课程的具体要求，恰当运用不同的教学方法，构建"凸显个性—综合呈现"的教学方法体系，在不同课程的课堂教学中，在突出教学方法个性要求的同时，实现多种方法的综合运用。其价值意义在于：

其一，可形成集成优势，提升教学方法系统结构的合理性并使其功能更加完善，从而更好地反映课程性质、教学目标和教学内容的要求，以提高教学的实效性。由于思想政治理论课本身是多门课程的集合，其内容涵盖了哲学社会科学等多个学科的知识，具有思想性、理论性、科学性和实践性的特点，其功能在于统筹学生的知识、能力和思想政治素质等多方面协调发展，教育教学目标具有多维一体的特点。只有根据教学目标和教学内容，选择相应的方式方法并将其整合成为结构合理、功能完善的教学方法系统，才能有效保证教学任务的全面完成和教学目标的实现。

---

① 《列宁全集》第20卷，人民出版社1958年版，第225页。

其二，可提升教学方法系统的针对性和吸引力，使其更好地反映学生主体的需求，调动学生学习的积极性和主动性，并使教师的特长和创造性得到充分发挥。当代大学生面对的是一个复杂多变又多元的社会，学生的思想状况往往也是多样、复杂和具体的。思想政治理论课的教学只有贴近实际、贴近生活、贴近学生，才能为学生所乐意接受、易于接受。这就需要在改进教学内容的同时，通过对教学方式方法的选择和整合来提升教学方法系统的针对性，使其内含更丰富多样、更新颖、更富有吸引力，从而更好地反映学生主体的需求。另一方面，由于每个任课教师的个性和特长的不同，通过对教学方式方法进行整合重新和综合运用，可以充分发挥教师自身的主动性和创造性并展示自己的特长和优势，以更好地履行自己的教育教学职责。

其三，可有效克服教学方式方法单一、僵化等弊端，促进教学研究与教学改革不断深化。对思想政治理论课教学状况的调查问卷显示，思想政治理论课教学方法的研究与应用方面存在的问题比较突出：一是研究不够深入，且多局限于对某一方法的研究与应用，缺乏对多种不同教学方式方法的整合与应用。二是教学方法单一、僵化，模式化问题严重存在。如一些课堂中单向说教，照本宣科，坐而论道，师生间少有交流互动。对此，应该立足于教学实际，积极开展教学方式方法整合创新的研究与实践，这对解决思想政治理论课教学中存在的问题，并推进教学研究与教学改革不断深化等，均具有重要意义。

（三）大力推行实践体验式教育

体验式教育作为一种教育模式雏形，最早可以追溯到古希腊哲学家苏格拉底的教学方式。他教导弟子的方法是情景教育和发问，这是体验式教育的雏形。常言道："实践出真知。"正确的认识，只能在实践中产生，没有实践的体验只能是无源之水，无本之木。在实践活动中引导学生不仅用眼看，用耳听，而且动手做，达到情动、心动、入脑、入心的境界，进而帮助学生在所见所闻、所想所做中亲身体验、感悟，提高自身的思想道德素质，并外化为良好的道德行为。这里所说的体验式教育，包括实践教学体验式教育和社会实践活动体验两个层面，即第二课堂。前者是根据思想政治理论课程内容设置的在指导教师指导下开展的实践活动，包括课堂实践教学和社会实践教学；后者是指日常学生社会活动的体验，多是没有教师指导的自主活动。

1. 推行实践体验式教学的意义

现代建构主义教育理论认为，思维起源于直接经验的情境中所产生的疑难问题。正是解决疑难问题的冲动激发人的思维活动，并经过解决疑问而获得经验。对于以传授和学习间接经验为特征的教育教学活动而言，"回到"经验产生和获得的“情境”中，让被教育者重新面临情境以及情境中的疑问至关重要。只有这样，才能够激发教育者解决疑问、积极学习的情感反应，并按照总结了间接经验的前人的思维逻辑和理论逻辑进行思考和理解，从而达成学习的目标。①

高校思想政治教育教学的目标是一个由对“科学理论和基本知识”的认知，到对观念和价值的认同，最后到行为自觉的育人过程和成长过程的统一，其核心是“使人成为人”。其教育教学过程既是与学生的“认知过程”的统一，也是与学生“人格养成过程”的统一。作为对科学知识的“认知过程”，主要着眼于事实判断，是一个求真的过程，体现的是科学精神，其学习过程是以“问题·探究”为主，“情境·体验”为辅。而作为育人的“人格养成过程”，主要着眼于价值判断，是求善的过程，其教学目标是使受教育者认识和理解、体验和认同价值体系的意义，并能够身体力行，这一学习过程以“情境·体验”为主，“问题·探究”为辅。在这一教育教学过程中，问题与情境紧密相连，往往表现为“情境中的问题”，问题存在于真实情境中，创设情境是其基础性要素。“基于情境的体验式”教学模式则侧重于情境的体验，其理论基础亦是建构主义的学习理论，突出建构主义学习理论对学习者要到现实世界的真实环境中去感受和体验，通过获取直接经验来学习的强调，但是这种学习也往往是以问题为前导的。“基于问题的探究式”教学模式和“基于情境的体验式”教学模式分别强调了同一个事物的两个方面，问题和情境难以单独存在，只是侧重和强调的是“问题·探究”还是“情境·体验”而已。“问题·探究”与“情境·体验”可以水乳交融、相互补充、不可分离，二者融合在一起可以构成“基于问题·情境的探究·体验式”教育教学模式。这一教育教学模式的建构除了包含以上所讲“基于问题的探究式”和“基于情境的体验式”两种教育教学模式的含义外，还适合于思想政治理论的“育人”目标的有效完成。

在这一教育教学模式下的知识学习过程，可以避免以传授系统知识、培养基本技能为目标的传统“传递—接受”模式的缺陷和不足。其教育教学目标是使受教育者认识和理解、体验和认同价值体系的意义和目标，并能够身体力行，形成自己的情感、态度、价值观，确定自己的理想、信念和人生目标，达至“强立而不反”的独立人格，并从中获得人生的精神支柱和力量源泉。这一学习过程以“情境·体验”为主，“问题·探究”为辅。置身于一定“情境”的“体验”不再仅仅是辅助“知识”和“问题”的理解和探究，而其本身就是目的，具有独立的意义和价值。“辨志”“乐群”“亲师”“取友”主要是在不断的人际互动中体验完成的。而通过对理论和知识的应用和理解，经由个体在观念和价值上的认同，从而实现在行为上的自觉的整体教学目标，还需要通过“问题·情境探究·体验”教育教学模式在

① 参见余玉花主编：《思想道德修养与法律基础教学论》，复旦大学出版社 2009 年版，第 259～260 页。

课内和课外进一步应用和拓展，形成完善的实践教学体系来完成。“问题·情境探究·体验”教育教学模式由“围绕问题、由问题引领”的教育和“以体验为主”的教育组成。按照建构主义教育理论，学习者要想完成对所学知识的意义建构，即达到对该知识所反映事物的性质、规律以及该事物与其他事物之间联系的深刻理解，最好的办法是让学习者到现实世界的真实环境中去感受和体验，即通过获取直接经验来学习，而不仅仅是聆听来自教师的介绍和讲解。因此，思想政治教育要进一步实现学生对马克思主义、中国特色社会主义理论体系的理论认同、政治认同和感情认同，并将科学理论的内涵、精髓转化为内心的政治信念和思想素质，形成积极主动参与理论建设与创新发展、将科学理论转化为行动自觉的终极目标，就必须与实践教学活动中的参与、体验和行动相结合。

2. 实践体验式教育教学的方法步骤

其一，提出问题，创设情境。通过问题的提出和情境的创设，让师生或置身于一个情境，寻求解决问题的理论和方法；或面对冲突和问题，体验解决过程中的意义追问和价值选择。例如：思想政治理论课的中的“马克思主义基本原理概论”和“中国特色社会主义理论体系概论”两门课更侧重于理论体系的知识传授，更适合基于一定情境中的问题，然后寻求解决问题的理论和方法的学习路径。所谓问题，一方面是基于学生在现实生活中产生的问题和困惑，以大学生感性的现实世界作为课程展开的背景和资源，以现实的重大问题为载体，使实践教学活动建立与“生活世界”的意义联系，使实践教学的“有意识”与“对象”之间建立关联。另一方面是设计的问题，为了引起思考，设计冲突性场景呈现问题，进行分析和思考。但无论哪一种问题的呈现，关键点还在于“智慧”地提出问题，其“智慧”体现在提出的“问题”是存在于真实情境中的、存在几种可能解决方案的或者缺乏解决问题所需要的信息的(劣构性)的，即有效问题，而不是学生已有标准答案的问题①；还体现在问题的提出既符合理论的逻辑，又符合现实的逻辑，使学生能够“回到”总结了间接经验的前人的思维逻辑和理论逻辑中进行思考和理解，让学生产生问题意识，在自己的已知与未知之间出现矛盾、形成困惑，从而激发起学生探究的欲望和主动学习思考的内在动机，为下一步在理论的和现实的逻辑中寻求答案打下基础。而“中国近代史纲要”和“思想道德修养与法律基础”两门课则更多地触及到作为国民的情感和作为个人的情感，涉及到意义的追问、价值的选择。因而可以更多地选择让学生面对冲突和问题，充分体验其解决过程的意义追问和价值选择的学习路径，关键点在于策略地创设情境。其“策略”

① 参见陶晓瑛：《案例教学与PBL结合在〈思想道德修养与法律基础〉课程教学中的运用》，《高教论坛》2012年第3期。

在于冲突的呈现和问题的提出要贴近民族或个体生命的命运，能够激发出学生的情感，使学生产生共鸣，为进一步引领学生形成正确的立场和相应的情感、态度、价值观铺设台阶。

其二，驱动探究，引发体验。在前一个教学程序所设置的问题或情境下，及时引导学生带着探究的欲望和主动学习思考的动机投入实践活动，进行理性的理论思考和辨析；激发学生带着情感和共鸣，关注民族和国家的命运，自己与同胞的命运，思考人生，进行意义的追问和价值的选择。这一环节的学习要形成学生独立思考、合作探究的机制，注意培养学生分析问题、解决问题的能力，锻炼学生的创新意识和批判性思维；形成学生身临其境、感同身受的体验感悟氛围，使学生的认知、情感、意志、行为习惯等要素产生有机联系和共同作用，注意培养学生的爱国情感、政治认同、公民意识、法律意识和道德自律意识。

其三，总结认识，升华情感。在前一个教学程序中，一些学生通过独立思考、合作探究使问题获得"解决"，并形成一定的理论和方法，教师应当及时对此进行指导，让学生对自己的实践和探索过程进行理论总结和学术整理，形成符合规范的研究报告、社会调查报告或学术论文。还有一些学生通过体验，对冲突和问题解决过程中的意义和价值进行了思考，形成了态度和情感，教师应当及时帮助学生提炼和升华，使其上升到人生观、价值观层面进行省察，形成具有个性的体悟心得和认识。

其四，组织交流，梳理整合。教师需要在前一个教学程序完成之后，采取多种方式，认真组织交流，包括班内的小组交流与答辩，利用网络平台、板报宣传或择优出版等方式实现更大时空上的交流互动，实现"零散经验的规范化、内在经验的外显化以及个人经验的推广交流"①，使师生和他人从中获得更大的启发和教益。在交流的过程中，教师要对学生形成的认识和心得及时点评指导，对学生形成的结论、认识和感悟进行梳理整合。由于每个学生的实际情况不同，所侧重的问题不同，观察和理解的角度不同，在实践过程中接受的介绍和引导不同，因此对同一个主题的实践活动所获得的看法和结论也不可能完全一样，要想形成一个基本的认识，达到实践主题设计的基本目的，就需要教师引导学生回归理论，获得指导和矫正，既尊重学生学习和认识的个体生命性，又体现思想政治理论课的政治性目标——在大是大非和基本理论方面坚持立场和真理。

① 何勇平：《高校思想政治理论课实践教学模式的建构》，2006 年 8 月 7 日《光明日报》。

3. 有效推行社会实践教育

社会是高校思想政治教育的大环境，也是大学生展示人生的舞台。社会实践是大学生了解国情，认识社会的场所，是大学生增长才干、奉献社会，锻炼毅力、培养品格，增强社会责任感的重要途径。社会实践具有综合教育作用，其主要功能在于提供思想政治理论与实际相结合的基础，巩固、检验理论学习成果；提供与劳动群众特别是工农群众相结合的机会，培养热爱劳动与劳动人民的思想；选择、优化社会德育资源，强化德育实效。社会实践体验包括两个方面。一是走出校门，到社会大舞台，到物质文明、政治文明和精神文明建设的先进地区、先进单位参观访问，或就某种社会现象、社会问题进行专题调查；或者到基层去，到工农群众中去，在火热的社会生活中互帮互学，共同进步。二是通过丰富多彩的党、团和班级活动，在不知不觉中成功实施对大学生的教育和影响。社会实践随着社会多样化发展，其内容与方式也不断发展，除了传统的生产劳动、社会调查方式之外，还出现了科技发明、勤工助学、专业实习、志愿服务、公益活动，以及网络管理、虚拟实践等方式。多样化的社会实践方式给不同类型、不同专业、不同兴趣的学生提供了更多的选择，有利于提高社会实践的质量和效果。

近年来国内各高校的思想政治理论课在探索实践体验式教育教学方面都取得了一些可喜的经验。例如：上海高校在推动思想政治理论课教学改革过程中，直面大学生的困惑，设置了“思想政治理论课超级大课堂”①。该课堂以社会主义核心价值观为专题，面向全市大学生征集学习和践行社会主义核心价值观过程中的困惑和疑问，共收集问题近万份，最终聚焦讨论一个话题：为什么要有社会主义核心价值观，和我们有何关系？“思想政治理论课超级大课堂”以高校思想政治理论课教学协作组为单位，多门课程全部参与，参赛方阵跨校组队，多个学科教师协同合作，权威专家分析点评。“问题来自学生，声音来自一线，点评来自权威”，实现了思想碰撞、内心共鸣和普遍共识，取得了喜人的效果。清华大学的思想政治理论课改革，坚持学生需求共性与个性的统一，在“一对多”讲授的基础上进行“一对一”交流，促进课内与课外两个课堂相结合，极大地方便了师生之间的深层交流。一对一、面对面的交流方式在促进师生之间学术交流的同时，也促进了师生之间的思想和感情交流。同时还结合学生特点，发挥学生特长，实现考核方式的多样化。思想政治理论课考核采取平时成绩和期末成绩各占一半的方式。评定平时成绩的形式有社会调研报告、学生课堂展示、期中读书报告、课堂小作业、期末论文及其答辩等。例如“中国近现代史纲要”课程组，组织美术学院的学生结合课程内容进行艺术创作，200 多名大一学生以雕塑、绘画、书法、剪

---

① 宗爱东：《社会主义核心价值观融入思政课》，2014 年 6 月 16 日《光明日报》。

纸、陶瓷、染织、装潢设计和多媒体设计等艺术品，反映课堂所学内容，反映自己对历史的思考，对未来的期盼，将历史之“象”化为艺术之“像”，感染力极强，作者和观众都从中受到了深刻的教育。将学生的作业择优结集出版，不仅可以使他们的智慧转化为社会效益，还可以激励后来的同学认真学习。鹤壁职业技术学院从高职院校学生的知识水平出发，创建了思想政治理论课教学实训平台。该实训平台紧扣教学内容，分为“理想信念”“爱国主义”“公民道德”“社会主义”“法治精神”等不同主题平台。教师根据不同章节教学内容，选择在不同的教学平台上课，有效实现课程教学与实训平台的同步对接。教学实训平台以高度浓缩的信息内容，图文并茂的教学情境、引人入胜的视听效果，达到了一看便懂、一见便知的见识实训效果，实现了学生社会实践的集中优化。清华大学还相继为学生结集出版了《清华学子的人生感悟》《有清华学生这样学习马克思主义》《博士生关注的当代问题探析》《祖国母亲，为我们骄傲！——千名清华学子感言录》等，把思想政治教育落到实处，结出硕果。浙江大学围绕“寻访体验”和“传播感悟”两条主线展开的“红色寻访”也很有成效。该活动以“寻访红色记忆，勇担强国使命”为核心主题，组织大学生利用寒暑假以社会实践的形式，走访全国“12 个重点红色基地区域，30 条红色精品线路，300 个红色教育基地”，通过瞻览党的光辉历程和革命先辈艰苦卓绝的奋斗史诗，激发青年大学生报国强国的责任感和使命感。大学生“红色寻访”成果论文集《信仰点亮青春——“90 后”大学生的红色追寻》已正式出版。中南大学的“雷锋岗”、北京大学的“教授茶座”、北京航空航天大学的“成才表率巡讲团”等，不仅拓展了思想政治理论课的空间，传递了正能量，而且使学生在切切实实的实践参与中，提高了思想认识，锻炼了接触社会、服务社会的能力，实现了思想政治教育的价值目标、情感目标和能力目标。

(四)润物无声，努力营造思想政治教育的良好氛围

教育教学的经验表明，不同的教育方式将取得不同的教育效果。全球化时代，随着各国经济文化交往的密切，一切先进的教育思想和教育方法都可以为我所用。

1. 合理借鉴发达国家的有益经验

欧美发达国家，虽然不像我国有一个统一的“思想政治教育”名称，但在“公民教育”“道德教育”“法制教育”“宗教教育”“历史教育”“通识教育”等名义下则进行了大量的实质性的思想政治教育工作。例如：在美国，95%以上的大学开设了通识课程，内容涉及社会学、心理学、历史学、人类学等多方面。在日本，明治维新时期就设立了“修身课”对学生进行思想政治教育。二战后，日本政府不断提高德育教育的地位，在学校培养目标的表述上，还把“智德体”的排列顺序改为

"德智体",把思想政治教育列在了突出地位。在新加坡,1991 年政府专门公布了《共同价值观白皮书》,提出新加坡道德教育的核心——"五大价值观",即:国家至上,社会为先;家庭为根,社会为本;关怀扶植,尊重个人;求同存异,协商共识;种族和谐,宗教宽容。把培养学生的"国家意识"作为道德教育的起点与归宿,强调"认知"和"情感"教育,而且更注意"行为养成"。为此,它们大多采用了"显性教育"和"隐性教育"等多种教育方式,注重思想政治教育的实效性。[①]

一方面,以讲坛为平台,以课程教学、专题教育、报告讲座和学习讨论为主要形式,运用道德认知发展法、价值澄清法、社会学习法等实施思想政治教育,不强求理论的系统性,而是要求通俗易懂。"道德认知发展法"是 20 世纪 50 年代美国道德心理学家劳伦斯·科尔伯格吸收杜威、皮亚杰的研究成果创立的。该理论的主要观点是,道德发展与认知发展有密切关系,认知发展是道德发展的基础,道德发展不能超越认知发展水平,道德思维是道德发展的核心;道德发展的动机在于寻求社会接受和自我实现,有赖于个体德育社会文化活动的参与程度。据此,科尔伯格提出了"道德讨论法"和"公正团体法"两种教育方法。道德讨论法,即通过引导学生对道德两难问题的讨论,引发认知冲突,达到促进积极的道德思维,促进道德判断发展的方法。公正团体法,即强调团体的教育力量和民主管理的教育作用。

另一方面,以社会为舞台,以社团活动为桥梁,注重启发式教育,强调教育者隐藏教育的主题和目的,淡化受教育者的角色意识,将教育内容渗透到教育对象所处的环境、文化、娱乐、服务和管理等日常生活的氛围中,通过榜样示范,引导受教育者观察、学习、模仿、认同好榜样;利用图书馆、纪念馆、校训、校旗、著名科学家、大师雕塑、文体活动、国庆、校庆、入学仪式、毕业典礼等活动,引导受教育者去感受和体会,潜移默化地接受组织者所设定的教育内容,以实现教育的目的。在日本,各高校除通过大量人文社会科学课程的讲授外,更注重教师的言传身教,以及学生社团、校园活动的开展,在各种实践活动中使学生获得受政治思想的熏陶。新加坡国立大学更是不断追求优质的道德教育,积极引导学生开展融合道德认知(知)、道德感情(情)、道德意志(意)和道德行为(行),即"知、情、意、行"为一体的道德实践。

总起来看,发达国家实施的思想政治教育更多的是采用了"隐性教育"的方式,具体又包括为物质形态(文化设施、爱国主义教育基地等)的隐性教育、精神形态(人文环境、校训校旗等)的隐性教育、制度形态(校风校纪、教学规范等)的隐性教育和非思想政治教育课程(人文社科、自然科学课程中渗透思想道德内

---

① 参见余国林:《发达国家高校隐蔽性思想政治教育的启示》,《河北师范大学学报》2010 年第 10 期。

容)的隐性教育等。一是通过强调榜样的作用,让学生接触具有良好品德的人,鼓励他们仿效其行为和思想;二是注重优秀文学作品和名人故事的影响教育作用;三是注重良好的师表作用(对校长和教师具有严格要求和具体规定)、家长尽职尽责,为学生营造良好的成长环境;四是注重日常生活中的公民教育,如向国旗敬礼,唱国歌,参加民族生活的其他仪式活动,路过纪念碑时让其停下来致敬;五是注重教育的实践性,包括组织到法院、市长办公室、市政厅参观,了解社会组织机构和形式等,把思想政治教育寓于学生的日常行为训练之中。多数发达国家的在校学生可以参观国会,与议员见面;还可以旁听政府公共事务处理的流程;通过环境治理、为残疾人等需要帮助的人服务以及开展慈善募捐等各种形式的义务服务,让学生走入人群走向社会等等。这样的教育方式,不仅可以使学生在潜移默化中受到教育,更重要的是培养了学生的社会责任感和使命感。

2.营造和优化高校思想政治教育环境

他山之石,可以攻玉。借鉴发达国家思想政治教育润物无声的有效经验,努力营造、优化我国思想政治教育的社会环境。

其一,营造良好的校园环境。“入芝兰之室,久而不闻其香;入鲍鱼之肆,久而不闻其臭。”良好育人环境所发挥的功能是强大的:可以保证学校的发展方向,纠正与学校宗旨的任何偏离,引导思想政治教育主体为实现学校发展目标和人才培养目标而努力奋斗;可以使全体师生员工产生共同的价值观念、理想信念、行为规范等,增强归属感、凝聚力和向心力;可以把教师、管理干部、服务人员和大学生紧密结合,协调学校内部人际关系,化解矛盾、消除冲突,使学校整体和谐协调地运转;可以同化新成员,使其承认并接受正确的价值观念,把学校的群体意识内化为自己的个体意识,使自己的“个性”融合到学校的整体意识之中,成为其中名副其实的一员;可以通过学校为社会各界输送的人才和学校的科研成果,对整个社会发展产生强大的影响。首先,校风是一个学校全体师生员工在长期的教学、科研、学习、管理和服务活动中逐步形成的具有学校个性特征的行为道德风尚,是学校办学治学风格和师生员工精神面貌的综合体现。团结、勤奋、求实、创新的良好校风和刻苦钻研、勇攀高峰的深厚学风,可以起到感化和约束的作用。各级领导要率先垂范,以高标准要求自己、身体力行,做好师生的表率;全体教师要有正确的政治观念、严谨的治学精神、诲人不倦和从严治教的工作态度,为人师表的高尚道德风范;全体学生都要有坚定正确的政治方向、明确的学习目的、勤奋科学的学习态度,严明的学习纪律和显著的学习效果。其次,要依据党的教育方针、高等教育规律和学校人才培养目标的要求,依据师生员工尤其是学生自身发展的需要,制定出一整套科学的、行之有效的规章制度,做到有规可循、有章可依;并保持规章制度的相对稳定性,使其具有权威性和严肃性,切忌朝令夕改、因人而异。最后,要建立必要的文化设施,提供必要的活动场所和活动经费,把思想性、知识性和趣味性有机结合起来,开展健康、高雅、生动、活泼的校园文化活动,并对学生自发组织的各种校园活动实行有效控制和必要管理。

其二,探索社会、学校、家庭三结合的思想政治教育模式。高校作为人才培养基地,理应重视对大学生进行思想政治教育,以提高大学生的综合素质。但是,仅靠高校思想政治教育主体自身的努力,不仅因为缺乏大气候而形不成"气候",而且还会因为与社会有距离而遭到排斥。因此,高校的大学生思想政治教育工作需要全社会的广泛支持和配合。社会与家庭要保持和学校教育的一致性,形成合力,从而为思政工作创造良好的外部环境。一方面,全社会都要关心大学生的健康成长,宣传、新闻、文艺、出版等方面都要弘扬主旋律,为大学生提供丰富的精神食粮,营造良好的社会舆论氛围。要牢牢把握舆论的正确导向,坚持正面宣传为主,主动承担社会责任,积极开发教育资源;要充分发挥爱国主义教育基地对大学生的教育作用,博物馆、纪念馆、展览馆、烈士陵园等对于大学生集体参观一律应实行免票;各级政府和企事业单位要鼓励和支持面向大学生的公益性文化活动,要依法加强对学校周边的文化、娱乐、商业经营活动的管理,坚决取缔干扰学校正常教学、生活秩序的经营性娱乐活动场所,严厉打击各种刑事犯罪活动,及时处理侵害学生合法权益、身心健康的事件和影响学校、社会稳定的事端;要动员社会各方面力量,完善资助困难大学生的机制,切实帮助大学生解决学习和生活中的实际困难。另一方面,从目前高校整体情况来看,大多数大学生都是独生子女。而家庭是赋予个体最基本的社会属性养成的首要场所,家庭对人格的影响涉及各个方面,家庭教育在个人成长过程中具有不可替代的作用。现代家庭对大学生的教育和影响有放松的趋势:学校实行住宿制,大学生与家庭的接触减少;由于社会高频率的流动和生活节奏的加快,家庭教育做得很不够,家长教育意识不强,教育方法不当,父母和子女之间的接触与交流减少。尽管如此,家庭教育对大学生的影响与作用仍旧是巨大而无法替代的。鉴于此,家长要主动与学校取得联系,积极配合学校做好子女的思想政治教育工作,密切关注其在社会上可能受到的不良影响;高校也可学习与借鉴中小学的做法,通过家访、家长接待日、家长座谈会、咨询会等形式,主动与学生家长联系,及时寻找家庭配合学校思想政治教育的新途径。

其三,建立平等、互助、竞争的新型人际关系。大学生基本上都是处于同一年龄阶段,彼此间没有尊卑长幼的差异;大学生都是被教育对象,彼此之间一般不存在领导与被领导、管理与被管理的等级与阶梯关系,更不存在人身依附和隶属关系;大学生尚未投身社会,彼此之间亦无地位高下之别,所以平等应当是大学生人际关系中的一条基本准则。大学生尽管来自不同的地方,风俗习惯、语音系统等有差异，但其活动范围主要是在校园内，接触对象主要是老师和同学，交往目的主要是为了交流思想、联络感情、切磋学问、关心国事、探讨人生、抚慰鼓励，交往方式主要是接触交谈，所以，大学生人际关系相对比较简单、稳定。而且同一年级同一专业的大学生要在一起学习、生活好几年，相濡以沫、相识相知，彼此之间没有根本的利害冲突，即便出现矛盾，一般都能自我解决和整合，不会有较大的波动。总体而言，大学生之间主流人际关系应该是团结的。由于大学生大多都是第一次远离家乡，且正处于青春的初期，需要有人能够倾听自己的心声，需要与他人个性特征上的互补和互嵌，因此人际关系中的友爱因素必不可少。大学生自身也时常利用人与人在时间、空间上的临近性，举办“同乡会”“联谊会”等，为彼此间交流互助提供一个可行的平台。由于社会主义市场经济发展所需，“铁饭碗”“保险柜”业已成为历史，大学生应该学会在竞争中求生存，在竞争中求发展。为此，必须树立正确的社会主义市场经济竞争意识：既要勇于竞争，注重开拓进取，又要坚决反对西方利己主义弱肉强食的残酷竞争主义；既要强调优胜劣汰，又要强调互助合作、团结友爱、和睦相处、共同进步；既要讲求目的的正当性，又要讲求手段的合法性和道德性。

其四，推进科学精神与人文精神的有机交融。人文教育和科学教育的融合是多年来各国高教界以至世界各国政府和社会早已关注的问题。对这一问题的研究和讨论，具有非常现实的迫切意义和长远意义。随着工业化与信息化、智能化社会的到来和发展，科学教育迅速占据了现代教育的核心位置，人文教育则逐渐衰落。人文教育的薄弱及人文教育与科学教育相脱离已经成为严重的现实问题，并引起各国教育界的警惕和忧虑。我国的高等教育在世界科技迅速发展和激烈竞争的挑战下，人文教育相对薄弱的问题则更加突出。科学精神和人文精神均是塑造人、培养人、发展人和完善人的重要内容，新时期的大学生思想政治教育必须大力弘扬科学精神与人文精神的交融。所谓科学精神，是指探索未知、追求真理的理性精神，实事求是、尊重规律的严谨态度，开拓创新、勤奋不息的进取意识，独立思考、敢于怀疑的批判精神。所谓人文精神，是指以人为本，强调人的价值和尊严，对道德信念、道德人格的看重和追寻，对自由、平等、正义等重大价值的渴望和呼唤，对人的尊重和对人的主体性的企盼和高扬，对生死、信仰、幸福、生存意义等问题的反思和探索。科学精神与人文精神是不能分割的，二者是人类文明腾飞的双翼，是人类文明进步的孪生姐妹。以“求真”为主要特征的科学精神促进人文精神更健康、更丰富，改变着人的思维方式、生活方式和社会生产方式，有利于社会发展过程理性化。而以“求善”为主要特征的人文精神，表现为对人的尊严、价值、命运的维护、追求和关切，高度珍视人类遗留下来的各种精神文化，它在为科技创新提供良好的精神氛围和环境的同时，也约束着科技团体、科学技术的负面影响,成为科技进步的推动力和领航员。所以,推进科学精神与人文精神的有机交融,既是营造高效思想政治教育方法创新的环境所需,也是时代发展的必然趋势。

第四章　全球化时代高校思想政治教育队伍创新

建设一支“政治坚定、业务过硬、作风优良、专兼结合、功能互补、相对稳定”的思想政治教育工作队伍，是实现高校思想政治教育创新的重要保障。

一、教育队伍创新是高校思想政治教育创新的重要载体

高校作为一种社会组织，承担着社会服务、知识创新和人才培养的重要任务。而高校教师或教育工作者作为高校思想政治教育实施的主体，其整体素质的高低直接影响到高校思想政治教育的效果。建设一支高素质和高水平的思想政治教育队伍，是增强高校思想政治教育效果的关键。在很大程度上说，高校的思想政治教育创新，集中体现在创新主体，即要建立健全思想政治教育队伍，不仅要有足够的数量，还需要有高水平的质量，高尚的师德、师风，还需要高校领导的重视和完善的思想政治教育设施，包括校园文化建设、社团活动、网络技术设施建设等。

(一)高校思想政治教育队伍状况分析

目前我国高校的思想政治教育队伍，主要由思想政治理论课教师、辅导员、政工干部组成。从宏观上看，我国高校的思想政治教育队伍总体状况积极向上，从业人数不断增加；但从实际水平和影响力来看，仍然比较薄弱，并且其作用的发挥往往又与教育主管部门的政策导向和高校领导的重视程度紧密相关。

1.高校思政课教师整体素质较高，但与学生交流不够密切

从思想政治理论课教师的总体情况来看，目前高校思想政治理论课教师队伍政治素质高，业务能力强。一是政治立场坚定。据调查显示，高校思想政治理

论课教师队伍中，中共党员占绝大多数。一些还没有加入党组织的思想政治理论课教师也正积极地向党靠拢，政治上要求进步，思想活跃。二是态度积极，在教学过程中能够对学生进行马克思主义教育。通过对问卷结果和访谈信息进行分析，了解到高校思想政治理论课教师教学态度积极认真，在课堂上既注重学生知识的积累、能力的提高，更注重与学生情感的交流，积极对学生进行思想政治教育。三是能自觉运用现代教学手段，采取不同教学方式。调查显示，除个别年龄较大的教师外，其他高校思想政治理论课教师在教学过程中都能自觉、熟练地运用现代教学手段。所有的教师也都在积极探索适合学生的教学方式方法，在教学过程中采取多样化的教学手段。四是能积极研究教材，探索适合学生的教学体系。

据山东省德育中心统计信息显示，截至 2013 年 12 月 31 日，全省 107 所公办高校共有思想政治理论课教师 3937 人，其中专任教师 2418 人，占全省高校思想政治理论课教师总数的 61.42%，兼任教师 1519 人，占 35.58%；在专兼职教师中，中共党员占 70.6%，民主党派占 4.8%，无党派占 24.7%；40 岁以下青年教师占 52.2%；硕士研究生学历者占 64.5%，博士研究生学历占 11.9%；副高以上职称者占 43%，讲师以上职称者占 57%。相对于老教师，青年教师接受新知识较快，思想比较活跃，在思想认识上更容易与学生产生共鸣，但相对来说缺乏知识与阅历的沉淀，教书育人经验比较欠缺，对学生的思想和生活状况了解不够深入。据山东省德育中心统计信息，在思想政治理论课教师中，知道所任课班级学生姓名总人数小于 10%的占 52.8%，大于 41%的教师仅仅能知道 4.8%的学生姓名；与学生有较多交流的仅占 17.8%，与学生有所交流的占 51.2%，与学生偶尔有交流的占 28.9%；经常采用网络与学生交流的占 23.3%，偶尔采用网络与学生交流的占 58.9%，尚未采用网络与学生交流的占 17.8%；较多参加学生活动的仅占 6.6%，偶尔参加一些学生活动的占 27.9%，没参加过的占 28.1%。在思政课的教学中，55.2%的教师能够明白教学内容，34%的教师认为教学内容符合自己的兴趣，53.3%的教师对思政课整体效果的评价较好；但 40.8%的教师对某些问题感到困惑，21.8%的教师对教学内容虽然明白，但不接受；41.4%的教师认为高校思政课的教学效果一般。由此可见，高校思政课教师队伍的业务素质和教育教学能力还有待于提高。

从全国的情况看，目前高校思想政治教育队伍的实际水平和能力与时代发展要求和大学生思想工作需要也存在一定差距。2014 年 11 月 14 日《辽宁日报》发表的题为《老师，请不要这样讲中国——致高校哲学社会科学老师的一封公开信》，明确指出了这一问题。该文批评了大学课堂上有些教师“呲必中国”的现象，并把这种现象归为三类：第一是缺乏理论认同；第二是缺乏政治认同；第三是缺乏情感认同。[①] 虽然该文反映的问题不能视作普遍现象，但事实存在的问题又是不能忽视的。因为教师职业具有工作对象的特殊性和多变性、学生成长的导向性和示范性、工作内容的超前性和创造性、教师职业的崇高性和不可替代性等特点。特别是高校思想政治教师，其思想政治素质和道德情操更是直接影响着青年学生世界观、人生观、价值观的养成，决定着人才培养的质量，关系着国家和民族的未来。所以社会对教师道德水准的要求肯定要高于其他行业的要求，教师自身更要严格要求自己。

思想政治理论课教师作为高校思想政治教育的主体，是高校思想政治理论课的组织者和实施者。这一群体对于提高思想政治理论课的实效性，培养大学生正确的世界观、人生观和价值观，坚定走中国特色的社会主义道路起着至关重要的作用。而其他学科教师以及辅导员和政工干部的政治素质和职业素养对学生树立正确的世界观、人生观和价值观也有着至关重要的影响。

2.高校辅导员队伍不断健全，但总体水平有待提升

我国高校辅导员队伍建设由来已久。早在革命战争年代，我国就借鉴前苏联的经验，在抗日军政大学设立了政治指导员制度。新中国成立后，党和国家高度重视教育，特别重视高等学校党的领导和政治思想教育工作。1950 年 10 月，中央人民政府教育部发出《关于加强对学校政治思想教育的领导》指示，要求各类学校要加强政治思想教育工作，之后相继从工作性质、机构设置、人员匹配等方面出台了一系列政策。1952 年 9 月，中共中央转发的中央教育部党组《关于在高等学校试行政治工作制度的指示》指出，全国高等学校应有准备地在校内设立政治工作机构，其名称可称为“政治辅导处”，其任务是指导全体教职员工的政治理论学习，协助教务处指导马克思列宁主义理论课程的教学，指导全校教职员工和学生的社会活动，掌握教职员和学生的政治思想情况，管理教职员和学生的历史、政治教材等。此外还规定了政治辅导员的人数比例、挑选条件以及主要任务。“政治辅导处设主任一人，辅导员若干人，在校长领导下进行工作。”“政治辅导员应挑选教师、学生中的优秀党员、团员充任，平均每三百名左右的学生设政治辅导员一人。”“在政治辅导处主任领导下辅导一系或几系的学生政治学习和社会活动，组织推动教职员工的政治理论学习和社会活动。政治辅导员应尽可能参加学校党、团支部的领导工作，兼任政治理论课助教，以便逐渐培养成为学

① 参见《辽宁日报》编辑部：《老师，请不要这样讲中国——致高校哲学社会科学老师的一封公开信》，2014 年 11 月 14 日《辽宁日报》。

校工作中的骨干和政治理论教员。"[①]当时的学生思想政治工作,是在党委领导下,团委具体指导下进行的,政治辅导处的政治辅导员便是学校的专职思想政治工作者。

为了加强高等学校的思想政治教育工作,1961 年 9 月,中共中央在关于讨论和试行教育部《直属高等学校暂行工作条例》(草案)的指示中规定:"在一、二年级设政治辅导员或班主任,从专职的党政干部、政治理论课教师和其他青年教师中挑选有一定政治工作经验的人担任。同时,要逐步培养和配备一批专职的政治辅导员。"[②]从而使辅导员制度逐渐完善和规范。1964 年 6 月,中共中央又批准教育部《关于加强高等学校政治工作和建设政治工作机构试点问题的报告》,该报告建议"在二、三年内配齐班级的专职政治工作干部,其编制为平均每一百个学生至少配备一个人"[③]。1965 年 3 月,针对高校学生思想政治工作的实际情况,高等教育部政治部通知各直属高等学校:"迅速建立政治部,并大力充实政治工作干部队伍。"[④]同年又出台了《关于政治辅导员工作条例》等,以法规的形式将政治辅导员的地位、作用、职责等作了明确的规定。一系列法规政策的出台,使政治辅导员作为面向学生的思想政治工作者的性质和身份得到进一步确认,也使政治辅导员制度进一步完善。

然而,十年"文革"浩劫,高校辅导员制度遭受严重挫折。1978 年之后,随着高考制度的改革,高校政治辅导员制度得到恢复,进入了高速发展时期。1980年4 月,教育部、共青团中央联合发出《关于加强高等学校学生思想政治工作的意见》,提出:"要加强和改善学校党委对学生思想政治工作的领导。要建立一支坚强的、精干的、有战斗力的政治工作队伍。根据具体条件建立政治辅导员或班主任制度。"[⑤]1981 年 7 月,教育部出台了《高等学校学生思想政治工作暂行规定》,进一步指出做好学生思想政治工作,需要有一支又红又专、专职与兼职相结合的队伍,并提出要选拔政治觉悟高、作风好,具有一定思想理论水平、政治工作能力的具有大学文化程度的干部、教师和高年级学生从事学生思想政治工作。1983 年,教育部考虑到高校思想政治工作队伍仍然存在着数量不足、思想不稳、后继乏人、思想和业务水平还不能适应形势发展需要的情况,采取了加强思想政治工作队伍建设的措施,决定在高等学校设置思想政治教育专业,采用正规化的

---

① 中共中央文献研究室编:《建国以来重要文献选编》第 3 册,中央文献出版社 1992 年版,第321～322页。

② 中共中央文献研究室编:《建国以来重要文献选编》第 14 册,中央文献出版社 1997 年版,第 579 页。

③ 中央教育科学研究所编:《教育大事记》(1949～1982),教育科学出版社 1984 年版,第 362 页。

④ 中央教育科学研究所编:《教育大事记》(1949～1982),教育科学出版社 1984 年版,第 362 页。

⑤ 中央教育科学研究所编:《教育大事记》(1949－1982),教育科学出版社 1984 年版,第 580 页。

方法培养大专生、本科生和研究生等各种层次的思想政治工作专门人才。1987年,国家教育委员会在《关于在高等学校学生思想政治工作专职人员中聘任教师职务的实施意见》中第一次明确指出,思想政治教育是一门科学,学生思想政治工作是学校教育的重要组成部分。同时,还规定聘任相应教师职务的学生思想政治教育专职人员列入教师编制。这是政治辅导员第一次被正式认同为高校教师队伍中的组成部分。1993年8月,中组部、中宣部、国家教委在《关于新形势下加强和改进高等学校党的建设和思想政治工作的若干意见》中提出,要努力建立一支以精干的专职人员为骨干、专兼职相结合的政工队伍。1999年,中央召开了第三次全国教育工作会议,并印发了《中共中央关于加强和改进思想政治工作的若干意见》,其中强调"按照提高素质、优化结构、相对稳定的要求,建设一支政治强、业务精、作风正的思想政治工作队伍","对思想政治工作者要注意关心和培养,帮助他们提高思想政治素质和业务能力,对做出突出成绩的要给予表彰和奖励"。

自1999年我国高校扩招后,大学生数量迅速增加,高等教育从精英教育转向大众教育,其管理难度也相应增加。为了适应教育发展的需要,从2001年起各高校开始较大规模地留用或招聘应届毕业生充实辅导员队伍。2004年10月,中共中央、国务院下发了《关于进一步加强和改进大学生思想政治教育的意见》(中发[2004]16号文件),明确了辅导员、班主任队伍是大学生思想政治教育工作的骨干力量。文件全面指出了大学生思想政治教育的重要性和实施方法,并且把过去称呼的"政治辅导员"改称为"辅导员",辅导员的角色定位也发生了变化。由此,高校辅导员制度得到了快速发展。为了贯彻落实中央16号文件精神,2005年1月,教育部在《关于加强高等学校辅导员班主任队伍建设的意见》中进一步指出:"辅导员、班主任是高等学校教师队伍的重要组成部分,是高等学校从事德育工作,开展大学生思想政治教育的骨干力量,是大学生健康成长的指导者和引路人。"[①]此外,还提出了辅导员选聘、培养训练以及发展等政策。2006年5月20日,教育部又颁布了于9月1日正式施行的《普通高等学校辅导员队伍建设规定》,同时制定与实施了《2006～2010年普通高等学校辅导员培训计划》。一系列规定、制度和培养措施的出台,明确了辅导员的角色定位、发展方向、工作性质、培养与保障等措施,为高校辅导员制度的发展提供了制度保障,其中关于高校辅导员队伍向专业化、职业化发展的问题被逐渐提到了重要位置。

辅导员制度的不断完善为高校思想政治教育的开展提供了制度上的保证。

---

① 中共中央宣传部宣传教育局等组编:《加强和改进大学生思想政治教育文件汇编》,中国人民大学出版社2005年版,第119页。

但从辅导员队伍的现状来看，我国现有专兼职辅导员近10万人。多数辅导员是80后的大学毕业生，虽然年轻有朝气，有利于接触大学生；但多数辅导员专业化水平较低，工作任务繁杂，加上生活等方面的压力大，动力不足。长期以来，人们对辅导员存在偏见，辅导员队伍中一些业务能力强者总是千方百计地转入教师队伍行列，致使现在高校辅导员年龄相对较小，从教时间相对较短。辅导员年轻，与学生年龄差距较小，这一方面有利于减少辅导员与学生之间由于年龄差距所造成的代沟，但另一方面也导致辅导员实践工作经验缺乏，较难应对复杂环境下大学生思想政治教育工作的需要，较难为大学生提供多方面的专业化教育和指导。

近年来，受高校扩招和辅导员职数规定等因素的影响，辅导员队伍人数明显增多。在这种情况下，一些非思想政治教育专业的学生进入辅导员行业。这些人虽然具有较为扎实的专业知识，但对教育学、心理学、思想政治教育等学科了解不多，思想理论知识欠缺，在一定程度上影响了辅导员队伍专业化的发展。同时，辅导员队伍自身发展动力不足，一些辅导员对于自己工作职责的认识比较模糊，没有意识到自己是高校大学生在思想、学习、工作和生活上的指路人。很多辅导员把对大学生的思想教育放入了日常的党政工作或教学工作中，这在很大程度上减弱了高校大学生思想政治教育的力度。

3. 高校党务政工干部队伍现状堪忧

从高校的政工干部队伍的构成来看，多数政工干部德才兼备，但也不乏一些资历较深、但教学科研业务能力较弱的党员干部，他们虽然爱岗敬业，工作勤勉，但由于业务知识贫乏，工作方法陈旧，其工作效率和效果比较低下。

总体上看，高校党务政工干部中的绝大多数干部政治信念坚定，有着较强的党性和业务工作能力，具有不为名利、埋头苦干和无私奉献的精神。但是，由于我们正处在社会转型时期，思想观念、生活方式、价值取向等向多元方向发展，带来很多消极影响，使这支队伍还存在着许多令人担忧的问题。一是部分高校只注重抓教学、科研、人事、管理和后勤等方面的改革，而忽视抓党务政工干部队伍建设；或只重视抓现职干部队伍和学术骨干队伍建设，而忽视抓党务政工干部队伍后备力量建设。二是党务政工干部队伍整体年龄趋向老化，断层现象严重。在现有高校党务政工干部队伍中，70年代以前的人员占相当大的比重，70年代及以后出生的人员比重偏小，老中青结构比例失衡。三是人员流动性大，稳定性差。不安心党务工作已日益成为高校党务政工干部的普遍心态。四是工作方法不适应新形势的要求。五是高校党务政工干部的出路太窄，大部分党务政工干部不仅有眼前之虑，更有后顾之忧。由于从事党务政工工作，党务政工干部钻研业务的时间和精力受到了很大影响，久而久之，业务荒疏，难以成就。特别是年轻党务政工干部，如果没有较高的学历，没有业务支撑，职称上不去，将来的发展将会大大受限。主客观因素所致，当今高校党务政工干部现状令人堪忧，与全球化时代下高校思想政治教育的需要极不相符。

(二)创新思想政治教育队伍的必要性和紧迫性

在全球化、信息化时代，高校并非现实生活的真空地带，现实社会的发展信息、社会风尚、不正之风等自然会影响到学校。但学校作为传授知识、培育人才的场所，教师作为教育的实施者，对社会上的各种不正之风和歪风邪气必须要有旗帜鲜明的是非判断和正确的导向，任何不负责任的评说都会误导学生。从这个意义上说，目前高校思想政治教育队伍的政治素养和职业道德修养的参差不齐，极大地影响着思想政治教育的实效性。

鉴于此，我们认为，在实施思想政治教育内容创新、方法创新的同时，更需要推动思想政治教育队伍的创新，破除仅仅把思想政治理论课教师、辅导员、党务政工干部作为思想政治教育实施者的狭隘观念，把高校各学科教师及管理人员都纳入实施思想政治教育的主体，全面提高教育实施者的政治素养与职业技能。因为在目前高校思想政治教育中经常会遇到这类现象：在“此”教师苦口婆心的教导下学生确立起来的正确价值观和理想信念，但在“彼”教师不负责任的“慷慨激昂”或管理人员的道德败坏、行为不端影响下，又陷入困惑和迷茫。甚至一些学生干部入学之初踌躇满志，毕业时则变得油头滑脑、左右逢源。受现实社会各种腐败、浮华、浮躁等不正之风的影响，部分学生心理失衡、道德低下、价值观扭曲，以致校园内偷窃、投毒、殴打、自杀事件时有发生。所有这些现象，无不与思想政治教育队伍的素质和从业能力有着密切关系。为此，有的学者提出了以先进的“岗位胜任力”①的理念构建高校思想政治教育者胜任力模型，将胜任力模型融汇到高校教师的甄选体系中，打破传统的仅仅以学历、专业招聘教师的做法，建立依据胜任力的标准选拔高胜任力的教师的选拔方法，以适应教育部对高校教师提出的素质要求。同时，将胜任力模型融汇到教师绩效管理体系当中，依据胜任力模型对教师进行绩效考核；还可将胜任力模型应用到教师的培训中，使培训不仅针对知识、技能这些表层素质，同时针对教师的动机、价值观、社会角色进行培训，使培训更有针对性和实效性。因此，构建高校教师胜任力模型，有利于全面描绘高绩效教师的胜任特征，这对于高校教师的招聘选拔、培训、考核、教师准入提供科学的依据。

---

① 陈鸿雁、文龙、曹大生：《高校思想政治理论课教师胜任力模型构建》，载《河北师范大学学报》（教育科学版）2010 年第 2 期。

2015 年 7 月 27 日，中宣部、教育部印发的《普通高校思想政治理论课建设体系创新计划》提出建立思想政治理论课专职教师任职资格制度。制定思想政治理论课教师任职资格标准，把政治立场作为教师聘用的首要标准，严把教师聘用政治关；建立新进教师宣誓和专任教师定期网络注册制度；严格教师管理，在事关政治原则、政治立场和政治方向上不能与党中央保持一致的，或理论素质、教学水平达不到相应课程要求的，不得继续担任思想政治理论课教师；要求各高校结合思想政治理论课教师岗位实际合理确定选聘条件，加强后备人才储备，充分保障思想政治理论课教学和科研用人需求。从高校思想政治教育工作的创新发展来说，它要求思想政治教育工作者必须具备下列基本素质。

1. 过硬的思想政治素质

思想政治素质是高校思想政治教育工作者应当首先具备的基本素质，即必须具有能够以马克思主义的立场、观点和方法为指导，在重大政治问题上保持清醒的头脑和明晰的方向，能够正确认识和处理各种实际问题，针对错误倾向展开有说服力的批判；能够系统掌握辩证唯物主义和历史唯物主义的基本理论，树立主观必须符合客观的观点、全面辩证的观点、实践的观点、历史分析和阶级分析的观点、人民群众的观点；努力探索和掌握适应新的历史条件下高校思想政治工作要求的科学的具体思维方法，科学地制定思想政治工作的计划和方案；能够从理论和实际相结合的视角深刻认识和理解党的政策方针，能够有说服力地解决大学生思想上存在的疑虑和障碍，能够从本校的具体校情出发，创造性地贯彻落实党的路线政策；以无私奉献的精神、高度自觉的态度和坚持不懈的毅力去从事高校思政工作；正确区分和处理两类性质不同的矛盾，包括政治问题、思想问题、认识问题和一般学术问题，以及思想意识问题与思想方法问题等。具体包括：(1)民主的作风，即相信大学生、依靠大学生、密切联系大学生，遇事同大家商量，善于集中大学生的智慧，把教育和大学生的自我教育结合起来。(2)批评与自我批评的作风，即坚持原则、是非分明，敢于同不良倾向作斗争，对别人的缺点能开展诚恳的批评，对自己能一分为二，敢于正视自己的缺点错误，经常自我总结，虚心接受批评。(3)严于律己的作风，即能够以身作则，要求大学生做到的，自己首先做到，要求大学生不做的，自己首先不做。(4)艰苦奋斗的作风，即做到艰苦朴素、勤俭节约、刻苦学习、勤奋工作，具有坚忍不拔的意志和百折不挠的精神。

2. 高尚的道德素质

师者，传道授业解惑也。传道，要求教师言传身教，在传授知识的同时培养学生的人格品质；授业，传授基础知识与基本技能；解惑，要求教师有效解决学生提出的知识困惑。作为思想政治教育主体的教师担负着“使人成为人”的历史使命，思想政治教育工作的性质决定对思想政治教育工作者职业道德素质的要求更高。(1)热爱本职,兢兢业业。高校思想政治教育工作者应当始终热爱本职工作,以有所作为、有所贡献的抱负心、责任感和高度的工作热情面对大学生群体;对工作极端负责,踏实肯干,不怕辛苦;对业务精益求精、刻苦钻研、勇于创新,努力创造第一流的工作水平。(2)积极奉献,不计较得失。高校思想政治教育工作主体应坚持一切从党和人民的利益出发,而不是从个人或小集团利益出发;坚持集体主义原则,正确处理个人利益与社会利益、集体利益、他人利益之间的关系;富有奉献精神,乐于在高校思想政治教育工作岗位上为祖国默默奉献,不过多计较名利得失。(3)以人为本,平等待人。热爱和关心教育对象,关心大学生的思想政治进步、学习和工作、生活;尊重和信任他们的人格、荣誉和权利,认真听取分析其意见和要求;平易近人,以情感人、以理服人,不以势压人、动辄训人;对待教育对象的关心、帮助和评价不以个人感情亲疏和个人好恶为转移。(4)团结互助、顾全大局。尊重并支持、配合其他高校思想政治教育对象的劳动和工作;维护领导的权威、支持下属的工作,对领导不投其所好、不抬轿子,对下属不拉帮结派、不摆架子;善于和与自己意见不一致的同志讨论问题、交流思想,求大同、存小异,坚持以大局为重、合作共事。

3.高超的能力素质

能力是运用于工作实际的各种技能和艺术,它直接影响着思想政治教育的开展和效率。高校思想政治教育工作主体应当具备以下几个方面的能力:(1)分析综合能力。分析能力是指能够根据研究对象固有的系统性,对构成这个系统的诸要素分别进行定性和定量的研究,进而从多样性的现象中发现其主要的、本质的东西。综合能力是指在分析的基础上,在思维中把研究对象的各个本质方面按其内在联系有机地结合为统一整体,从而把握对象的整个面貌。大学生思想政治教育主体只有具备分析综合能力,才能在掌握大量事实材料的基础上,进一步把握其思想特点和发展趋势,认识高校思想政治教育的规律。(2)决策计划能力。决策能力是指善于出主意、想办法,能够综合各种情况进行判断和作出决定;计划能力是指善于把决策具体化,能够依据客观情况科学制定工作目标,正确选择工作方法,合理设计思想政治工作活动。科学的决策和计划是提升高校思想政治教育工作有效性的关键。(3)组织协调能力。组织能力是指善于发动和培养骨干,并通过其团结和带动一般群众;协调能力是指善于协调思想政治工作部门之间以及思想政治教育主体之间的关系,协调思想政治工作同其他工作之间的关系,争取各个方面对思想政治工作的大力支持,以形成思想政治工作的"合力"。只有具备了组织协调能力,才能有效地开展思想政治教育工作,把科学的决策和计划落到实处。(4)宣传表达能力。宣传表达能力主要包括文字表达能力、语言表达能力和形象表达能力。文字表达能力是指能够把教育内容见诸于文字，通过报刊、书籍、广播、墙报、文件等形式影响和教育工作对象；语言表达能力是指善于通过报告、讲解、座谈、个别谈心等方式循循善诱地说服教育客体；形象表达能力是指善于把教育内容见诸于艺术形象，通过电视、电影、图片、图表、艺术作品等形式，借助艺术形象的感染力来影响大学生。除了以上基本技能以外，大学生思想政治教育主体还应具备较强的社交能力、应变能力、创造能力和自学能力。(5)信息掌控能力。在信息全球化的今天，思想政治教育者要想全面及时地掌握大学生的思想动态，就需要具备运用现代网络信息的技能。由于互联网的隐匿性，大学生在网络上反映出的思想可能更接近本色。所以，教育工作者既要密切关注网上动态，了解大学生思想状况，加强同大学生的沟通与交流，及时回答和解决大学生提出的问题，又要运用信息技术手段和法律手段，加强校园网的管理，严防各种有害信息在网上传播，还要利用校园网为大学生学习、生活提供服务，对大学生进行教育和引导，不断拓展大学生思想政治教育的渠道和空间，形成网上网下思想政治教育的合力，牢牢掌握网络思想政治教育主动权。

4. 坚强的心理素质

思想政治教育工作者的心理素质在思想政治教育过程中发挥着至关重要的作用。因为思想政治教育是通过思想政治教育工作者的创造性劳动来进行的，教育者在整个教育过程中作为不可缺少的要素之一占据主导地位，起着主导作用。教育者心理素质的高低，直接影响着思想政治教育的效果。思想政治教育工作者心理素质在思想政治教育过程中的作用主要表现在：使思想政治教育工作者能够在错综复杂的现象背后冷静理性地观察，看到事情的症结所在；通过和谐的思维方式处理社会生活中的种种问题，加强人文关怀和心理疏导，培养人们理性平和、积极健康的社会心态。实践经验证明，决定思想政治教育效益高低的因素是多方面的，但起主要作用的是思想政治教育者的心理素质。具有良好心理素质的思想政治教育者是搞好思想政治教育的重要保证。

在思想政治教育的创新活动中，教育者的精神状态和受教育者的心理状态在很大程度上影响到教育活动的效果。就思想政治教育的效果来说，教育者良好的心理分析能力就显得更为重要。因为思想政治教育偏重于人的思想意识的显意识结构，侧重于通过世界观、人生观和价值观的教育提高大学生的思想觉悟和道德品质。心理分析则比较偏重于潜意识结构，通过对受教育者的认识、情感、意志的全过程施加作用，从而为接收思想政治教育创造良好的外部条件。心理分析是从更加专门化的心理活动规律视角出发，为思想政治教育的顺利进行创造良好的主体精神状态。思想政治教育心理分析的基本内容包括：(1)情感真诚。真诚的情感是思想政治教育工作者做好本职工作的基本要求。情感是伴随着认识过程而产生的心理过程,是一种内心体验。思想政治教育是做人的工作的,而人是有丰富情感的,以情感人,以情育人,寓理于情,是思想政治教育的一项基本要求和艺术。思想政治教育工作者要做好工作,首先要对自己从事的工作有份真心的热爱;其次要对教育对象有诚挚的爱。爱是教育的基础,只有真正关心、理解、尊重、爱护教育对象,有丰富的情感、诚挚的关心、执著的追求,才能取得教育对象的信任和尊重,才能做到情通而理达。(2)性格和善。良好的性格是思想政治教育工作者做好本职工作的基本条件。性格是一个人比较稳定的对现实的态度和与之相适应的行为习惯,它是个性心理品质的核心。思想政治教育工作者要塑造教育对象良好的心理品质,首先自己得具备良好的性格,有自信、自尊、自强、自制,表现出豁达、开朗、乐观、冷静、理智、坚韧的精神风貌。(3)兴趣广泛。广泛的兴趣是思想政治教育工作者做好本职工作的基本需要。兴趣是指人们积极探索某种事物或爱好某种活动的倾向。人有了某种兴趣,就会对该事物或活动表现出积极肯定的情绪和态度。由于思想政治教育对象的兴趣十分广泛,思想政治教育工作者为了联系、接触、了解和转化教育对象,提高教育艺术,增强教育效果,必须使自己具有广泛的兴趣和爱好,养成良好的生活习惯和高雅的情趣,丰富自身人格内涵。(4)意志坚强。坚强的意志是思想政治教育工作者做好本职工作的基本准备。意志是指一个人自觉调整行为,克服困难,实现一定目的的心理过程,它主要表现为控制行为的力量。任何事业都不是一帆风顺的,在前进的道路上总会遇到这样或那样的困难,甚至是挫折与失败。思想政治教育工作者要注意磨炼自己的意志,不畏困难与挫折,注意防止和克服极易出现的情绪起伏不定的毛病,养成奋斗不息、顽强进取、临危不惧、处乱不惊、勇敢坚强的意志品质,坚持不懈地把思想政治教育推向前进。(5)善于创新。创新精神和创新人格是顺利进行高校思想政治教育工作的必然要求。现代高校思想政治教育工作的复杂性和急剧变化要求思想政治教育工作者必须具备创新精神和创新人格,才能够与时俱进,积极面对新情况、解决新问题。创新精神是人在创新活动中所表现出来的精神品质:当人处理自身与外部世界的关系的时候,能够不怕风险和失败,勇于开拓新的方法和途径,敢于尝试别人没有尝试过的道路,勤于发现问题、分析问题和解决问题,善于从新的事物中发现新的思想,把新的思想转变为新的事物,面对复杂多变的现实境况表现出积极探索、奋发有为的精神风貌。创新精神给高校思想政治教育工作实践活动的展开注入了新的能量、新的方向和新的方式,最终提高了思想政治教育的效果。创新人格主要是指教育者必须具备自信心、坚韧性、责任心和独立性的优秀品质,才能够在教育实践活动中不断推陈出新,突破狭隘教育观念的束缚,探索更加有效的教育方式。

思想政治教育者的心理素质对于个人来说要有赖于其内在积极性的发挥,

能自觉地进行自我教育、自我提高、自我完善。实践出真知。勇于实践是思想政治教育工作者提高自身心理素质的最有效的途径和方法，也是发挥思想政治教育工作者在思想政治教育过程主导作用的最有效的途径和方法。加强教育者心理学知识理论的教育和心理分析实践操作能力的培养是推进思想政治教育现代化的基本要求。思想政治教育和心理分析是相互补充相互促进的关系。思想政治教育能够使大学生客观分析理想与现实的差距，认识人生和社会的大是大非，引导大学生正确地认识社会，从而保持积极乐观、健康向上的精神状态；心理分析则能够推动大学生正确地解析自已、认识自我，正确处理各种利益关系，勇敢积极地进行实践，从而具有成熟的政治觉悟和高尚的道德品质。

二、建设一支职业化、专业化的思想政治教育队伍

中共中央、国务院发出的《关于进一步加强和改进大学生思想政治教育的意见》（简称 16 号文件）明确指出，思想政治教育工作队伍是加强和改进大学生思想政治教育的组织保证。大学生思想政治教育工作队伍的主体是学校党政干部和共青团干部、思想政治理论课和哲学社会科学课教师、辅导员和班主任，其他学科任课教师以及各级管理人员的言行对实施思想政治教育也有着不可忽视的作用和影响。只有建设一支高素质、高水平的师资队伍，只有教师队伍的素质得到全面提升，才能胜任教育、管理、服务全方位的工作。然而，目前我国高校思想政治教育队伍的状况还不能尽如人意，存在着一些教师素质不高、能力不够、责任心不强等现象；存在着理论研究与实际操作脱节、专兼职教师不能很好地配合等现象；存在着对德育教师不够重视、人力不足、考核奖惩制度不够健全等现象。对此，需要加强下列几方面的工作：

（一）加强党务政工干部队伍建设

在一切既定的条件下，干部因素是关键。高校党政干部是高校思想政治教育的管理者、主导者、协调者、定位者。

1. 科学规范各职能部门党务政工干部的职责

在实行具体的管理中，要科学规定哪一部门的党政干部具有从事学生思想政治教育的职能和职责，其具体的职能与职责是什么，以期真正做到各安其位、各负其责，使队伍在组成、建设、管理与使用上更科学与规范。

组织部和宣传部、学生处与团委、各系党团总支等部门，都承担着对大学生进行思想政治教育的任务。具体来说，组织部主要从党的组织建设方面做大学生的思想政治教育工作，注重发现、培养大学生中的优秀分子，并将他们积极发

展到党组织中，以党员的先锋模范作用推动学生的思想政治教育工作。宣传部主要通过宣讲党和国家的方针政策帮助学生了解国情、世情，通过宣传社会上和学校里的优秀人物和感人事迹，向学生传播正能量，以推动学生思想政治工作的开展。学生处主要是通过学生的日常管理工作，在规范学生的日常行为中对学生进行思想政治教育。团委作为群众性组织，主要通过组织各类团体的活动，使学生在参加活动中潜移默化地接受教育。可以说，学校内的这些部门既共同承担着大学生的思想政治教育工作，又各有其侧重点。要想提高大学生思想政治教育工作的实效，首先应对各部门工作内容、目标等进行准确定位。

2.进一步细化和强化党务政工干部在学生思想政治教育中的作用

对于一些学校部门而言，虽然有具体的工作任务和工作流程，但这些工作中对于学生思想政治教育工作的任务和责任体现得相对较少。要加强党政干部在学生思想政治教育中的作用，就要细化和强化党政干部在学生思想政治教育工作中的职责。细化和强化职责的一个重要措施就是要将工作任务与目标具体化，只有具体化的任务与目标才有利于操作和实现，才有利于各司其职。比如，组织部门主要是注重对学生进行党的基本知识的教育，宣传部门主要是注重对党和国家的基本政策的宣传，学生管理部门则主要通过维护学校纪律从外部对学生进行思想政治教育。

3.加大考核的力度

由于党务工作和行政工作的特点，在以往的实际操作中，工作的最后评价与考核相对较弱，特别是从对学生思想政治教育效果方面来评定工作的更是较少。这就在一定程度上造成各部门比较注重工作的开展，而对工作的结果关注较少，特别是对该活动是否会对学生思想政治素养的提高带来影响以及在多大程度上带来影响考虑得很少。

建立党务政工干部关于学生思想政治教育工作的考核，可以从以下两方面入手：一是党务政工干部工作方面，包括教育目标、工作内容、工作方式方法的确立，工作过程的组织与管理，工作效果的总结；二是学生思想方面，主要是看该工作对学生思想政治素质提高方面的影响，可以通过个别学生访谈、学生书面抽样调查、学生总结来进行。

当然，由于党政干部的工作比较繁杂，考核有一定的难度，所以在制定考核标准和方式方法时要注重区分工作的性质，注重对具体工作的考核，注重从学生发展特别是学生思想政治素养的提升方面进行考核。可以探索由党政干部服务对象作为考核主体的考核方式。

4.不断加强对党务政工干部的培养和培训

一般说来，在学校里能够被提拔到领导岗位的人的政治素质、专业素质等个人素质是高的。但从学生思想政治教育工作的角度来看，由于学生思想政治教育工作的特殊性，承担着学生思想政治教育任务的部门的领导干部还应该通过各种形式的学习不断提高自身的素质，以实现“身正为范”；通过学习进一步掌握学生思想政治教育工作的方式方法，了解学生思想道德发展规律；通过定期深入到学生中间去，了解和把握学生思想脉络，满足学生的政治需求，加强同学生的感情交流，从而使工作更贴近生活、贴近实际、贴近学生。

教育部从 1993 年起就定期举办高级校级干部进修班、研修班，高校中青年干部培训班，并从全国高校抽调干部脱产系统培训。各省、市、自治区高教工委成立了高校干部培训中心，负责本地区高校干部的教育培训。各高校建立了以党委中心组学习为主的干部学习制度。此外，还采取各种形式和途径加大干部教育培训的力度，如西南师大对所有新上任干部实行岗前教育培训，华南师大实行听课证制度，收到了良好效果。总之，高校干部培训基本上形成了分级分类管理、经费到位、时间保证、层层落实、层层负责、齐抓共管的局面。但培训的质量即培训的实效性还有待提高。此外，作为学校的管理人员，党政干部要在自己的管理工作中体现育人导向，把严格日常管理与引导大学生遵纪守法、养成良好行为习惯结合起来，构建全员育人的工作格局。

（二）加强思想政治理论课教师队伍建设

高等学校思想政治理论课是系统地对大学生进行思想政治教育的主渠道。思想政治理论课和哲学社会科学任课教师是大学生思想政治教育工作的重要队伍。目前，在这支队伍中青年教师占主体。青年教师主体积极健康向上，拥护党的领导，对坚持和发展中国特色社会主义充满信心，热爱教书育人事业，关心关爱学生，为高等教育事业发展做出重要贡献。同时也应看到，少数青年教师政治信仰迷茫、理想信念模糊、职业情感与职业道德淡化、服务意识不强，个别教师言行失范，不能为人师表；一些地方和高校对青年教师思想政治工作重视不够、工作方法不多、工作针对性和实效性不强。所以加强思想政治理论课教师和哲学社会科学课教师队伍建设有其必要性。为加强思想政治理论课教师队伍建设，2008 年中共中央宣传部、教育部发布《关于进一步加强高等学校思想政治理论课教师队伍建设的意见》，对思想政治理论课教师队伍建设提出了要求。提高思想政治理论课教师和哲学社会科学课教师队伍整体素质，是一项系统工程，需要多方面配合和跟进。

1. 严把教师队伍“入口”关

思想政治理论课教师与其他专业任课教师不同，思想政治理论课教师必须坚持正确的政治方向，热爱马克思主义理论教育事业，具有良好的思想品德，有扎实的马克思主义理论基础和相应的教学水平、科研能力，所以，要实行教师任职资格准入制度。高校思想政治理论课教师任职资格准入制度的内容包括以下几个方面：一是思想政治素质标准。要立场坚定，坚持四项基本原则，能够及时了解和把握党和国家所制定的大政方针，正确认知和对待国内外的形势，在事关政治原则、政治立场和政治方向问题上与党中央保持一致，原则上应是中国共产党党员。二是专业素质标准。在学历方面，最低应具备相关专业硕士以上学位。在专业知识要求方面，所学专业应是马克思主义理论、思想政治教育及相关专业。三是职业素质方面。从硬件标准来看，最基本的是要具有高校教师资格。从软件标准来看，要了解所教授的学科知识，掌握相应的教育教学理论，并对大学生的思想政治理论方面的知识结构与思想状况有所了解，掌握教学的基本技能。

2. 加强教师的培训和进修

通过不同渠道让教师参加各种类型的培训、进修活动和社会实践活动，以不断提高教师的思想道德素质和业务技能，使思想政治理论课能够联系当今不断发展变化的国际形势，联系改革开放和社会主义现代化建设的实际，联系大学生的思想实际，把传授知识与思想教育结合起来，把系统教学与专题教育结合起来，把理论武装与实践育人结合起来，切实改革教学内容，改进教学方法，改善教学手段，以推进思想政治理论课课教学健康发展，承担起肩负的使命。大力培养德才兼备的思想政治理论课教师，有效地稳定骨干。大胆选拔"名师"，以品德、知识、能力和业绩作为衡量人才的主要标准，以这个标准来提升思想政治理论课教师队伍的整体素质，造就这支队伍人才辈出、后继有人的良好局面。现在教育部、各地各高等学校要制定教师培训规划，建立和完善有重点、分层次、多形式的培训体系。如：2013 年 6 月 25 日，教育部印发了《普通高等学校思想政治理论课教师队伍培育规划（2013～2017 年）》，对思想政治理论课教师队伍建设目标、途径和措施、组织领导和实施进行了规定。各省、高校也从实际出发制定了相应的教师培养规划，开展形式多样的教师培养培训工作，努力提高教师的理论素养、教学水平和科研能力。培训形式主要有岗前培训、课程轮训、骨干教师研修和在职培训。坚持先培训后上岗，着力提高新任教师适应岗位要求、胜任本职工作的能力。坚持每次开课前的全员再培训，做到先培训后开课。中宣部、教育部印发的《普通高校思想政治理论课建设体系创新计划》再次强调，要逐步健全完善国家示范培训、省级分批轮训、学校全员培训紧密衔接、相互补充的三级培训体系。通过培训，教师对国家方针政策和社会热点问题的理解、把握更加准确，从而有助于提高教师的理论水平。例如：上海连续四年举办高校思想政治理论课教学活动月，在抓好社会主义核心价值观融入上下功夫。他们注重加强教育培养促内化，突出教师关键作用。面向全体思政课教师，开展了党的最新理论进高校思想政治理论课系列集体备课会，做到课程全覆盖、教师全覆盖；面向思政课教研室主任，开展了上海高校思想政治理论课教学质量提升班，组织教师走进中学课堂，观摩教学、教研；组织教师走进名师工作室，进行切磋讨论；面向思政课骨干教师，举办了上海高校思政课中青年骨干教师高级研修班，通过专题讲座、教学观摩、访学交流、导师带教、课题研修等多种形式，全方位助力优秀骨干教师快速成长。[①]

3. 健全教师交流激励机制

美国人本主义心理学家马斯洛在《人类激励理论》论文中所提出了“基本需求层次理论”。他认为，人类的需要是分层次的，由低到高分别是：生理需求、安全需求、社交需求、尊重需求、自我实现需求。在每一个时期，都有一种需要占主导地位，并成为一个人不断前进的动力。马斯洛的需求层次理论为制定激励机制提供了理论基础。作为思想政治理论课的教师也会在工作中有不断的需求、追求，了解教师的需求、追求，制定相应的激励机制，可以从外部推动思想政治理论课教师不断提高自身水平和素养。具体来说，激励措施主要包括物质激励与精神激励。一是可以给予优秀的思想政治理论课教师和哲学社会科学课教师相应的物质奖励。二是可以给予思想政治理论课教师和哲学社会科学课教师相应的荣誉，从精神上肯定他们的工作；三是可以为优秀的思想政治理论课教师和哲学社会科学课教师提供更多的外出学习的机会；四是可以从职称评定上给予政策倾斜。从目前来看，辅导员的职称评定已经单独成为一个系统，但思想政治理论课教师和哲学社会科学课教师，特别是思想政治理论课教师的职称评定还没有单列。虽然将思想政治理论课教师与其他专业课教师的职称评定放在一个系列中有利于激励思想政治理论课教师的工作，但却忽视了思想政治教育工作的特点，这样势必造成在职称评定工作中思想政治理论课教师的相对弱势。当然在给予奖励时，要注意做好以下几个方面：一是制定相应的奖励条例，在制定奖励条例时，要从本校思想政治理论课教师和哲学社会科学课教师实际出发，兼顾师德与业绩、教学与科研。二是奖励要注重层次性。这样可以激励教师不断向上进取，真正发挥奖励对教师的激励作用。三是要注重奖励的可行性，即所制定的奖励标准切合学校实际，能够起到奖励所要达到的效果。

4. 建立和完善考核机制

作为学校的一项基本工作制度，大多数学校都制定了相应的考核制度。但一些学校在制定考核制度的时候，却忽略了高校思想政治理论课教师与其他任

---

① 参见宗爱东：《社会主义核心价值观融入思政课》，2014 年 6 月 16 日《光明日报》。

课教师的不同。相比较其他任课教师，思想政治理论课教师具有以下特点：一是从教师自身素质来说，对教师政治素质的要求相对要高；二是从教学工作上来说，更注重对学生的思想政治教育。而且思想政治理论课教师所承担的实际教学任务也比较重。高校思想政治理论课教师的特点决定了对于思想政治理论课教师的考核应有其自身的特点。如重视教师政治素质，突出对思想政治教育效果的检查。当然，在这里并不是说不重视教师的专业素质。教师专业素质的提高有助于提高教师的教学教育效果。同时，由于学生思想政治教育效果的检验还没有一个相对统一的标准，所以考核制度的完善需要一个过程。

提高思想政治理论课教师整体素质，是一项系统工程，需要多方面配合和关心。一是各级领导重视。国家非常重视思想政治理论课教师和哲学社会科学课教师队伍建设。中共中央宣传部、教育部多次出台文件，对思想政治理论课教师和哲学社会科学课教师队伍建设标准提出了要求，并举办了高校思想政治理论课教师和哲学社会科学课骨干教师培训班。各省也加强了对思想政治理论课教师和哲学社会科学课教师的培训工作。如山东省委宣传部每年在山东省委党校开展对全省哲学社会科学骨干人才的培训工作，培训内容主要是进行阐释党和国家的最新政策精神，帮助哲学社会科学从业人员理解和把握党和国家的最新政策精神，提高他们的政治素养。山东省委高校工委还专门设立了高校思想政治理论课教师培训基地，负责高校思想政治理论课和哲学社会科学课教师的培训与管理工作。二是发挥民间学术团体的力量。学术团体是专家、学者基于与学术有关的共同意愿和结社宗旨，按照学科或专业，自发、自愿组织起来的社会组织。学术团体成员之间，通过参加国内外的学术交流活动，增进了同行之间的了解和认可，并增强对学术问题和教学问题的相互交流，有利于提高学术团体成员的水平和能力。三是提高思想政治理论课教师对自身工作的热爱程度。不管是正式组织的重视和学术团体的组织，对于提高思想政治理论课教师素质的提高来说，都属于外部力量。从辩证的角度来看，事件的发生、发展都有内因和外因，其中内因起决定性的作用。所以要提高思想政治理论课教师的素质，从根本上来说，要增强思想政治理论课教师对自身职业的热爱。只有思想政治理论课教师从内心热爱这一职业，才能自觉为提高职业能力去学习、提高。要增强教师对自身所从事职业的热爱，一是要从思想、精神上增强思想政治理论课教师的职业责任感、职业热情；二是要切实提高思想政治理论课教师的地位。从理论上，在文件中，高校思想政治理论课教师的地位与其他任课教师的地位是相同的，但实际上，在一些领导、老师的认知中，却是只有科研、教学能力不强的老师才去从事思想政治理论课教学。这种认知的蔓延一方面使思想政治理论课教师的地位相对较低，另一方面也使一些思想政治理论课专任教师不能安心工作，想脱离思想政治理论课教师队伍，从事专业课的教学工作。提高思想政治理论课教师地位，就要切实解决好思想政治理论课教师的职称和待遇问题。现在针对辅导员，有了专门的辅导员系列的职称评定系列，对于高校思想政治理论课教师也可以考虑在职称评定和待遇方面进行相应的倾斜。

（三）建立健全职业化辅导员队伍

辅导员、班主任是开展大学生思想政治教育的骨干力量，是大学生健康成长的指导者和引路人。加强辅导员、班主任队伍建设，是加强和改进大学生思想政治教育和维护高校稳定的重要组织保证和长效机制，对于全面贯彻党的教育方针，把大学生思想政治教育的各项任务落到实处，具有十分重要的意义。

党和国家高度重视辅导员队伍建设问题，相继出台了系列方针政策，从人员选聘、职责定位、职业培训、能力培养、保障制度等方面全面落实辅导员队伍建设。2005 年，为了贯彻落实中央 16 号文件，教育部下发了《教育部关于加强高等学校辅导员、班主任队伍建设的意见》，提出鼓励和支持辅导员长期从事该项工作，向职业化、专家化方向发展。要求“高等学校要根据实际工作需要，科学合理地配备足够数量的辅导员和班主任。专职辅导员总体上按 1：200 的比例配备，保证每个院（系）的每个年级都有一定数量的专职辅导员。同时，每个班级要配备一名兼职班主任”。2006 年，教育部又签发了《普通高等学校辅导员队伍建设规定》（教育部 24 号令），明确了辅导员的工作职责、聘任、培养等各个方面的内容。其中第 16 条规定：高等学校应当鼓励、支持辅导员结合大学生思想政治教育的工作实践和思想政治教育学科的发展开展研究。要求“辅导员、班主任工作在大学生思想政治教育的第一线，在思想、学习和生活等方面负有指导学生、关心学生的职责，要按照党委的部署有针对性的开展思想政治教育活动”。明确规定辅导员的主要职责是：学生的思想政治教育、品德教育、学生党建和团建、评奖评优、违纪转化、学生集体管理和组织管理、课外活动指导、学习指导、就业指导和心理咨询等。同时要建立健全各项制度，依靠制度保障队伍的建设和发展，如辅导员的选聘、培训、评价、考核和激励制度。随后教育部又制定了《2006～2010 年普通高等学校辅导员培训计划》（教思政司[2006]2 号），提出到 2010 年培养和造就 1000 名在思想政治教育方面有一定国内影响的专家等目标。2013 年制定了《普通高等学校辅导员培训规划（2013～2017 年）》（教党[2013]9 号），提出构建高校辅导员队伍能力标准体系，推动高校辅导员队伍专业化职业化建设。为此，制定了辅导员培训目标，即“到 2017 年，基本形成适应高等教育发展需要、符合辅导员成长成才规律、规范科学的培训机制，基本构建起内容完善、形式多样、科学合理的培训体系，为全面提高辅导员队伍服务高等教育质量提升和高校学生全面发展的能力奠定坚实基础”。在培训内容方面，强调了“思想政治理论教育、专业素养提升和职业能力培养”三个方面。2014年，教育部印发的《高等学校辅导员职业能力标准(暂行)》(教思政[2014]2号)通知，调整和完善了高校辅导员培养培训方案、工作职能设置、考评考核指标等，较为系统地阐发了高校辅导员在职业能力方面应该具有的能力标准。

在培养培训方面，对培训师资、场地进行了规定，并根据等级不同，分别规定了培训的时间。培训教师要具有相关专业副高级以上专业技术职务或副处级以上职级，主要对辅导员进行思想政治教育专业以及相关专业的教育。

在工作职能方面，主要包括思想政治教育、党团和班级建设、学业指导、日常事务管理、心理健康教育与咨询、网络思想政治教育、危机事件应对、职业规划与就业指导、理论与实践研究九个方面。当然辅导员等级不同，这九个方面的要求也是不同的，等级越高要求越高。在思想政治教育方面，对于初级辅导员的要求是能够及时把握学生的思想动态，根据学生的思想变化，有针对性地对学生进行处理日常问题的辅导，并开展中国特色社会主义、“中国梦”和社会主义核心价值观的宣传教育，帮助学生树立正确的世界观、人生观、价值观，正确处理个人理想与社会理想的关系，确立在中国共产党领导下走中国特色社会主义道路、实现中华民族伟大复兴的共同理想和坚定信念。在此基础上，中级辅导员还要具有组织协调思想政治教育工作者的能力，高级辅导员要注重把握规律性，根据调研情况合理安排，调整工作思路和方法。党团和班级建设方面，主要包括学生党支部、团支部的建设工作，学生骨干、入党积极分子的培养工作以及学生党员的培养管理工作。学业指导方面主要是开展学风建设，在学习兴趣、学习习惯等方面加强对学生的管理，并根据专业情况组织专业教育。中级辅导员要能够对学生进一步深造提出帮助，高级辅导员要注重培养学生的创新意识与创新能力。日常管理主要包括新生入学教育、学生军训、学生助、贷、勤、补工作、评奖工作、宿舍卫生和文化建设、毕业生离校教育、管理和服务工作、以及其他学生的日常管理工作。心理健康教育与咨询工作主要包括学生心理问题的排查与心理健康教育工作。网络思想政治教育工作主要包括利用网络平台加强对学生进行思想教育、学习辅导以及就业指导，并注意克服网络对学生工作的不良影响。危机事件应对主要是要求辅导员要具有及时了解信息，并努力稳定控制局面的能力。中级辅导员要具有指导初级辅导员处理危机事件的能力，高级辅导员要能够完善应急体制机制建设，成为处理危机事件的专家。职业规划与就业指导方面主要是要求辅导员要帮助学生树立正确的就业观和创业观，并能够为学生提供高效优质的就业指导和信息服务。同时要求辅导员不断提高自身理论素养，提升理论与实践的研究能力。

《高等学校辅导员职业能力标准(暂行)》的发布,对于增强辅导员职业的社会认同,提升辅导与职业地位和职业公信力具有重要作用,而且对于进一步推进辅导员队伍建设提供了基本的依据。关于辅导员一系列的文件和法规的发布,产生了两个结果:一是各高校按教育部要求的1∶200的老师和学生的比例迅速扩大专职辅导员的数量。二是针对新招聘和原有的辅导员进行大规模的培训。应该说,自教育部下发《关于加强高等学校辅导员班主任队伍建设的意见》(教社政[2005]2号)之后,高校辅导员队伍数量基本上得以保证,但辅导员的素质和工作责任心仍需不断提升。针对辅导员队伍的这些特点,着重要健全以下几个方面的工作:一是要建立辅导员队伍准入制度,严把"入口关"。要重视辅导员的选聘工作,借鉴律师资格证、教师资格证管理办法,建立高标准、严要求的辅导员职业准入机制和从业标准。当前在高校辅导员招聘工作中,虽然也有考试等方式,但专门选拔辅导员的选拔方式方法以及辅导员的从业标准还没有。二是加强职业培训,提高辅导员队伍素质。"高校辅导员工作涉及思想政治教育、教育学、心理学、社会学、管理学以及人生规划、就业指导等多个领域,因此要建立经常性、系统化、分层次、形式多样的专业培训体系,将岗前培训与在职培训,专题培训和日常培训结合起来,鼓励辅导员考取国家职业指导师、国家心理咨询师等资格,推荐优秀辅导员在职攻读思想政治教育、心理学、教育学、管理学等专业的硕士或博士学位,组织参见社会实践,挂职锻炼、学习考察等活动,不断提高辅导员的专业化水平和职业精神。"①三是合理安排工作,加强辅导员队伍职业化建设。"要强化辅导员在大学生思想政治教育工作中的组织者和教育者的地位和作用,进一步明确辅导员的岗位和职责范围,强化职业规范,明确分工,理顺工作内容,尽量减少辅导员的其他事务性工作,使辅导员全身心的投入到思想政治教育工作中来。"②

对此,有些高校在探索吸收一批学生党员作为辅导员助理,即"班辅助理",参与班级日常管理、思想引领、学业指导、活动开展和困难生帮扶工作③。学术界对"班辅助理"问题也非常关注,从理论与实践相结合的角度做了一些探讨,强调"班辅助理"对新时代条件下大学生管理有着独特的价值意义。所谓"班辅助理",是"导生制"的新解读。"导生制"是一种教学组织形式,起源于18世纪末19世纪初,由英国国教会牧师贝尔和公谊会教师兰卡斯特提出,本意是为解决"生多师少"的矛盾。"导生制"实际上就是教师选择一些高年级且成绩优异的学

---

① 吴京、颜吾佴:《高校思想政治教育队伍建设的思考》,《思想教育研究》2011年第5期。

② 吴京、颜吾佴:《高校思想政治教育队伍建设的思考》,《思想教育研究》2011年第5期。

③ 参见管书艳:《学生党员担任辅导员助理》,2013年1月14日《中国教育报》。

生做助手，将教材内容传授给他们，再由他们传导给其他同学。随着时代的发展和高等教育政策的不断变化，原始的“导生制”再次被人们所关注，班辅助理作为将“导生制”移植到新时期的高校教育管理体制中的一种举措，无疑是一个崭新且富有挑战的尝试。因为现在的大学生都是90后，多是独生子女，由高中升入大学后，从心理到生活方式和学习方式都有一个转变的过程，在这个过程中会遇到很多不适应。而由高年级同专业的学生党员干部组成的“班辅助理”，无论是年龄还是心理都与低年级大学生比较接近，加上共同的大学生活环境和学习目标，使他们之间沟通起来相对容易，这使班辅助理能够比较恰当地将老师给予的任务要求结合自己的学习、工作、生活体会正确引导新生，并及时向辅导员反馈学生的思想动态，将各方面潜在问题尽可能在爆发之前发现和解决。当然，在“班辅助理”实施过程中，无论是人员的选拔、培训、考核，还是角色定位、职责范围、行为方式都需要有严格的程序和规范，以保障其作为辅导员工作队伍的补充，实现学生管理工作事半功倍的效果。四是为辅导员队伍提供适当的发展动力。建立专项评优评先奖励制度，通过奖励制度激励辅导员的工作。不论从工作内容还是工作性质上说，辅导员与专业教师都有明显的不同，所以从个人发展的角度来看辅导员与专业教师也是不同的。作为高校专业教师，其个人发展好坏程度主要体现在职称评定方面，而辅导员不同，不仅表现在职称评定方面，而且表现在职位升迁方面。但由于辅导员人数相对较多，能够获得职位升迁的机会相对较少，所以可以从职称评定方面解决辅导员的个人发展问题，不断完善专职辅导员的专业职务系列，解决好他们的教师聘任问题。一些省、高校积极探索专业职称评聘辅导员专门系列制度，将辅导员专业评聘与教师评聘分开来，为辅导员提供更多的机会。

（四）加强学生会干部与班干部队伍建设

学生会作为高校开展学生思想政治工作的重要阵地，在提高学生综合素质、推动校园精神文明建设、营造积极向上的校园文化方面发挥着重要的作用。加强学生会指导工作，充分发挥学生会在高校学生思想政治教育中的重要作用，特别是系统地培养学生会干部，不仅能有效地贯彻党的教育方针，而且有助于形成教育与自我教育相结合的立体化的高校思想政治工作机制。同样，班级是学校的细胞，班干部是班主任进行班级管理的左膀右臂，他们的思想素质影响着一个班级的班风、班貌、班纪。

1. 加强学生干部形象建设

合理选拔与任用学生干部，对塑造良好的学生干部形象至关重要。在选拔学生会干部和班干部时应做到“三唯”，即任人唯贤、唯能、唯情。“唯贤”就是具有良好的人格素养和思想道德品质。"唯能"就是在语言表达、组织协调、处理事务等方面具备从事学生工作的基本素质。"唯情"就是具有为同学服务的热情，要甘于奉献、乐于奉献。通过对学生干部的培养，辐射和带动全校学生的思想政治素质的提高，从而做好思想政治工作。

2.加强学生会干部与班干部作风建设

充分调动干部的工作积极性，就要把人才放到能充分发挥作用的最佳位置上，扬长避短，合理调配，优化组合，尽可能地发挥出他们的热情和才干。要加强学生干部作风建设，首先要加强学生干部的思想教育，帮助学生树立为同学服务的意识。学生干部不是高于同学的，而是为同学服务的。其次要建立健全各项规章制度，为学生干部工作提供一个工作流程标准，避免学生工作中出现不良作风。最后要加强监督检查。负责监督检查的主体要多元化，既包括教师，又包括学生。另外，可以在学生中设立专门的监督检查委员会，以加强对学生干部作风的检查。

3.提高学生会与班干部的思想道德素质

思想道德素质影响到人格和尊严。学生会干部与班干部不仅要具有工作活动能力，更要有人格魅力。只有这样，才能有助于学生会干部与班干部工作的开展。提高学生会干部与班干部的思想道德素质，首先要注重培养学生会干部与班干部为人民服务、为同学服务的意识，使他们时刻想到，他们不是高高在上的干部，而是普普通通的服务者，要想同学之所想，急学生之所急，只有这样才能赢得同学们的尊重与信赖，做好学生会或者班级工作。其次要注重提高他们的思想政治素质。在一般情况下，学生会干部与班干部属于学生中表现较为先进、突出的人员，他们的特殊位置也在一定程度上决定了他们应该在学生中发挥模范带头作用。这样，对学生会干部与班干部的思想政治素质的要求相对就要高一些。所以应注重提高他们的思想政治素质。最后，要注重对他们的思想关怀。相对于其他学生，学生会干部与班干部所面对的不仅仅是学习任务，还有学生会工作和班级工作。而且学校都会在一定程度上对学生会干部与班干部的学习成绩提出一定的要求，所以他们的压力比较大。在这样的情况下，教师要注重对他们的思想关怀，了解和掌握他们的思想变化，结合实际工作对他们进行有针对性的教育与帮助，培养和提高学生干部的思想政治素质，使之形成正确的世界观和人生观。

三、加强制度建设，保障思想政治教育队伍稳定高效

高校思想政治教育制度建设是长效开展大学生思想政治教育的基础和保

障。高校思想政治教育制度建设包括有关规章制度建设、构建实施工作体系和建立工作体系运行机制三个方面。规章制度规定了高校开展大学生思想政治教育的责任和权力，后两者则规定了高校内相关工作部门及人员的责任和权力。高校应构建学校党委和行政牵头、各职能部门共同协作、各学院具体实施的专门的思想政治教育研究机构。相关部门和人员根据自己的职责和权力，分别完成改革教育内容和改进教育方式的任务，积极促进中国特色社会主义理论进教材、进课堂、进头脑，并将大学生思想政治教育与课堂教学、学生教育管理工作、和谐校园文化建设等结合起来，对不同年级不同专业的大学生进行有针对性的思想政治教育，多层次多渠道探索大学生思想政治教育的有效途径和方法。①

加强高校学生思想政治教育队伍建设，必须通过有效的途径、建立科学的机制、实行严格的管理、创造良好的环境，才能不断提高这支队伍的政治素质、业务素质和管理水平，始终保持高校学生思想政治教育队伍的活力。我国高校思想政治教育，历来都受到从中央到地方各级党政机构的高度重视，并始终在党的统一领导下，动员学校行政、工会、共青团、学生会组织，依靠教师、管理人员、服务人员和学生"齐抓共管"，广泛开展教书育人、管理育人、服务育人和自教育人活动，形成"全程""全员"育人格局或模式。这样一种教育模式是一种既统一又多样的综合化模式，是一种既目标一致又方式不同的合力模式，是一种既体现"德育为先"原则又发挥"德育保证"作用的发展模式。这种模式在一些高校的执行过程中，虽然不同程度地打了折扣，造成德育或"单一"，或"分散"，削弱了德育效果，制约了德育作用的发挥。但这种情况毕竟不是主流，并在不断的改革、发展过程中得到扭转与克服。

（一）建立健全高校思想政治教育队伍培养培训制度

思想政治教育者要审时度势地推动自身改革，在教育过程中发挥更大积极因素。在能力方面，思想政治教育者要增强自身对文化的发展和教育变革等外界的变化的适应力，增强自身把握学生思想政治状况并有的放矢地开展教育的能力。在知识方面，从广度上要进一步拓宽知识的层面，全面完善知识结构，以适应多元文化背景下对知识全面化的要求，从深度上要进一步体会知识深层次的内涵，深化对思想政治教育及其相关学科的理论和实践研究，以适应高校思想政治教育工作的需要。在观念方面，要及时转变单一的传统观念，树立新时期的多元文化观念。在工作实践方面，要建立多元结构课程，强化基础教育注重个性发展。总之，教育队伍建设按照选拔、使用、管理、培养、提高相结合的原则，以提

① 参见陈开明：《增强高校思想政治教育时效性研究》，《人民论坛》2010 年第 14 期。

高业务水平为重点，以素质能力建设为核心，不断建立健全学生思想政治教育队伍建设的长效机制。

1. 建立和完善关于思想政治教育工作者定期培训制度

要坚持“先培训后上岗，不培训不上岗”的原则，根据中共中央宣传部、教育部关于进一步加强思想政治教育工作者队伍建设的意见和建议，制定思想政治教育工作者队伍培训规划，实行思想政治教育工作者上岗培训、全员培训和骨干教育工作者研修制度，使思想政治教育工作者培训定期化。定期化培训可以根据思想政治教育工作者的工作任务来进行安排，如对于高校思想政治理论课教师的定期化培训，可以根据课程解读和课程教学方面来展开，对于高校辅导员的定期化培训，可以根据学生特点分析和工作任务完成来展开。定期化的培训有利于培训内容的系统化，从而更有利于提高高校思想政治教育工作者的素质和能力。

2. 建立和完善不同级别思想政治教育工作者培训制度

建立健全高校思想政治教育队伍培养培训制度，除了宣传部、教育部组织的关于思想政治教育工作者培训之外，各省可以依托思想政治理论教育工作者培训和研修基地，组织开展高校思想政治理论教育工作者培训工作，依托党校、高校组织开展思想政治教育工作者培训工作。2013 年 5 月 3 日，中共教育部党组印发《普通高等学校辅导员培训规划(2013～2017 年)》通知，通知规定，要“健全完善以教育部举办的全国高校辅导员示范培训为龙头，以教育部、省(区、市)高校辅导员培训和研修基地举办的专题培训、高级研修为重点，以高校举办的岗前培训、日常培训等各类培训为基础，分层次、全覆盖的三级辅导员培训体系”[①]。2013 年 6 月 25 日，教育部印发了《普通高等学校思想政治理论课教师队伍培养规划(2013—2017 年)》，提出了不同层次、不同级别的关于思想政治理论课教师培训途径，以进一步完善教育部、地方、高校三级既分工负责又相互衔接的思想政治理论课教师培养培训体系。

3. 建立思想政治教育工作者培训专项基金

建立思想政治教育工作者培训专项基金，从根本上保证对思想政治教育工作者进行培训。《中共中央宣传部教育部关于进一步加强和改进高等学校思想政治理论课的意见实施方案》(教社政[2005]9 号)实行以来，许多高校均按在学学生每年每生 20 元的标准下拨了思想政治理论课建设专项经费，用于教改、教研、学生实践和教师培训交流。但也有的学生并没有设立此专项经费。同时在

① 中共教育部党组关于印发《普通高等学校辅导员培训规划(2013～2017 年)》的通知(教党〔2013〕9 号)，2013 年 5 月 15 日。

经费的使用和管理上，有的学校也出现了一些不合适的现象、不恰当的做法，如在经费的管理上并不是由思想政治理论课教学负责部门进行管理。出现这一现象的原因是多方面的：从客观上来说，有的学校经费紧张，无力拨出相应的资金；有的学校资金管理制度不健全，在资金的管理与使用上实行平均主义，没有考虑思想政治教育，特别是思想政治理论课的特殊性。从主观上来说，主要表现为对思想政治理论课的不重视，认为建立思想政治理论课专项基金不值得。2015 年 1 月，中共中央办公厅、国务院办公厅印发了《关于进一步加强和改进新形势下高校宣传思想工作的意见》，明确阐述了高校思想政治教育工作的地位与意义，强调“意识形态工作是党和国家一项极端重要的工作，高校作为意识形态工作前沿阵地，肩负着学习研究宣传马克思主义，培育和弘扬社会主义核心价值观，为实现中华民族伟大复兴的中国梦提供人才保障和智力支持的重要任务。做好高校宣传思想工作，加强高校意识形态阵地建设，是一项战略工程、固本工程、铸魂工程，事关党对高校的领导，事关全面贯彻党的教育方针，事关中国特色社会主义事业后继有人，对于巩固马克思主义在意识形态领域的指导地位，巩固全党全国人民团结奋斗的共同思想基础，具有十分重要而深远的意义。”①这就是说，加强高校思想政治教育工作队伍建设，事关重大。

（二）提高高校思想政治教育工作者的地位和待遇

从整体上来说，国家一直非常重视高校思想政治教育工作，重视高校思想政治教育工作者的地位和待遇。但在实际工作中，高校思想政治教育工作者，特别是思想政治理论课教师的地位并不是很高。一是从高校课程设置序列来看，基本上分为专业课与公共课。一般情况下，学生比较注重专业课的学习，而不重视公共课的学习。所以，这在很大程度上决定了公共课教师的地位不如专业课教师的地位高。二是从学生的就业状况来看，招工单位比较重视学生的专业学习情况、专业能力情况，而对学生的思想政治素质关注较少。这也造成了学生不重视思想政治理论素养，相应的在学生的心目中从事思想政治教育工作的教师地位也不高。三是从评价体系来看，目前对大学生的思想政治素质还没有一个相对明确的规范的评价标准，这也造成了高校思想政治教育工作者的地位相对较低。与大学英语课程相比，同样是公共课，学生比较重视英语课程的学习。其中一个重要原因就是大学中有一个英语等级水平考试，只有通过大学英语四级考试的本科学生，才能有资格获得学士学位。而对于高校思想政治理论课来说，没有一个全国性的涉及学生毕业与就业的思想政治理论考评

---

① 中共中央办公厅、国务院办公厅：《关于进一步加强和改进新形势下高校宣传思想工作的意见》，2015 年 1 月 19 日。

制度，所以对于思想政治理论课学习学生并不是很重视。基于此，要提高思想政治教育工作者的地位首先就要提高思想政治理论课的地位，增强学生对于思想政治理论课的重视程度。

分析这些原因，可以为提高高校思想政治理论教育工作者地位提供思路。具体来说可以有这样两个方面的设想。一是从高校思想政治教育工作者本身来说，进一步提高教育工作者自身对本职工作的认识。二是进一步提高学生思想道德素养在学生整体素质评价中的地位。2014 年伴随着高考制度的改革，高中学业水平考试进行了相应的改革，其中一项重要的内容是更加注重对学生参加社会实践以及在社会实践中所体现的综合素质的考察。在学生思想品德的评价中，主要通过考察学生参加党团活动、社团活动、公益劳动和志愿服务等的情况来考察学生的思想品德状况。这一项改革措施为高校思想政治教育工作的考核提供了思路。大学阶段是学生身心发展的重要阶段，要积极推动大学生整体素质的提高，注重对大学生综合素质的培养与考察。而且对于大学生来说，他们具有了参加党团活动、社团活动、公益劳动和志愿服务等的活动的更为便利的条件。这也为通过考察学生参与社会实践的情况来考察学生的思想道德素养提供了条件与途径。

高校思想政治理论教育工作者地位提高的一个重要体现是教师待遇的提高。当前来看，高校思想政治理论教育工作者薪酬的评价标准同高校其他教师是相同的，主要是由教师的教学工作和科研工作两块组成。而实际上，高校思想政治教育工作者与高校其他工作者有着一个显著的不同，就是在教育教学工作中要付出更多的精力与汗水。

从高校思想政治理论课教师的教学任务来看，与其他专业课教师有两个不同：一是教学内容的更新建设要快，教师备课时间投入大。高校思想政治理论课与其他课程相比，一个重要的特点就是内容的与时俱进，课程教学不仅要根据教材体系与内容的变化进行相应的改变，而且要将国际国内时事及时反映在课堂教学内容中。以《毛泽东思想和中国特色社会主义理论体系概论》（以下简称《概论》）课程为例，党的十八大胜利召开之后，《概论》课程的教材体系进行了较大的修改与调整。作为任课教师，在备课与讲授的过程中就要根据教材体系的变化对教学内容体系进行相应的修改，并要在讲课的过程中与国际国内时事相结合，随着党的十八届四中全会的召开，在教学过程中就要将党的十八届四中全会中的决议内容及时融入课堂教学内容中。教学内容的不断变化使教师的备课时间相对于其他专业课教师的备课时间要长，付出的精力要多，教师要随时关注国际国内时事。二是教学班级人数多，课堂教学组织难度大。这也为教师搞活课堂教学提出了更高的要求。由于高校思想政治理论教育工作相对于其他教育工作的复杂性，所以高校思想政治理论教育工作者在教学工作中付出的精力与时间相对较多。这样势必影响其科研工作，在一定程度上影响着高校思想政治教育工作者的竞争力，进而影响其职称的晋升以及待遇的提高。所以，要提高高校思想政治教育工作者的待遇与地位，可以设立专门针对高校思想政治教育工作者的工作评价以及职称评定体系。当前一些省市高校已经将辅导员职称评定工作与普通教师职称评定工作分离了出来，这对于稳定辅导员队伍、提高辅导员地位、调动辅导员工作积极性具有重要作用。但对于从事高校思想政治理论课教学的教师来说，在职称评聘上仍然与其他任课教师采取一样的标准。是否单列标准，不仅是个制度设计问题，也是人的心理问题。因为长期以来，很多人在心理上瞧不起思想政治教育工作者，认为他们是玩嘴皮子的，没有真本事。而真学、真懂、真信、真干的思想政治教育工作者，也不想贬低自己，不期望在职称评定以及职务晋升方面获得所谓的“照顾”，以致使人们更加看不起。所以，各种纠结困扰着思想政治教育队伍的稳定。

(三)建立和完善思想政治教育者工作业绩考核和评价制度

结合思想政治教育工作特点确定思想政治教育者工作业绩考核和评价内容。高校思想政治教育工作是培养和提高学生思想政治素养的工作。学生思想政治素养的提高，一要靠理论水平的提高，形成正确的理论认知；二要理论联系实际，将正确的理论认知转化为自觉的道德行为。所以注意思想政治教育工作业绩考核和评价的内容应注意以下几个方面：一是思想政治教育工作是理论教学与实践教学相结合的工作，所以既要考察教师的理论教学还要考察其实践教学。二是高校思想政治理论教育工作是理论传授与思想教育相结合的工作，所以对于思想政治教育者工作业绩的考核与评价既要注重教师对学生的理论传授，又要注重对学生的思想教育。三是学生的思想政治素养是一个不断提高的过程，所以还要注重对思想政治教育工作发展性的考察。四是思想政治教育工作是教育工作者运用教育理论对学生进行马克思主义教育、爱国主义教育、理想信念教育、道德教育，作为思想政治理论教育工作者既要做好具体的教学教育工作，也要不断提高自身的理论水平，所以对于思想政治教育者工作业绩的考核与评价内容除了要包括教育教学工作外，还要包括教育科研工作。

根据思想政治教育工作特点以及学校发展全局确定考核与评价侧重点。虽然上面对思想政治教育工作者业绩考核和评价的内容进行了列举与阐述，但这并不是说这些内容在对教育工作者的考核评价过程中的比例是相等的。应该在考核的过程中有所侧重。以教师的教学工作与科研工作来说，由于学生的思想教育工作是一项复杂而繁重的工作，这就在一定程度上决定了高校思想政治教育工作者工作内容的复杂性和繁重性。同时，从学生与教师的师生比来看，由于思想政治教育工作者承担着全校学生的思想政治教育任务，所以他们的教育教学任务也是比较重的。而且思想政治教育工作者，如高校思想政治理论课教师要想上好课，就必须花费比专业课教师更多的精力与时间。这会在一定程度上影响教师科研工作与教学工作的同时并举。但这并不是说思想政治教育工作者的科研能力不强，更不是否定科研工作的重要性。实际上，教育工作者科研能力的不断增强，有利于促进教育教学工作的开展，有利于教育工作者高屋建瓴地做好学生思想政治教育工作。同时由于教师个人特点的不同，有的教师的自身条件比较适合做教学工作，有的教师的自身素养比较适合做科研工作。有的教师在做教育教学工作的同时，科研工作也在不断发展，并在科研方面做出了突出的成绩。所以，在考核过程中应该对教师的工作进行有侧重点的考核。考核的侧重点，一是应考虑思想政治教育工作的特点，二是要考虑学校自身的定位，三是应结合教师自身的特点。

合理界定建立思想政治教育者工作业绩考核和评价制度的目的，注重从发展的角度设计思想政治教育者的工作业绩考核和评价制度。做好工作业绩的考核和评价工作对于进一步促进思想政治教育工作具有重要作用。当前关于教师工作业绩考核与评价问题的讨论比较多。从理论上来说，建立思想政治教育者工作业绩考核与评价制度是为了推动教师教学与科研水平。当教师为了应付考核与评价制度中所规定的量化指标的时候，教师的教学与科研水平真正能够提高吗？特别是有的学校制定的考核与评价制度使被评价者感到评过努力仍然很难达到价标准通，这时就需要重新思考考核与评价制度建立的目的，并从发展的视角来设计业绩考核和评价制度。

师德建设与制度建设双重力量推动高校思想政治教育工作的发展。教师工作业绩考核与评价从外部形成一种推力，但这种推动是否能够发挥作用，以及在多大程度上发挥作用，决定权在于教师自身。如果教师自身有强烈的提升自身的内在需要，那么外在推动力就会最大限度地发挥作用。所以在考核与评价制度的建立过程中，要注重思考如何调动教师不断提升自身素质的内在要求，

（四）建立高校思想政治教育长效工作机制

建立高校思想政治教育长效工作机制是由学校教育目的与学生思想道德发展特点所决定。首先，建立高校思想政治教育长效工作机制是由学校教育目的所决定的。我国高等学校的目标是培养德、智、体、美全面发展的社会主义事业的建设者、劳动者。其中德是人才的灵魂。其次，建立高校思想政治教育长效工作机制，是由学生思想发展特点所决定的。学生个人品德的发展具有长期性与

复杂性的特点。学生思想道德素质的提高是一个长期的过程，思想政治教育是一项长期的工作。这就决定了高校思想政治教育工作具有长期性的特点，要注重建立高校思想政治教育的长效工作机制。同时，学生个人品德形成与发展的过程是一个螺旋式发展的过程中，学生正确的道德认知、道德情感、道德行为在形成的过程中会出现反复或倒退的现象。这也决定了学生的思想政治教育工作具有长期性，学校需要建立思想政治教育长效工作机制。

建立高校思想政治教育长效工作机制，使高校思想政治教育工作体现时代性、规律性，富于创造性。体现时代性，主要是指高校思想政治教育内容、方式方法要体现时代特点。一定社会的文化是一定社会政治、经济的反映，随着社会的发展，国际国内文化的发展会在一定程度上影响学生的思想道德状况，高校思想政治教育应该根据社会思想文化发展以及不同时期学生的思想变化状况，确定思想政治教育内容与方式方法。把握规律性主要是指高校思想政治教育内容、方式方法要结合学生思想实际，符合学生思想发展规律。大学是学生思想政治素质发展的重要时期。学生思想道德水平与政治素养提高过程长期性的特点，决定了高校思想政治教育要注重整个大学阶段的长期性，建立符合学生思想政治发展规律的思想政治教育长效工作机制。富于创造性主要是指各高校要结合自身特点制定切合实际的高校思想政治教育工作内容、方式方法以及相关制度。当前我国高校按办学层次，教育性质，学科范围等方面分为不同的类别。如：按办学层次可分为“211 工程”院校、省属本科院校、高职（高专）院校三个层次；按教育性质可分为普通高等教育、成人高等教育、高教自学考试、电大开放教育、远程网络教育；按学科范围可分为综合类、理工类、师范类、农林类、政法类、医药类、财经类、民族类、语言类、艺术类、体育类、军事类等院校。不同类型学校学生的培养目标不同，学生的特点不同，学生的思想状况不同，思想政治教育内容、方式方法也应该有所不同。

总之，坚持以“两种身份”（教师身份和管理者身份）、“四种功能”（教育功能、管理功能、服务功能和科研功能）为目标，建设一支职业化、专业化的思想政治教育工作队伍，既是全球化时代条件下创新高校思想政治教育的重要载体，也是高校实施思想政治教育实效性的重要保证。

第五章　全球化时代高校思想政治教育管理体制创新

高校思想政治教育管理体制，既包括高校内部为实现思想政治教育的实效性而设置的组织机构和人员配备，也包括高校外部上下级的相互配合。从管理学角度来说，高校思想政治教育管理体制的创新就是要实现管理组织设置及人员搭配的合理高效，上下关系的协调一致，形成一种创新活动持续、高效运行的制度化、科学化的教育工作运行模式。高校思想政治教育管理体制创新研究对于促进高校思想政治教育创特色、出成效、上水平，对于提升高校思想政治教育工作的实效性和长效性，具有重要的理论和实践意义。

一、高校思想政治教育管理体制与机制

(一)高校思想政治教育管理体制与机制的内涵界定

体制和机制本来是管理学的一对概念范畴。人们通常认为，体制是指组织体系内的机构设置和权限划分，机制是指机构的具体实现和运作方式。体制和机制相互联系，不可分割。国外有时也使用"组织结构"(organizational structure)、"管理结构"(management structure)和"组织报告关系"(organizational reporting relationship)等词语来表达。在《辞海》中，体制是指"国家机关、企业、事业单位在机构设置、领导隶属关系和管理权限划分等方面的体系、制度、方法、形式等的总称"①。

机制一词，最早来源于希腊文。随着近代物理学和生物学的发展，西方的一些社会学家乃至社会主义者，开始运用有机体理论来分析社会。比如英国的斯

① 夏征农、陈至立主编：《辞海》(缩印本)，上海辞书出版社 1999 年版，第 274 页。

宾塞提出了"生物有机体论";法国的傅立叶把社会比喻成一个有机体,运用有机体理论和方法来研究社会,深入分析了社会有机体的内部结构和各组成部分的功能;早年的马克思也曾在其著作中把人类社会比作一个"活的机体"。因此,近代自然科学中的"机制"一词引入并推广到社会科学领域内就形成了我们今天常讲的人类社会中的各种运行机制,并且更加强调人的能动性与事物客观规律性的内在统一。

研究高校思想政治教育创新问题,自然需要搞清其管理体制与机制问题。那么,什么是思想政治教育机制呢?目前学术界关于思想政治教育机制内涵的界定有不同观点:有学者从思想政治教育过程机制角度解读思想政治教育机制的内涵,认为"思想政治教育过程机制,是指思想政治教育矛盾转化过程中,内在各要素的趋向教育目标的有效性联系"[①]。有的学者认为:"思想政治教育机制就是各个构成要素之间功能的耦合,它的功能的发挥依赖于各类要素功能之间按照一定方式有规律地运行的动态过程。"[②]有的学者认为:"思想政治教育机制是教育过程中的内在的工作方式和各个要素之间的相互联系方式,通过这种方式,才能将思想政治教育的目标逐步转化成思想政治教育主体的内在需要和动机,并使思想政治教育主体把这种动机转化为行为才能算是获得了良好的效果。"[③]还有学者认为,所谓的思想政治教育机制,就是"指规范的、稳定的,具有可操作性的、可考核性的一整套规章制度,是解决思想政治教育工作做什么、由谁来做、怎样做、做得怎样的问题,解决思想政治教育工作怎样运转、怎样监管、怎样考核和评估的问题"[④]。这种说法,目前得到比较多的学者的认同。

把思想政治教育机制引入思想政治教育学的研究,是为了揭示和再现思想政治教育复杂、生动的过程。因此,它的立论重点并不在于一般地分析思想政治教育系统,而是力图通过对思想政治教育系统动态运行过程的考察,对多因素、多变量的思想政治教育运动作一种整体的、动态的刻画,从而达到实现思想政治教育运行的最优化控制的目的。

众所周知,思想政治教育是一项复杂的系统工程,高校思想政治教育也不例外。它并不是单个思想政治教育者孤立地进行的,而是众多思想政治教育组织机构和人员的协作。从事高校思想政治教育的各级各类组织机构和人员,各自按照一定的分工向高校思想政治教育对象施加一定的影响,从而构成了高校思

① 陈秉公:《思想政治教育学原理》,高等教育出版社 2006 年版,第 162 页。

② 王欣:《新形势下高校思想政治教育机制创新研究》,山西大学硕士论文,2011 年。

③ 陈秉公:《思想政治教育学原理》,辽宁人民出版社 2001 年版,第 186 页。

④ 马奇柯:《思想政治教育机制的内涵研究》,《理论探讨》2006 年第 4 期。

想政治教育的总体过程。为了协调众多思想政治教育组织机构和人员的教育活动，使各方面的教育影响有机地结合起来，并形成一股合力；为了实现思想政治教育要素的最佳组合，充分有效地发挥各种要素的作用，从而达到既定的思想政治教育目标，就必须对高校思想政治教育实行有效的管理。因此，可以对高校思想政治教育管理的概念作出以下界定：高校思想政治教育管理是指高校党的组织系统，根据高校思想政治教育的目的，依据高校思想政治教育的客观要求和发展规律，通过借助科学管理手段，充分发挥决策、计划、组织、指导和控制等职能，有意识地调节高校思想政治教育系统内外各种关系和人力、财力、物力、时间和信息等各种资源，最大程度地实现高校思想政治教育效率的控制过程。[①] 从系统论的观点看，思想政治教育机制本身就是一个相对独立的多层级的操作系统，涵盖思想政治教育体系各部分、各层面以及思想政治教育运行过程各阶段、各节点之间的联系方式和操作机理。在这里，我们还需要从体制、机制和制度视角对思想政治教育管理体制做进一步阐释，因为“制度、体制和机制是三个既相区别又相联系的范畴”[②]。

首先，思想政治教育体制和思想政治教育机制既有关联又有差异。思想政治教育机制为思想政治教育体制服务，机制是贯彻落实体制的具体手段，通过机制运行来充分发挥体制的作用。体制的改变也会影响机制发生相应的变化，机制发生变化的同时也适应了体制发展的需要。思想政治教育机制与思想政治教育体制区别在于：机制更强调机体的组织结构相互作用和具体运行过程及方式，表现为动态性、具体实施性。而思想政治教育体制强调静态的制度和组织体系，是对具体结构关系、功能、制度的规范。因此，机制是以结构关系、功能及运行方式作为主要侧重点，而体制侧重的则是组织方式及相关制度规范。

其次，从思想政治教育机制与思想政治教育制度的关系来看，机制和制度具有一定的同构性。思想政治教育制度是指思想政治教育主体、客体必须遵守的规范和行为标准，它对思想政治教育起到规范、约束和调节的作用，保障思想政治教育活动的顺利实施。作为思想政治教育工作系统的重要组成部分，思想政治教育制度和思想政治教育机制都同时具有稳定性。体制和制度作为一种客观的外部力量对人们的思想政治活动都具有约束力和规范性。可以说，制度渗透、贯彻、保障并规范着机制的具体运行，制度在某种意义上起到规范、调节机制功能发挥的作用。

---

① 参见李拥军、张勇：《我国大学生思想政治教育领导体制的现状及优化思路》，《中国电力教育》2011 年第 28 期，第 157～158 页。

② 赵继伦、张铭轩：《社会管理制度、体制与机制创新的三维视域》，《新长征》2011 年第 1 期。

最后,思想政治教育机制与思想政治教育制度的差异性在于:一是机制更强调各要素之间的关系性和自身功能性,而制度更强调实体性和外部制约性;二是机制是动态的运行过程和运作方式,而制度是静态的行为规范和价值取向;三是机制是隐性化的,隐没在思想政治教育过程之中,体现了机体运行的客观规律,是按某种机理来运行的,而思想政治教育制度是显性的,在某种程度上是思想政治教育机制的表现形式。

总的来说,较之于制度,机制具有更多的灵活性、不确定性和可变性,从而更能在具体实践中体现思想政治教育的动态性和效用性。在一定意义上,机制又包含着制度,制度是机制的重要要素,为机制的有效运行服务。某些机制被证明是有效的、科学的并因此而被固定下来的时候,它们便获得了制度的意义,为生成新的制度提供参照依据。总之,无论是思想政治教育机制、体制还是制度,三者是有机结合,有着密切的联系。体制和制度都具体体现和落实到机制运行过程之中。体制具有决定性,决定机制的具体运行方式和制度的制定。机制的运行必须尊重事物及其内部要素、结构的机理,力争从思想政治教育的前提条件和客观基础来出发。制度在机制运行中具有辅助性、规范性和保障性功能,缺乏了制度的保障,机制运行就会出现问题,体制就难以落实到位。这也是我们探讨高校思想政治教育管理体制和机制创新的意义所在。

(二)高校思想政治教育管理体制和机制的构成要素

1. 管理主体

管理主体,即由谁进行管理的问题,指在管理实践中,具有一定管理能力,赋予相应的权利和责任,从事管理活动的组织或个人。

高校思想政治教育管理主体,主要由三层管理组织机构构成:一是高层管理机构,这是从宏观上对全校思想政治教育活动进行决策、领导的机构,包括校党委等部门;二是中层管理机构,这是在高层管理机构的领导下,根据自己的工作职能进行思想政治教育管理的机构,主要包括党委宣传部、组织部、共青团、学生处等部门;三是基层管理机构,它是在高层和中层管理机构的领导下直接进行思想政治教育管理的机构,其中包括各系党总支、学生工作办公室和团总支等。管理主体在思想政治教育过程中具有主导作用。

高校思想政治教育管理体制的主体,就是在高校思想政治教育工作中处于主导地位、担负着高校思想政治教育工作的设计、实施、检查、总结和重新组织新过程的领导者和组织者。高校思想政治教育创新机制的主体主要有两个方面:一个是进行高校思想政治教育工作的机构,比如高校思想政治理论课的教学研究部门、学生行政管理部门、学生后勤管理部门等;一个是从事高校思想政治教育工作的工作人员，主要有任课教师、从事学生管理的管理干部和行政人员等。这些机构和人员在高校思想政治教育工作中共同承担着教育任务、管理任务、协调任务和研究任务。高校思想政治教育各部门和各方面的工作人员在高校思想政治教育工作中，要积极承担起对学生进行思想政治教育的重任，共同支撑起思想政治教育工作全局。只有各部门以及全员树立全局意识、增强大局观念，才能在工作中取长补短、相互支持、相互促进，从而为中国特色社会主义现代化建设事业培养更多的建设者和接班人。

2. 管理客体

管理客体，即管理对象，表明管理什么的问题，指管理主体在管理过程中所预测、组织、领导、控制、协调的对象，它总是以系统方式存在。

高校思想政治教育管理客体，主要指思想政治教育的实践活动过程，包括思想政治教育的计划、决策、实施、监督、评估等环节。另外，由于思想政治教育活动要依据一定的原则、制度、模式，有众多的组织机构和相关人员参与。因此思想政治教育管理对象还包括思想政治教育管理体制的构建、思想政治教育管理制度的建设、思想政治教育管理队伍的建立和完善等内容。在管理活动中，思想政治教育管理对象是管理者实现管理目标的依托，是管理活动得以进行的前提。

3. 管理方式

管理方式，即如何进行管理的问题，指在管理过程中，管理主体为实现管理目标所采取的手段和措施。高校思想政治教育管理方式，主要包括行政手段、法律手段、教育手段、心理手段、经济手段等，这些方法互为补充。通过行政手段、法律手段，规范管理行为；通过经济手段，包括奖金、补助、鼓励等形式调动管理者的积极性，形成有效的竞争机制。在高校思想政治教育管理活动中，管理者需借助恰当的管理方式，管理才能达到事半功倍的效果。管理方式是管理活动得以落实的保障。

4. 管理结果

管理结果，即管理所要实现的最终目的及效果。任何管理活动都是在一定目的的指引下进行的，目的是人的行为所追求的效果在主观上的反映。高校思想政治教育管理结果，就是要保障思想政治教育活动的顺利进行，为学校创造良好的育人环境。通过思想政治教育活动，提高教育对象的思想政治素质，促进人的自由全面发展。管理结果集中体现于管理目标中，一切管理活动都是围绕目标而进行，管理结果是管理活动的核心。

（三）高校思想政治教育管理体制运行现状

我国高校思想政治教育制度发端于新中国成立初期。1952 年，教育部要求各高校建立政治工作制度，在学生中实行政治辅导员制度，并设立经常性的政治工作机构。各高校开始选拔品学兼优，又有一定组织能力的高年级学生担任政治辅导员，带领学生进行政治学习，组织党团活动，监督学习纪律，评定并发放人民助学金及国家补助补贴。随后高校开始设立一些专职辅导员岗位，一般每100名学生配备1名政治工作干部。历经多年的发展，目前大学生思想政治教育体制和机制有了长足的进步。从体制上来看，基本形成了党委领导下的三级管理模式，在学校层面由党委学生工作部统管；在院系层面，由党团总支负责；最基层有班级和支部的设置。从机制上来看，也积极探索了科学决策机制、目标管理机制、项目管理机制、有效动员机制、信息反馈机制、稳定预警机制等多种有效机制，不断促进思想政治教育有效性的提高。我国目前的大学生思想政治教育领导体制，基本上是20世纪80年代中期开始逐步形成并日渐成熟的。党的十一届三中全会以来，特别是1985年中共中央颁布《关于教育体制改革的决定》以来，高校思想政治教育工作者为了适应新的历史时期工作需要，理顺党政关系，克服政治、业务“两张皮”的弊端，加强和改进大学生思想政治教育工作，对于思想政治教育领导体制进行了积极有益的探索。归纳起来，主要有三种不同形式的大学生思想政治教育领导体制。这三种类型的思想政治教育领导体制在工作实践中，都发挥了各自的作用，但也各自存在若干问题，有待于不断改进和完善。

1. 党委领导思想政治教育，党委副书记主要负责

这种体制的工作机制是：高校党委是决策的中心，主管学生思想政治教育工作的党委副书记是主要的责任载体，全面领导学校思想政治教育工作。为了便于协调和加强领导，该副书记还同时分管党委宣传部、马列主义教研部和思想政治工作的研究机构。实行这种领导体制的高校，有的还成立党委学生工作部，将其作为主要的参谋机构，并联合组织部、宣传部、团委以及有关行政部门，处理各种不同的具体事务。系党总支是执行机构，其责任载体主要是党总支副书记，并经过系学生工作组的参谋协调，组织团总支书记、辅导员、班主任具体实施日常的思想政治教育工作。

党委副书记为主要责任载体的机制，其优点是：党委领导思想政治教育工作是我们党一贯的优良传统，有较大的权威性，比较合乎人们的心理习惯。党委可以号召党员、团员，在较大范围内扩展思想政治教育工作，及时处理各类紧急事件和复杂情况，形成强大的合力。这种体制的弊端是：容易造成党政不分、职责不清，出现以党代政、政轻党重的现象，致使行政系统功能萎缩。因为几乎所有与学生有关的事情都要通过党委学生工作部插手解决，从而增强了行政部门的依赖性，削弱了这些职能部门的作用和功能。这样也容易造成学生思想政治教育工作与教学实践脱节，使思想政治教育工作者只能说教，办不了实事，甚至会

使得他们的课堂教学都不被学生重视。另外这在客观上还会使学校行政领导很少从下级行政部门接受到关于学生思想政治教育方面的信息和要求，从而造成行政领导信息闭塞，思想政治教育观念淡薄，不利于学生的全面发展。

2.党委领导思想政治教育，副校长主要负责

思想政治教育工作的决策中心仍然是高校党委。但由于其主要责任载体是兼任党委负责人的副校长，因此他既能以党委常委的身份兼管党委宣传部、学生工作部、团委等部门，又能以副校长的身份兼管某些行政部门，如教务、后勤等，这在一定程度上可以将行政职能部门和各系行政力量很好地组织起来开展工作，体现了思想政治教育与行政管理工作的有机结合。

副校长为主要责任载体的体制，其优点是：它能够比较好地解决校一级的党政协调问题，加强了学校行政领导做学生思想政治教育的功能。行政职能部门能从培养人的根本任务出发，注重学生德智体全面发展，特别是与学生日常生活密切相关的总务部门的工作状况有了很大的改善，从而使得行政管理与思想政治教育较好地结合在一起。这种体制的弊端是：它没有从本质上加强思想政治教育工作，治标不治本，协调也仅仅体现在校一级，而系一级和班级的思想政治教育工作并没有得到加强，仍然不能很好地协调配合。

3.校长主管思想政治教育

在这种体制中，思想政治教育的主要责任载体是高校校长。在校长的领导下建立学生工作协调组，各系也相应成立学生工作协调小组，由系主任负责，直接受学校学生工作协调组的领导。年级取消政治辅导员，实行导师制。党委则从政治上、思想上和组织上进行监督，保证学校实现培养社会主义建设人才的任务。具体来说，形势政策教育和马克思主义理论教育由党委负责。教职工的思想政治教育由党政配合进行。其方式是校长领导下的副校长分工负责各自主管业务范围内的日常思想政治教育，党委则从加强思想工作的角度给予配合。

校长为主要责任载体的体制，其优点是：体现了校长对学生全面发展负责，把对学生的专业知识、科学技术的培养和思想政治教育的培养统一起来，把思想政治教育贯穿到学校教育的全过程。党政各部门都面向学生，使党委从事务性的工作中解脱出来，便于集中时间和精力研究解决学校思想政治教育的重大问题，有利于朝着党政工团齐抓共管学生工作的方向发展，从不同角度形成思想政治教育的合力。这种体制的弊端是：在实际工作中，实行校长负责制，党政职能部门的功能往往被削弱了，有的甚至出现严重流失。有的校长在学术上是专家，但对思想政治教育缺乏经验，同时由于平时行政事务繁杂，要全面负责有点力不从心，结果往往是党的领导被削弱了，思想政治工作实际也削弱了。

二、高校思想政治教育管理体制存在的主要问题

高校思想政治教育机制对于推动高校思想政治教育顺利展开、维护学校稳定和促进社会发展起着积极的作用，但是，随着时代的变化，也逐渐暴露出很多问题。主要表现为关系不顺，效率不高、覆盖不全、活力不足等。

（一）关系不顺

顺畅的关系是体制正常发挥作用的前提条件。高校思想政治教育涉及党与政的关系、教与学的关系、理论与实践的关系、内容与形式的关系、意识形态与科学研究的关系以及校内与校外的关系等，正确处理这些关系需要体制来调节。然而，这些关系并不是完全顺畅的。

在教与学的关系上，反映在教职工思想政治教育方面，表现为教与学的脱节。从教的角度看，教职工思想政治教育主要靠党的各级基层组织，但是高校党的基层思想政治工作往往缺乏对思想政治教育规律的把握、缺乏对党的知识和方针政策的科学研究和正确运用，内容上以传达上级精神为主，形式上以开会为主，手段上以讲话为主，方式上以“灌输”为主；从学的角度看，教职工多把接受思想政治教育视为例行公事、完成任务，不能真正解决问题，因此教与学无法真正对接，也就无法产生效果。反映在学生思想政治教育方面，表现为教与学在内容上的偏离。高校思想政治理论课教师大多没有比较丰富的社会实践经验，缺乏对社会感性的认识，对教学内容没有切实的理解，因此显得空洞无物，而大学生却是一个对社会高敏感的群体，少数学生对社会了解的深度、广度可能更胜于教师，他们对教师教授的内容可能持排斥态度，显然也无法达到良好的教育效果。

在党与政的关系上，高校内设机关部处、科研院所和二级教学单位的党政都有约定俗成的分工，即党务工作者主要从事教职工思想政治教育工作，而行政工作者则主要抓业务工作。从理论上讲，教职工思想政治工作和业务工作是无法截然分开的，因为业务工作本质上也是人的工作。但是党务工作者过多地干涉行政工作和行政领导不支持思想政治教育工作的情况却是屡见不鲜的，尤其是教学院系和科研所更是如此，这样就难以形成合力来开展和加强教职工的思想政治教育。

在校内与校外的关系上，一方面缺乏对一些不好的社会现象的防护机制，造成学生思想政治教育的尴尬；另一方面，又没有建立起有效利用校外思想政治教育资源的体系，使得大量的校外思想政治教育资源闲置。此外，作为校内外联结比较紧密的非正式员工的思想政治教育长期处于缺失状态，教育责任无法落实，

这成为影响高校思想政治教育建设的一大隐忧。

(二)效率不高

效率是影响一个系统或一个单位实际工作成效的关键,也是系统或单位内部组织状态与运行状态的表征。管理的一个重要功能是提高系统或单位的运行效能,这一般通过建立科学合理的体制来实现。就目前高校思想政治教育体制而言,还存在着效率不高的问题。

从教职工思想政治教育看,层次过多、环节复杂、相互推诿、敷衍塞责的现象时有发生。就教育的主体来看,上到学校党委及其职能部门,下到以教研室为单位建立的党支部,都直接担负着教职工思想政治教育的责任和使命。分层结构可以体现管理的层次感,但同时过多的层次也带来效率低下的问题:一方面,从思想政治教育的安排部署到具体组织实施,往往需要三个到四个层次逐级传达,很容易造成信息失真,组织实施可能不完全同步,同时由于教职工可以通过层级较少的部门率先获得相关信息,也容易抵消教职工对思想政治教育的热情;另一方面,一旦出现偏差,容易出现相互推诿的现象,很难找到问题的症结。

从学生思想政治教育看,教育资源的配置还不尽合理。从第一课堂显性教育来看,思想政治理论课具有很强的实践性特点,以短期社会实践的形式开展相对集中的教学活动无疑有助于增强教学实效,但是,严格的大纲、固定的教学形式不能提供教师个性化教学需要的实际情况,制约了第一课堂的教学效果;第二课堂的隐性教育是开展大学生思想政治教育的有效载体,但是第二课堂活动往往要经过严格的、程序复杂的审批,而且场地、设备等资源往往分驻于不同部门,彼此利益牵扯,协调难度很大,因此,第二课堂活动常常是低水平重复的活动,老师组织的愿望不强,学生参与的热情不高,活动的效果不好。

(三)覆盖不全

高校思想政治教育应该是涵盖校内所有师生员工的教育活动,思想政治教育体制也应对校内所有师生员工起作用。但是,目前高校思想政治教育体制却存在着重视学生、轻视教师、忽视校内非编制员工的倾向。

学生是思想政治教育的重点,对学生进行思想政治教育是高校发挥育人功能的客观要求,在师资队伍、教学内容、课时安排等方面都有强有力的保障。相对于学生而言,教职工的思想政治教育在内容上显得松散,在形式上更趋表面化,各单位普遍缺乏通过思想政治教育研究本单位实际问题并解决问题的有效途径,要么停留在上级精神的传达上,要么以业务活动冲淡思想政治教育,更有甚者以娱乐活动代替思想政治教育,思想政治教育很难与本部门的发展与解决职工的实际困难相结合。此外，对离退休教职工的思想政治教育亟待加强。离退休教职工对学校的发展起到了历史性作用，并影响着学校现实的发展，与学校关系非常紧密，但是离退休人员由于年龄较大、居住相对分散、生活圈子相对狭窄，因此在思想政治教育的组织、内容的取舍、形式的选择上存在较大困难，而在实际工作中我们往往把重点摆在离退休党员和特殊困难离退休人员上，普遍的、经常的思想政治教育活动很难开展开来。上级部门缺乏对教职工思想政治教育必要的指导和监督，一定程度上放任了偏散、偏软的现象。

从覆盖面来说，思想政治教育主要针对在职在册的教职工，而对于校内非编制职工却疏于教育。一是对合同工（主要是后勤）的思想政治教育。后勤合同工对学校基本教学生活秩序起着重要的保障作用，对他们的思想政治教育不可忽视，但由于这些人数量较大，素质相对较低，组织相对松散，事实上对他们的思想政治教育处于自然状态。二是对校内农民工的思想政治教育。近年来，为加快发展，各高校纷纷大兴土木，农民工成为校内的一个特殊群体，由于他们与学校不存在直接的管理与被管理关系，农民工中也没有普遍建立党的各级组织，所以农民工的思想政治教育处于学校和建筑公司两不管的真空状态。

（四）活力不足

体制持续发挥作用有赖于体制自身的活力。随着高校思想政治教育内外环境的变化，思想政治教育体制的活力逐渐下降，集中表现为无法充分调动和发挥思想政治教育实施者和接受者的积极性，思想政治教育的实效大打折扣。

从思想政治教育的实施者来看，随着改革开放的逐渐深入，一部分高校思想政治工作者不注意研究变化了的思想政治教育环境，对思想政治教育的重要性和必要性的认识产生怀疑，同时现实思想政治教育的效果不佳也使得他们对工作的成就感大大降低，部分理论工作者对思想政治教育事业缺乏责任感和使命感，在高校扩招的大背景下纷纷转投其他专业，造成了严重的人才流失；一些年轻的党务工作者不注意加强党的基本历史、基本理论和基本经验的学习，解决实际问题的能力还比较欠缺，群众威信不高，影响了工作的积极性。

从思想政治教育的接受者来看，一部分人认为思想政治教育具有较强的意识形态色彩，容易贴上政治标签，只要自己不与政治挂钩，就没有必要接受思想政治教育，因此敬而远之；一部分人认为思想政治教育内容空洞，形式单一，不切实际，无法解决现实问题，再加之一些社会负面现象的影响挥之不去，因此对思想政治教育采取消极抵制的态度。

思想政治教育体制存在的上述问题不利于思想政治教育工作的顺利开展，不利于培养社会主义事业的合格建设者和可靠接班人，不利于和谐校园、和谐社会建设。厘清目前高校思想政治教育体制面临的困境和问题,需要认真分析产生问题的原因。

三、高校思想政治教育体制现存主要问题的原因分析

透析导致思想政治教育体制出现的深层次原因,主要有:一是思想政治教育工作的责、权、利不明确;二是思想政治导、管、监制度落实不到位;三是纵向沟通不畅通;四是缺乏求真务实的创造精神。

(一)权、责、利不一致,积极性差

党中央国务院历来重视高校思想政治工作,把思想政治教育工作摆在重要位置,通过历届全国及各省市高校党建与思想政治工作会,不断加大思想政治教育工作力度。然而,作为高校思想政治工作的实施主体,高校思想政治教育工作队伍的积极性没能有效调动起来、发挥出来,主要原因在于责、权、利不一致。从责任上讲,思想政治工作者肩负培养和造就"合格"和"可靠"人才的光荣使命,可谓责任重大,大到确保社会和学校的安全稳定和谐,小到对师生的思想教育引导,都必须守土有责。在对学生日常事务上,更是事事关心,责任无限。在多元化趋势日益明显的现实环境中,老师和学生的行为出现偏差的概率增大,而一旦出现问题,往往归因于思想政治教育工作者。从权利和利益来看,在现行政策框架内,思想政治教育工作者对资源的配置能力、所获得的待遇与其承担的责任是极不相称的。思想政治理论课教师的地位没有得到应有的重视,他们的工作负荷大、职称评审难、参加社会实践和交流研讨的机会少;党务工作者开展教职工思想政治教育得不到行政的有效支持,尤其是可以使用的经费十分紧张,加之安全稳定这一道"紧箍咒",致使开展教育活动的形式单一,效果不佳;学生辅导员的工作更是"两眼一睁,忙到熄灯";"上面千条线,下面一根针"。思想政治教育工作的重大责任与思想政治工作者工作条件差、待遇低之间形成了鲜明的对比,不利于基层思想政治教育者工作积极性的发挥。

(二)导、管、监不到位,执行力差

高校思想政治教育工作是一项责任重大的系统工程。为有效实施这项工程,高校普遍采用"党委领导、党政工团齐抓共管"的工作思路,制定了系统的管理制度和规范。以学生思想政治教育为例,具体做法是由院系和学生工作部负责学生的日常思想政治教育工作,由思想政治理论课教师负责对学生的思想政治理论的传授以及道德法纪意识的提高,安保部门负责日常安全保卫工作,后勤

部门负责日常生活服务、公寓管理等。应该说这种网状管理模式是很严密和有序的，但是也很容易引发多头管理的弊端，造成“无人管理”“无人负责”的“真空地带”。

党委对高校思想政治教育负总责，党委的领导具体通过宣传部、学生工作部等党委职能部门来实现，主要形式是开会、发出通知等。但是，各单位是否贯彻落实、落实的效果如何，却少有相应的过程管理和监督，导致一部分基层单位思想政治教育变形走样，甚至流于形式。久而久之，群众对思想政治教育的重要性的认识就会淡化。这样，党对思想政治教育的领导实际上是没有到位的，因此必须加大管理和监督力度。

（三）纵向沟通不顺畅，实效性差

高校思想政治工作采用条块结合、网状结构的模式。应该说，这种模式能够合理调整和理顺学校与机关职能部门和二级院系的关系、机关职能部门与院系的关系以及院系与各教研室和班级的关系，从而增强思想政治教育的实效。但在实际工作中，由于沟通不畅，这种管理模式难以发挥应有的作用。

纵向沟通不畅主要表现在：思想政治教育工作实施主体上下级之间的沟通不畅。上级认为教育内容简单，易于掌握，甚至不需要沟通，其结果是下级可能对教育内容囫囵吞枣，在理解上产生偏差，在实施教育活动时照本宣科，不解决实际问题。二是思想政治教育主体与接受者之间沟通不畅。主要原因在于接受者对教育活动本身就抵触，不太关心自己是否掌握内容，也不需要思考这些内容会给自己带来什么思想影响。纵向沟通不畅使思想政治教育无法达到预期的效果，解决的办法是建立沟通平台，同时上级和施教者要主动与下级和接受者之间沟通。

（四）唯上唯书不唯实，创造力差

高校思想政治教育必须既体现按党和国家的意志对全体师生进行党的路线方针政策的宣传教育，又要结合各单位的实际，解决现实的具体问题。唯有如此，才能增强教育活动的吸引力，达到教育效果。但是，在思想教育工作中，施教者充当上级的“传声筒”，照本宣科，不解决实际问题甚至回避具体矛盾的情况却比比皆是。他们把同党中央国务院保持高度一致的政治要求，与照念照传上级精神、照抄照搬书本知识等同起来，与围绕本单位的发展创造性地解决实际问题对立起来，显然是很难解决问题、推动工作的。

思想政治教育工作者一定要弘扬求真务实精神、大兴求真务实之风，认真学习领会上级精神，认真研究本单位的实际特别是师生的思想状况、心理状况和行为特点，在上级精神和本单位实际的结合中找到思想政治教育的突破口和创新点，开展喜闻乐见、生动活泼、健康向上的思想政治教育活动，才能收到良好的教育效果。

四、优化高校思想政治教育管理体制对策探讨

（一）建立健全思想政治教育沟通回应体制

在思想政治教育过程中建立沟通回应体制，有利于沟通交流观点和看法，通过回应解决实际问题，既可以发挥教育者的主导作用，又可以发挥受教育者的主体作用。但传统思想政治教育在沟通上存在着平台不多、渠道不畅、手段落后以及沟通多回应少等不足，在回应时间上随意性大，在回应方式上简单模糊，因此必须创新思想政治教育的沟通回应体制。

建立思想政治教育的沟通回应体制，应注重以人为本，充分发挥被教育者的能动作用，通过耐心细致、充分尊重个人的沟通交流，不仅使双方建立一种和谐的人际关系，而且使思想政治教育工作更有针对性，交流渠道更加畅通，教育者回应力更加强烈，从而做到化解矛盾，理顺情绪，引导有力，未雨绸缪。

建立高校思想政治教育的沟通回应体制，应坚持平等原则，营造平等交往的氛围；坚持沟通方式的多样性原则，确保上下级和师生沟通渠道畅通；坚持以鼓励为主，引导受教育者克服心理障碍，帮助解决实际问题；充分利用信息网络技术，牢牢把握网络思想政治教育的主动权。

建立高校思想政治教育的沟通回应体制，要做好以下三个方面的工作：一是在制度上，首先要建立校领导联系院系、院系领导联系教研室、党员教师联系学生班级的制度，通过深入基层、深入学生班级，了解师生的思想状况，以收集信息，掌握情况，采取措施，对症下药；其次要建立值班领导“接待日”制度，尤其是校院两级领导要通过“接待日”了解师生个体需要或困惑，帮助他们疏导情绪，解决困难；再次要建立学生信息员制度，以班干部、入党积极分子为主体的信息员队伍，能够把一切情况通过正常的途径及时传送到思政工作部门。最后要建立信息反馈制度，通过联系制度和值班接待制度以及其他渠道收集到的问题，一定要按规定程序在最短的时间内及时处理，做到件件有着落，事事有回应，以取信于师生。二是在沟通渠道上，要特别重视发挥互联网络的作用。在思想政治文化的传播中，网络对人们的政治思想、政治情感、政治价值取向的影响很大，应提倡通过网络正面地交流思想、交换看法、传递信息、谋面对话，倡导在网络中相互学习、相互借鉴。要开通并维护好校园网 BBS 论坛，把 BBS 论坛作为师生思想

政治状况的风向标，定期研究论坛中反映集中、带倾向性的问题，判断思想政治工作形势；要利用好校长信箱、学生工作信箱等载体，确定专人负责来信的处理，每天根据师生提出的问题提交相关部门处理后，将处理意见及时在网上反馈给师生，并给予一定的教育引导；要建立网上交流视频，邀请校领导和职能部门相关领导定期或不定期地通过视频与师生面对面交流，讨论问题，提出解决方案或达成谅解等。三是在对象上，要特别加强对新职工、高学历职工、离异职工和离退休职工等的心理救助。通过开设心理课程、讲座等形式对教职工进行心理健康教育，帮助他们掌握基本的心理知识；通过心理咨询、开设心理热线等形式解决他们的心理问题；还可以通过建立心理宣泄室，让他们发泄心中的情绪，促进心理健康。

（二）建立健全思想政治教育的保障体制

在社会主义市场经济条件下，高校思想政治教育需要物质条件和制度条件的保证，才能正常运作。但是近年来，随着思想政治工作地位的逐渐弱化，专职思想政治工作队伍数量不足成为不争的事实，在经费投入方面相应地呈减少的趋势。与此相反，思想政治工作却面临更加复杂和繁重的任务，这与人财物保障的现状是严重背离的，因此必须建立健全思想政治教育人财物保障体制。

思想政治教育的保障体制是对思想政治教育起保障作用的诸要素相互作用、相互影响、相互制约的关联方式，是一个复杂的系统，包括专门的组织机构、专门的队伍机构、相关的规章与制度、必要的资金和装备以及相关的外部环境等方面的内容。建立思想政治教育的保障体制，是指通过提高思想政治教育的工作水平和整体素质，增加必要的经费投入，改善设施环境，从而更好地发挥思想政治教育的服务保证作用。

1. 建立健全思想政治教育的管理制度体系

加强和改进高校思想政治教育，就要建立健全与法律法规相协调、与高等教育全面发展相衔接、与大学生成长成才需要相适应的思想政治教育和管理的制度体系。中央明确规定，党委一把手要负起思想政治工作第一责任人的职责，进一步明确了党委书记是思想政治工作的主管领导和第一责任人，各级党委是思想政治工作的主管部门，负有直接的领导责任。再如《中共中央宣传部、教育部关于进一步加强高等学校思想政治理论课教师队伍建设的意见》（教社科[2008]5 号）中明确要求：“进一步完善《普通高等学校本科教学水平评估方案（试行）》，把思想政治理论课建设作为高等学校教学水平评估体系的重要组成部分，列为二级指标，加大其权重和显示度。凡思想政治理论课教学达不到基本要求的，该校教学水平测试不能评为优秀等级。”这些规定为高校思想政治教育提供了强有力的保障。要探索和建立强化领导和管理的具体制度，如党政联席会议制度、党群工作协调会制度、干部思想动态分析制度、领导干部联系点制度等，都是有益的探索。要充分调动各方面的积极性，齐抓共管，形成合力。要逐步制定出与新时期思想政治工作相适应的法律和规章制度，使思想政治工作能依法、有序地进行，实现由人治型向法治型、由经验型向科学化的转变。加强思想政治工作的法制建设，使思想政治工作做到规范化、制度化，保证工作体系各责任单元都能各司其职，协调配合。同时也要使思想政治工作依法行事，靠制度运作，真正做到不为个人的主观意志所左右。

2.建立人才培养提高体制

首先，建立思想政治教育者任职资格准入制度。这是思想政治教育工作专业化发展的基本条件。《中共中央宣传部、教育部关于进一步加强高等学校思想政治理论课教师队伍建设的意见》中明确规定："新任教师原则上应是中国共产党党员，具备相关专业硕士以上学位，工作期间应兼职从事班主任或辅导员工作。在事关政治原则、政治立场和政治方向问题上不能与党中央保持一致的，不得从事思想政治理论课教学。"辅导员队伍建设也要按照"高进，厚待，严管，优出"的原则制定从业标准。其次，科学设置思想政治教育工作岗位，并保障较高素质人员的加入，以免造成人多效率低的现象。再次，提高思想政治工作队伍的整体素质。对于政工干部，当务之急是要加强理论武装，使之逐渐朝专业化、专家化方向发展。由于目前大量的专职思想政治工作者出身非思想政治教育专业，工作方式经验化，已经越来越不适应变化日益复杂的工作需要，因此很有必要对政工干部进行定期培训，为他们提高专业知识创造条件。对于思想政治理论课教师，要通过实践研讨、理论学习、鼓励考研攻博等形式加强理论研究和理论提升，同时要把理论武装和实践工作有机结合起来，安排思想政治理论课教师担任兼职辅导员或其他思想政治工作。最后，要努力创造良好的政策环境、工作环境和生活环境，使思想政治教育者工作有条件、干事有平台、发展有空间，真正做到政策留人、事业留人、感情留人。

3.建立经费投入保障体制

首先，要探索和完善符合实际的投入机制，保证思想政治工作和基础设施有足够的资金来源。思想政治教育不是营利的事业，不可能也不能搞什么创收。但是在市场经济条件下，它的运作程序也必须在市场经济的规则下进行。教育行政部门要明确设立高校思想政治教育工作方面的投入科目，确定合理的投入额度，列入预算，按时调拨。在高校，如何保证高校思想政治教育活动的正常经费，如何保证社会实践的必要经费，如何保证聘请专家学者参与教育活动的经费，如何确保从事思想政治教育专职人员待遇不低于专业教师待遇的经费等，都是思想政治教育必不可少的、应该确保的经费。事实证明，凡是思想政治教育工作搞得有声有色、效果好的单位，必然有工作所需经费的足额投入。反之，没有工作所需经费足额投入的单位的思想政治教育工作，尽管工作者费了九牛二虎之力，也只能获得一般效果。其次，要对思想政治教育工作进行经费独立预算。目前的经费预算以人事结合为基础，以切块包干使用为原则，由于思想政治工作难以量化，因此相应的经费难以得到有效保障，有时甚至出现无经费的现象。再次，要建立单独的账户保障经费投入和运转。由于现行的思想政治教育工作条块分割，经费投入也是首先拨付给各相关职能部门，再拨付到各院系，最后落实到师生。这种层层拨付，中间环节较多，难免有拖欠或者克扣现象，从而影响工作的顺利或者有效开展。应在学校设立思想政治教育工作者的专项账户，减少中间环节，并及时拨付，保证正常运转。最后，要建立经费使用的监督机制，确保思想政治教育经费专款专用。

4. 优化和改善高校思想政治教育工作的物质条件

学校要为开展高校思想政治教育活动提供必要的场地和设备，不断改善活动场所创造条件，优化工作手段。思想政治教育工作部门的活动场所，大学生心理咨询的场所，学生群体活动的场所，必要的计算机和多媒体设备；必要的专题图书，交通工具，都需要不断得到改善和优化，才能取得更好的工作效果。

（三）建立思想政治教育风险预警体制

随着改革开放的不断深入，中国社会已经进入发展最快、变化最深刻的历史时期，社会开始发生急剧的转型，人们的思想观念、精神追求、价值取向等多方面也随之受到很大的冲击，社会进入问题的多发期、矛盾的凸显期，面临各种各样的风险和考验。亨廷顿认为，一个高度传统化的社会和一个已经实现了现代化的社会，其社会运行是稳定而有序的，而一个处在社会急剧变动、社会体制转轨的现代化之中的社会，往往充满着各种社会冲突和动荡。根据中国学者的研究讨论，在中国体制转型和现代化过程中，中国社会所面临的风险是叠加的。

就高校而言，作为高知识群体聚集的场所，广大师生对社会风险具有天然的敏感性，并通过他们的政治倾向和思想行为体现出来。高校思想政治工作者无疑是中国社会风险最敏感的一个群体，思想政治工作无疑是防范社会风险的前沿。建立预警体制是学校思想政治工作的重要组成部分，是维系学校正常的教学秩序、促进校园和谐的重要防线。

建立高校思想政治教育风险预警体制，其目的是针对广大师生在工作、学习、生活中可能出现的危害校园及社会稳定与安全事件保持警觉，从而加以防范，使之在事情发生前就拉响警报，并及时应对。

建立反应灵敏的思想政治教育预警体制，需要做到以下几个方面。一是对社会问题和社会矛盾要充分了解，认真研究，及时沟通。一旦发生导致社会风险的重大事件，应立即组织专家分析事件对师生员工可能产生的影响，通过党政工团组织及时向广大师生沟通事件真相，传达相关部门的应对措施，努力在第一时间让师生释放情绪，统一思想，回归理性，有效避免社会事件影响学校的稳定和谐。二是重点防控。要针对不同的群体防控重点领域。针对学生，重点防控的领域主要是因恋爱、心理问题产生的杀人、毁容、自杀等极端事件，因一般纠纷引发的打架斗殴，因政治问题引发的游行示威、静坐等事件，因学习、竞争等方面引发的矛盾而出现的报复行为等。针对教职工，重点防控的主要是关系到切身利益的领域，如岗位设置、工资改革、住房调整、工作调动、政策落实等，重点人群主要是家庭经济困难职工、离退休职工和校内农民工等。不同群体的矛盾和问题的表现方式不同，因此要提出有针对性的预案，把防与控紧密结合起来。三是建立反应灵敏的应对突发性矛盾和事件的信息情报网络。学校各部门、各级领导和教师都要有高度的责任感和协作精神，要细心观察，发现有可能引起纠纷和突发性事件的苗头要及时通报给有关部门和相关人员，切忌掉以轻心。要做到信息畅通，一旦得到信息，相关部门要及时采取有效措施加以疏导、沟通，将问题和矛盾及时处理，解决在萌芽状态。

（四）建立健全思想政治教育督导评估体制

为了提高思想政治教育的实际效果，在实践中要不断对思想政治教育的实际效果进行测评或评价。这种测评或评价，既包含对教育过程的评价，也包含对教育效果的评价。对教育过程的评价，以督导为主；而对结果的评价，则以评估为主。通过督导评估，可以使我们认识到教育实效的现状，影响实效的因素，有利于促进高校落实上级关于高校思想政治教育的相关政策措施，有利于进一步加强和改进高校思想政治工作。但是，传统的思想政治教育督导评估以检查验收为主要方式，以量表式的层层指标核对打分为基本方法，重视结果而忽视过程，重视“死”指标而忽视“活”现实，存在着评价指标不尽科学、评价工作繁杂、工作的开展不系统、评价结果不全面以及缺乏有效的质量信息反馈等不足，因此需要建立健全高校思想政治教育督导评估体制。

建立健全思想政治教育督导评估体制，要进一步完善督导评估队伍。目前的督导评估机制通常是三年一评，评估主体是学校的上级主管部门，这种状况容易造成学校平常不重视，到了评估前夕搞举校突击，全体动员应付，评估结束后又恢复到从前，如此周而复始，很多问题久拖不决。因此，应该建立学校内部相应的督导评估队伍，对思想政治教育进行经常性的自查自纠。

建立健全思想政治教育督导评估体制，要更加注重对教育过程的督导。督导评估的最终目标是提高受教育者的思想政治素质，而思想政治素质提高的过程与接受思想政治教育的过程往往是一致的，因此注重过程督导有助于发现教育中存在的问题并予以改进，从而提升思想政治教育的效果。一是要将评估与督导做适当分离，把经常性过程督导与三年一度的结果评估结合起来；二是在工作方式上以督导为主，在内容上以思想政治教育相关政策措施是否落实、面上的工作是否到位为主；三是在形式上以调查研究为主，帮助学校发现思想政治教育中存在的问题，提出意见或建议。

建立健全思想政治教育督导评估体制，要十分注意信息反馈。对思想政治教育的督导评估，一种普遍的心态是重视结果，以过关为底线，把结果当做目的。究其原因，是不重视信息的反馈及处理。因此，要建立督导评估信息反馈制度。首先，主管部门在督导评估完成后应当有翔实的书面督导评估报告，指出受评单位主要成绩和具体不足，并提出建议；其次，受评单位应在规定时间内将改进情况反馈给主管部门，同时接受检查，使整个督导评估工作在信息互动中取得实效。

建立健全思想政治教育督导评估体制，特别要体现针对性。督导评估不是把各个学校的思想政治教育模式化，搞千校一面，而是要解决问题，推动工作，因此要根据各个学校的具体情况有针对性地督导评估。一是要关注重点领域，特别是要考察人财物等保障资源是否足额到位；二是要针对上次督导评估中发现的问题重点检查，体现督导评估的动态性；三是要因校制宜。要根据学校的具体情况得出结论，不同学校层次不一样、历史有长短、发展阶段有差异，因此不能用一个标准去衡量。此外，督导评估中还要鼓励创新，在评估指标的设计上既要体现共性，还要更多地反映各个学校在思想政治教育中的个性。

(五)建立健全思想政治教育激励体制

建立健全科学的督导评估体制，对思想政治教育工作的业绩进行全面、及时、科学的考核，必须建立配套的激励制度，以充分调动思想政治教育工作者的积极性。以往的思想政治教育工作的激励体制，往往只侧重精神方面而忽视了物质方面，甚至有时只重结果而不重过程，只重视用“先进性”要求思想政治教育工作者多做贡献，却对思想政治教育工作不予重视，在很大程度上抑制了思想政治教育工作者的积极性和创造性。因此需要建立思想政治教育激励体制。

建立思想政治教育激励体制，就是要综合运用精神和物质的奖惩手段，达到鼓励、调动人工作的积极性和创造性的目的。首先是目标激励。明确思想政治教育工作队伍建设的短期目标和长期目标，要把思想政治教育工作者队伍建设纳入教育事业发展和人才队伍建设的总体规划,加强领导,统筹安排。要为思想政治教育工作者制定生涯规划,把个人发展与队伍发展结合起来,把个人进步与事业发展融合起来,从而形成工作动力。其次是角色激励。思想政治教育工作者是高等学校师生日常思想政治工作的组织者、实施者和指导者。要努力让思想政治教育工作者了解自己作为教育角色在社会中的地位、作用和责任,了解社会和学校对思想政治教育工作者角色的要求,形成思想政治教育工作者的角色意识,增强思想政治教育工作者的责任感和使命感。再次是典型激励。《中共中央宣传部、教育部关于进一步加强高等学校思想政治理论课教师队伍建设的意见》指出,要完善教师表彰奖励机制。在教育系统各类教师表彰体系中,要对思想政治理论课教师的评比确定相应比例,进行统一表彰,增强教师的责任感和荣誉感。要及时发现、树立思想政治理论课教师先进典型,加大宣传、推广力度,用这些典型的模拟事迹来激励思想政治教育工作者,使他们学有方向,赶有目标。最后是物质激励和精神激励相结合。要完善思想政治教育工作者的薪酬制度、专业技术职务评聘制度、培养发展制度等一系列与思想政治教育工作者自身发展密切相关的工作机制。在职称评审上,要完善思想政治工作队伍的专业技术职务系列,实行归口评定职称;在津贴评定上,针对这支队伍工作的特殊性,单独制定评定标准,适当提高待遇;要创造条件适时安排思想政治教育工作者通过脱产或半脱产进修、名师指导、国内外学术交流等形式到重点高等学校进修深造,鼓励支持他们提升学位学历层次,使思想政治教育工作真正成为受人尊重、令人羡慕的崇高职业,从而调动这支队伍的工作积极性,保持队伍的相对稳定性。

五、优化高校思想政治教育领导体制的思考

现行的不同形式的大学生思想政治教育的领导体制,在实际工作中都出现了或多或少的弊病,不是很符合时代发展的要求。为了克服体制的各种弊端,更好地做好大学生思想政治教育工作,必须理顺党政关系,对大学生思想政治教育工作的领导体制进行必要的改革。要建立起来的这个体制,必须充分体现"党政和行政配合、教育和管理融合、学校和基层整合、专职和兼职结合"的四合原则。

(一)党委统一领导,党政齐抓共管

要加强和改进大学生思想政治教育工作,首先必须要在领导体制上保证党的政治领导的核心地位。党委的统一领导可以保证大学生思想政治教育工作正确的政治方向,可以充分发挥党建工作在大学生思想政治教育中的核心作用,可以整合校内外思想政治工作的优势资源,从战略的高度上确保大学生思想政治

教育在高校教育中的重要地位。因此中央决定，今后一个相当长时期内，除少数实行校长负责制效果比较好的院校可继续试行外，不再扩大校长负责制的试点，一般都实行党委领导下的校长负责制。党委要在宏观上把握大学生思想政治教育工作的方向，制定长期目标和发展规划，并使之与学校总体发展的目标结合起来。校长要对大学生德智体美全面发展负责。学校行政班子在制定学校发展规划时，要本着“以学生为本”的态度在硬件设施和管理服务软件建设方面为学生的成长成才创造尽可能好的条件。要把学生的思想政治教育与教学、科研、后勤服务工作结合起来，在各级行政工作中贯穿学生思想政治教育的思路和要求，列入考核内容。党委分管学生工作的副书记负责学生思想政治教育长期目标和规划的具体实施，使之分解到各年度和其分管的学工部门的工作中。

(二)学工部门主导实施，全校紧密配合

学工部门，包括共青团、学生会和研究生会等组织，是在党委领导下的联系广大师生员工的桥梁和纽带，也是党组织开展思想政治教育工作的重要依靠力量，是贯彻和落实学校党委有关精神的具体实施者。学工部主要负责开展学生党建、主题教育、班级组织和辅导员队伍建设等工作。为了防止教育和管理脱节的现象，学工部必须充分发挥自己的职能作用。从一些高校的实践看，把学生的奖学金、助学金管理以及生活园区管理纳入到学工部的工作内容中，不失为一种成功的尝试。也有些高校的学工部掌握了学籍管理、招生就业、国际交流等资源。总的原则是适度掌握、合理运用，把这些资源转变成为有效的激励和约束机制。团委的主要职责是组织推优、青年骨干培养、团学组织和社团建设、“第二课堂”与社会实践、校园文化建设等，团委的活动是学工部门中最具活力的部分，也是大学生思想政治教育的重要组成部分。部分高校还尝试将与学生服务和全面素质培养有关的公共部门从原来的行政序列中剥离出来，单独合并为“学生服务联合体”(如勤工助学中心、就业指导中心、学生活动中心等)，由党委副书记分管，以便于更好地为同学提供服务。

但学工部门的工作也应该是有侧重点的。如在党建工作方面，其主要精力应放在党员的教育以及如何在学生工作中发挥党员的先锋模范作用，同时配合好组织部门的入党积极分子培养、党员发展和考核工作，体现党建工作在学生工作中的核心地位；在政治课教育方面，学工部门要及时搜集学生思想动态，反馈给社科部门，并与其一起制定思想政治理论课改革的方案，同时鼓励学生辅导员承担思想政治理论课任务；在教师教书育人方面，学工部门应提出对教师在各项工作中的品行规范要求，组织学生进行监督和考核，考核结果将作为人事部门和教务部门考核与选聘教师的重要参考依据；在学生管理方面，学工部门要参与招生、学籍管理等工作，向教务部门提出有利于学生工作的相关建议；在生活服务和后勤保障方面，学工部门要发挥学生参与管理的主观能动性，组织学生监督后勤部门的工作，为学校发展献计献策；在学生生活园区的建设上，可以采取与后勤部门驻点合署办公的方式，促进大学生思想政治教育的顺利开展。

(三)优化二级管理，强化三级运作

大学生思想政治教育领导体制的落实关键在基层。要建立学校党委牵头负责、学生工作职能部门提供支撑、院系具体落实的“三级管理”的运作体系。院系的学生工作也应该由院系分党委(党总支)负总责，党政齐抓共管，其他部门全力配合学工部门的工作。院系由分管副书记主抓学生工作，副书记的分管范围应该尽量根据学生工作的需要设定。

随着学分制的实施和学校办学条件的变化，学生工作基层运作体系建设上遇到的最核心问题是“第三级”落在哪里的问题。在这一点上必须要有一种富于前瞻性的思考和实践。针对学分制的实行和学生入住生活园区的特点，可以积极推行以楼为单位的管理建制，按楼配备住楼辅导员，按楼建立学生党团组织。当然，这样做的前提是院系相对集中居住。如果院系学生混居，学工部门则必须进行集中管理。“第三级”的落实还得注意到不同专业的特点，寻找相对固定的群体活动场所作为基本阵地。另外，要充分发挥党团组织在新型学生组织、园区、社团、社会实践等流动群体和网络虚拟群体中的渗透，以党的工作小组的方式，占领流动阵地。

(四)专兼队伍结合，促进学生自我教育

为了确保大学生思想政治教育领导体制的顺利运作，就必须要有一支具备高凝聚力和强战斗力的学生工作队伍。新时期的学生工作要求队伍的成员具有全面过硬的素质，既要有敏锐的政治洞察力、大局意识和组织管理才能，又要能耐心细致地做好学生的思想政治教育和心理辅导工作，还要具备渊博的知识基础、比较专业的学术背景和较为丰富的人生阅历。因此在队伍成员的构成上，必须重视老中青相结合，重视专职和兼职相结合。要充分发挥离退休老同志和校外辅导员在学生工作中的辅助作用，使他们成为学生的良师益友；充分发挥专业教师在学生工作中的重要作用，鼓励更多的专业教师担任德育导师；充分鼓励高年级学生和研究生参与学生思想政治教育。

加强对辅导员的管理，并做好辅导员工作的硬件条件保障，确保辅导员工作能获得学习锻炼的机会。要大力加强辅导员队伍的思想政治教育，通过举办辅导员论坛、评选优秀辅导员、建设辅导员培养基地、进行辅导员任职资格认证等

方式，全面提升辅导员的职业素质，为大学生思想政治工作提供强有力的人才保证。

充分发挥学生“四自”队伍的作用，实现学生的自我教育。“四自”是指学生的“自我教育、自我管理、自我服务、自我约束”。学生“四自”队伍的建立，前提是充分认同学生在思想政治教育中的主体地位，充分尊重学生的主体意识和成才成长需求，从而通过充分挖掘学生内在的潜力和积极性，让学生在互动和实践中进一步深化对理论宣讲和道德教育的认同，从个人综合素质发展的角度自觉地接受思想政治教育。学生“四自”队伍包括学生党员队伍、团学干部队伍、社团骨干队伍、园区自我管理队伍、研究生“三助”队伍、学生工作“双肩挑”队伍等。有效地发挥这些队伍在大学生思想政治教育工作中的核心作用，带动全局，对于大学生思想政治教育具有非常重要的意义。

附件　来自学生的报告

高等教育的核心是把青年学生培养成社会主义现代化建设所需的创新型、综合型的高素质人才，其目的是“使人成为人”。人是教育的核心，也是教育的目的。而思想政治教育的目的就是构筑人的精神支柱，发掘人的创造潜能，培养学生敏锐的思想政治意识和创造力、判断力、亲和力及独立人格。从这个意义上说，思想政治教育的主体是受教育者，而非教育的实施者，所以学生是主体。创新高校思想政治教育，必须坚持“以学生为本”，既要重视学生的个体需要，又要突出实现学生的全面发展。

个性发展是大学生全面发展的前提和基础。实现学生的个性发展就是要依照学生的个性特质，充分调动其自身的主动性、积极性和创造性，不断发掘他们的自身潜力，促使其不断进步与成长。实际上，当学生在充分而自由地发展个性时，由于其积极性和主动性得到了调动和发挥，其创新能力、竞争能力、合作能力等综合能力就会自觉不自觉地得以提高，进而推进实现学生的全面发展。很大程度上讲，学生的全面发展既是一个理想目标，更是一个实践过程。在这个实践过程中，学生的主体性、主动性、创造性不断得以体验，从而推动学生全面发展的实现。

正是本着这个原则，我们在从理论上研究探讨高校思想政治教育创新的同时，更注重引导学生在实践上的参与，以达“知行合一”之目的。在此，特摘颉了如下十篇来自学生的报告，既是学生参与思想政治教育教学实践活动的展示，也是作为推动高校思想政治教育创新研究的尝试和探索，以飨读者。

我看高校思想政治教育

高校思想政治教育是帮助大学生形成积极的世界观、人生观、价值观的主渠道，有利于促进青年学生政治社会化，为国家培养合格的社会主义接班人。面对新时期大学生对于思想政治教育的冷漠以及在“三观”上的迷茫，作为一名即将毕业的大四学生，我想从思想政治理论课（以下简称“思政课”）教师的教育教学、党团组织、团委学生处、心理咨询等部门的工作思路与效果四个方面对目前高校思想政治教育的运行谈几点粗浅看法。

（一）思想政治理论课教育教学观感

目前高校开设的“思政课”是对大学生进行思想政治教育的主渠道，丰富的教学内容和良好的教学方法可以使大学生通过学习课程提升自己的政治素养和政治参与意识，形成正确的“三观”，成为社会主义现代化的积极行动者。但事实上，目前高校“思政课”面临学生积极性低、重视程度不强等挑战，教师的教育方法成为直接影响学生出勤率、上课积极性、听课质量的关键。作为一名即将毕业的大学生，在学习了全部“思政课”之后，有着如下感受，并且不吐不快。

1. 学习《马克思主义基本原理概论》课的得与缺

马克思主义基本原理作为大学生刚入学就接触的“思政课”之一，对大学生世界观的形成具有重要的牵引作用。马克思主义基本原理包括马克思主义哲学、政治经济学、科学社会主义三部分内容。讲述这门课的老师，善于将抽象难理解的哲学部分与现实的生活事例联系起来。例如，在讲客观规律性与主观能动性的辩证关系原理时，老师结合了汶川地震的震撼事例，告诉我们自然灾害的发生有其自身的规律性，不以人的意志为转移，不能被改造和消除。而人们可以通过加强防震教育、完善抗震措施来减少损失，甚至可以观察自然灾害的规律性，利用规律，找出为人类所用的方法。通过这种形象生动的事例，可以让学生们更好地理解“高深莫测”的哲学原理，使枯燥乏味的知识更好地贴近学生、贴近生活，同时也让学生们了解时政、了解社会，更加关心国家大事，促进其政治社会化。此外，马克思主义哲学中的矛盾论，讲述了“一分为二”的看问题，坚持“两点论”和“重点论”相统一的方法论问题。授课老师教导学生们今后遇到问题时可以运用辩证法，更加成熟、客观地看待事物，有利于形成更为科学的“三观”。例如，学生们在大一都会面临是否加入学生会的问题，原本迷茫的学生可以运用辩证法，联系自身能力和需求，考虑未来发展方向，在纸上列出利弊之处，权衡之后清楚地作出决定，减少烦恼也能节省时间。同样，当大学生在面临选择时，如考研与否、升学还是就业、是否入党等一系列问题时，都可以运用辩证法进行解决。

《马克思主义基本原理概论》授课老师将书中枯燥的理论运用到活生生的现实中，帮助学生解决实际问题，有利于提高学生学习“思政课”的积极性，让政治理论“活”了起来，更加贴近实际。但这门课程的讲授也存在不足和缺憾。授课老师在讲授过程中过于强调马克思主义的哲学原理，而忽视了晦涩难懂的政治经济学内容，以及占据重要地位的科学社会主义原理。马克思主义的两大发现分别是剩余价值学说和唯物史观，而剩余价值学说揭示了资本主义必然灭亡社会主义必然胜利的根源问题，如果忽略政治经济学部分，马克思主义基本理论就少了论据支撑，变得虚幻空洞。而学习科学社会主义可以从历史脉络了解马克思主义，结合所处时代体会马克思所创理论，通过列宁领导十月革命胜利、社会主义一国到多国的发展、无产阶级专政和社会主义民主等理论联系实际的讲述，可以让学生们用发展的眼光看待马克思主义理论，更好地理解马克思主义的最高纲领与最低纲领的关系，明白社会主义社会任务的艰巨性，从内心增强参与政治社会的责任感，为社会主义现代化建设贡献自己的力量。

2.《毛泽东思想和中国特色社会主义理论体系概论》课教师水平参差不齐

对于大学生来说，学习和了解党的理论和历史是极为必要的。讲授这门课程的老师是一位研究党史多年的教师，他擅长在讲具体章节前给我们讲一段那个时期的小故事，这种史料结合的方式不仅有利于学生们理解理论，而且让课堂充满了趣味性。在学习新民主主义革命理论时，老师讲述了党在战争过程中的艰苦，在敌军包围的情况下，那个时期的党员们养成了勤俭节约的好习惯。这些故事有助于学生树立正确的价值观，改正以前铺张浪费的坏习惯。学习这门课，有个核心人物——毛泽东是需要教师重点讲述的。有的老师通过个人从教多年的经验，从政治、军事、文学、战略、革命、书法等多个角度向学生们展现了伟大领袖毛泽东的形象，同时也讲述了毛主席小时候肯吃苦的故事。通过名人传记影响学生们树立积极向上的人生观，达到思想政治理论课的教学目的。

但遗憾的是有些专业水平不够高的行政人员进行授课，以致使不同程度地出现了教师“读课”和学生“逃课”的现象。师资队伍的水平直接影响了学生的学习兴趣和教学效果。学校应该选用专业知识深厚，对源远流长的中共党史有自己认知的教师进行讲授，建设一支对毛泽东思想和中国特色社会主义理论善学、善教、善用的教师队伍。

3.《思想道德修养与法律基础》课对优秀传统文化的解读印象深刻

道德和法律是大学生作为一名社会人必要的个人修养和行为规范。这门课程如果光谈理想信念、爱国主义、人生价值、道德传承、法律精神这些条条框框的内容，会让学生们产生一种距离感，觉得思想政治理论课只是在讲所谓的“大道理”,已经作为大学生的我们根本没必要再听这些。讲述这门课程的教师热心于传统文化的弘扬,经常把道德修养与先秦儒家的道德贯穿起来讲。在课程中贯彻十八大强调的“弘扬中华传统文化,建设文化强国”理念,以此提升学生们的道德修养。儒家文化中的仁、义、礼、智、信就是民族精神的体现,让学生们从古人的思想道德中体会书本中的含义,补充了相关的学科背景,让所学知识变得更为立体、生动。记得老师花费了很长时间让我们理解和记忆《大学》,以至于学生们都可以信手拈来地背诵一段。“大学之道,在明明德,在亲民,在止于至善”,这是教材中大学使命、人生价值的最好范本,也是作为思想政治理论课教学的重要参考材料。

学习这门课程有利于学生们树立健康的“三观”,不仅实现思想政治理论课“教书”的功能,还能达到“育人”的功能。让学生们懂得“物格而后知至,知至而后意诚,意诚而后心正,心正而后身修,身修而后家齐,家齐而后国治,国治而后天下平”的道理,明白要关心国家大事,并且从我做起参与社会活动。

4.《中国近现代史纲要》课不宜文理合堂

文科生在高中阶段就学习过相关的历史知识,因此面对中国近代以来的百年历史知识并不会感到陌生。但我们学习这门课程则是文理科合堂讲授的,授课老师很认真地把每章节的知识点制作成一个个幻灯片逐一放映,不仅把知识变成小故事串联起来,而且用心搜集相关历史图片、纪录影片,更为直观、生动地讲授知识,让文科学生可以将高中学到的历史知识回忆起来,并且增强了知识的延展性。

理科学生由于在高中时期没有过多接触相关知识,跟文科生一起上课会存在跟不上的现象,甚至导致厌学、缺课等问题。教师的教育方法直接影响学生们上课的积极性;同样,学生在课堂上的反应,包括回应老师的提问、按时上下课、积极完成作业等也会影响教师教学的成就感。理科学生的缺课现象使得老师授课时存在压力,怀疑自己的教学方法,每天上课点名不仅耽误授课时间,还破坏课堂气氛。解决这一问题,我认为教师不应该过分寻找大学生的原因,而应该更多了解学生缺课心理,注重师生教学互动,将课堂教学与日常教育相结合,在与学生交流中找出自身原因,并加以改正。

5.《当代世界经济与政治》课应列为必修课

当今世界已经进入了互联网时代,信息传递的迅速为我们的学习提供了便捷,但网络上包罗万象的信息更容易让学生们迷失方向。面对有些人故意抹黑中国、宣扬西方意识形态、贬低社会主义制度等政治类信息,如果不及时加以引导,由正规的“思政课”教师揭示现象背后的本质,大学生容易产生思想上的混乱,不利于正确“三观”的形成。而《当代世界经济与政治》课程恰是引导学生从自己"身边的生活和政治"来"开眼看世界"的一门思想政治理论课。虽然这门课教育部规定为公共政治选修课，但我们思想政治教育专业是作为必修课来上的，感觉收获很大。

这门课程的内容涵盖古今中外，涉及国际间的政治、经济、文化、科技和军事，让学生们用不同的眼光看世界，为世界观的形成提供理论指导。很幸运，教授这门课程的老师有很强的专业功底，能够巧妙地将学生的学习兴趣与所讲课程内容有机结合起来，善于将国内外"时政热点"紧扣教材，将理论与现实有效结合，而不是简单地罗列新闻，这使我们能够对风云变幻的世界和错综复杂的国际局势有一个清醒认识，掌握国际交往的艺术，充分认识在国际舞台上实现"双赢"与"多赢"的意义。这样的教学方法无疑增添了"思政课"的生动性、趣味性和实效性。让学生通过学习这门课程加深自己对于错综复杂世界的认识，以及面对真假难辨的信息时可以保持清醒的头脑。

(二)高校党团组织思想政治教育工作方法需要细致有序

高校的党团组织管理机构对应到各院系就是党总支和团总支，作为党与高校沟通的桥梁，负责对大学生进行思想政治教育以及日常生活管理。由于高校党团书记往往具有较强的组织协调能力，因而岗位流动性较大，稳定性弱。不同的党团书记有不同的工作方法，本人在校期间，曾接受过两位党总支书记和三位团总支的管理。有的书记工作认真尽责，做事思路清晰，对待学生关爱备至，得到师生的一致好评。最让我印象深刻的是，该书记会抽出空余时间甚至下班后利用自己的休息时间了解班级情况，与同学们谈心，为同学们排除心事，指明今后的学习方向。这样的书记可以熟悉地叫出班里每位同学的名字，还在课下组织一些讨论会、报告会以及社会实践活动，丰富学生们的课余生活，加深同学之间的感情，拓宽学生们思想政治教育的视野，加深同学之间的互动，形成成熟的世界观、健康的人生观、正确的价值观，使班级同学在很短的时间里就能凝聚人心。本人作为学生会干部和团支部一员，与党团书记交流较多。对于自己在纪律方面和组织协调方面的不足，书记总会先肯定我在学习方面的进步，从榜样的角度出发，让我加强自律，教给我与人交往的艺术，让我感受到家人般的温暖，因为书记不是用很多"条条框框"和"大道理"压你，而是像父母般照顾到学生的情绪，让学生在接受批评的教育中也感到非常温暖。

当然，也有的党团书记工作方法不接地气，缺乏与学生沟通。现在的大学生以 90 后为主体，这是一群面临更多压力、更多选择的一代人，他们需要面对更为复杂的人际关系，更为巨大的就业压力，更为迷茫的未来方向，这使学生们的心态变得更为脆弱，非常渴望党团负责人从管理者的角度加以引导和呵护，因而对他们提出了更高的教育要求。而有的党团负责人仅仅局限于完成学校领导交代的近期任务，忽视对学生职业生涯的规划，没有做到对学生的理解和教导。当学生出现问题时，一贯采用训斥、打压学生的方式，以僵硬的规章制度进行批评或惩罚，而没有考虑学生的感受和处境，容易激化学生的消极情绪，拉大师生间的距离。有时会因为一件小事或者因为说话语气不当给学生的心理留下阴影，造成师生间的矛盾和隔阂，影响学生学习的积极性，甚至导致学生在关键时期没有抓住改变未来的机会，成为终生遗憾。

我认为，党团工作的出发点是学生，应该努力了解每个学生的心理，从实际出发，对不同的学生采取灵活的教育方法，这有利于提高学生的接受程度，达到进行思想政治教育的实效性。面对班委、学生会竞选、党员干部选拔等棘手问题，除了按照相应规章制度进行选拔外，应更多强调学生的学习能力、工作态度、组织协调等综合实力的表现，党团负责人可以在选拔投票前作出自己的判断，这往往会让选拔结果更为科学，而不只是推选出群众认可度高的学生。这种工作方法可以用思想政治理论课所学知识来回答，毛泽东的领导地位在革命起初被群众呼声高的李立三取代，但事实证明，真理往往掌握在少数人手中，革命领导应该重点考虑素质好、作风正、能力强的人，这可以树立积极向上风气，避免“拉帮结派”风气的蔓延，学生干部、党员干部亦是如此。

（三）高校团委学生处思想政治教育工作尚需深化

高校团委学生处开展的校园活动是建设校园文化和宣传思想政治教育的载体。近年来，由于大学生“输入”太多、“输出”太少，因而团委学生处通过多种形式间接向学生进行思想政治教育，坚持课堂理论与课外实践相结合，发挥“第二课堂”的教育作用，将思想政治教育普及社会领域，为实现高校思想政治教育的广泛性贡献了一份力量。例如，通过举办歌咏比赛让学生感受党在战争中的气魄；通过开展辩论赛进行价值观的是非教育；通过组织“三下乡”活动将思想政治理论课所学知识用于实践；通过在党的特殊纪念日制作的壁报栏普及党史知识、培养学生艰苦奋斗的作风；通过发起“读书月”活动让学生们补充学科背景知识、不断提高思想道德修养和科学文化素养，等等。

然而，在活动的实际开展过程中，则存在过分强调思想政治教育宣传、忽视学生喜闻乐见娱乐形式的现象，导致大学生参与度低，甚至出现班级强制报名等现象。同时，团委学生处开展的活动，包括支教活动、志愿者服务活动、暑期“三下乡”活动、专家讲座论坛活动等，大多针对的是高校学生会、班委成员等少数学生群体，而模糊了高校思想政治教育整体性的概念，易于导致大学生素质的分化，造成学生之间心理不平衡等扭曲现象。而有些活动往往得不到进一步的跟进，有头无尾，多是流于形式，不利于引导学生形成正确的“三观”。

（四）心理咨询在高校思想政治教育中的作用需加强

随着改革开放的不断推进，不仅对思想政治理论课本身提出了改革任务，同时对当代大学生的思想政治教育提出了新的目标。思想政治教育，绝非理论的灌输，而是全面提升大学生的思想素质、文化素质和心理素质。而提高大学生素质，发挥思想政治教育的育人功效，也正是心理咨询所要达到的目标。

我认为，高校需要充分发挥心理咨询的积极作用，调动教师和学生潜在的积极性和优良品德，促进思想政治理论课的开展。当今大学生不仅面对巨大的升学压力，也面临就业压力甚至生存压力，加上对外交往能力所限，很多学生存在心理问题。及时接受心理咨询和相关心理学知识的学习，对培养学生的积极心态，更好地学习和投入课堂，就显得非常迫切。另外，学校还应该完善“思政课”的评价标准，利用心理测试等方式，定期评估学生的思想道德品质。同时，建立评教评学机制，让学生对教师进行评价，针对一些不足或缺陷及时作出相应的调整，这不仅可以激励教师提升教学水平，而且可以提升学生的学习热情。

大学四年，匆匆而过。幸运的是在回首自己度过的大学岁月时，心感满足。满足的不仅是因为学习了思想政治教育专业而喜欢上了思想政治教育，而且立志于思想政治教育的研究而考取了该专业的硕士研究生，攀登到了一个新的起点。而这一切，无疑是老师们、同学们带给我的，是母校培养的结果。老师们无私传授的知识滋养了我，使我的知识体系不断完善；党团书记们踏实勤奋的工作态度让我时刻规范自己的言行举止；团委学生处一丝不苟的工作作风让我的大学生活变得丰富多彩；心理咨询老师无微不至的关怀让我能够以积极的心态面对困难和挑战。师恩难忘，母校情深。祝愿老师们青春永驻、桃李满天下！祝愿母校不断发展壮大！祝愿高校思想政治教育在不断改革创新中越来越深入人心。

（2011 级思想政治教育本科班张琪如供稿）

博学教化，三德范行

2015年7月3日，在《教学论》任课教师带领下，2012级思想政治教育专业全体学生来到位于章丘市文祖镇中部、与学校隔岭相望、地处章莱通衢之要冲的三德范村，进行了为期半天的社会实践调研。调研时间虽然短暂，但三德范村源远流长的历史、博大精深的文化、淳朴的乡风民俗，都给我们留下了深刻的印象，并且深受感染。

（一）源远流长的历史

三德范村，是一个有着约14平方公里面积、近7000人口的大村。该村下辖东、西、南、北4个行政村，村中10条主要街道交叉纵横，顺地势曲折蜿蜒而建。步入三德范村，乍看它和普通的村庄并无任何差别，但它历史久远。在这里古建筑特别多，有可考证到300年前的玄帝阁，有可追溯到500年前的禹王庙。当然，这里还有丰富的优秀传统文化，有可传承推广的"人和"精神。

"近水楼台先得月。"当我们循着历史的足迹来到三德范村，我们可以看到无论是过去灿烂辉煌的文明还是沧桑巨变的"忧伤"，一个新的未来正向我们招手。据三德范村的冯主任介绍，三德范村的发展依靠一座国家3A级风景区的名山——锦屏山。远远望去的锦屏山，植被覆盖率极高，山上的树木秀丽且挺拔，碑刻的内容独特而丰富。同时该山也是村中的水源地所在，为此当地百姓为避免水土流失，不约而同地在此立了一块"禁止伐木"的石碑。时至今日，三德范村民在锦屏山上这块禁伐碑文的引导下，不仅没有砍伐树木，反而主动植树造林。这不仅体现了三德范村的老百姓有着很好的责任意识和担当品质，也是三德范村民将思想政治教育中坚定的原则性与方法的灵活性相结合的典范，使得思想政治教育自然地渗透到了三德范村社会生活的方方面面，从而也更好地潜移默化地影响着每一个三德范人。

仰究天像之变，俯察地理之纹。三德范村一带，自春秋战国时就是齐国边境上的一座重镇，处于齐鲁交通要道之上，曾经几度繁华，几度衰落，如今的村民多为明初迁居而来。出于对祖先的敬仰和历史的继承，三德范村举全村之力、集全民之智，在前人编写的基础上，借鉴研究成果，重新整合村史、编写并完善了这部从明初到21世纪初跨越600多年历史的村志。村志记载：三德范村中的三德有着楷模之意，暗合中庸之道中的"智、仁、勇"三达德，故称"三德范"。源远流长的三德范村史，在这里得到了汇聚并得以向未来延伸。

(二)博大精深的文化

建筑是一方水土养育一方文化的重要见证。三德范村的建筑蕴含着博大精深的文化。在这里,有历史久远的禹王庙和玄帝阁,有丰富内涵的博物馆,有端庄又不失典雅的老村宅。这些别具齐鲁文化特色的建筑群,勾勒出了一幅历史悠久、文化灿烂的画卷。然而,岁月终究抵挡不住时间的洗礼,经过雨打风吹和"文化大革命"的创伤,禹王庙的残缺之美和玄帝阁的庄重之风与三德范村悠久的历史交相映衬,与崭新的未来前呼后应。

艺术是现实生命力的真实写照。走进三德范村,无时无刻不受着传统文化的熏陶:有墙壁上镌刻的"人和"建筑艺术,有悬挂在展厅的毛笔书法和各式绘画,有广场上集体表演的"芯子",男女老少都对这些优秀传统文化别有新解。"潮落江平未有风,兰舟共济与君同。"当冯主任讲到被列为国家级非物质文化遗产——"芯子"获得中国民间艺术文化最高奖——"山花奖"的时候,他的脸上洋溢着自信的笑容,我们为之祝贺;当他讲到被寓意为风调雨顺、有着 500 多年历史的禹王庙时,他的内心充满了感慨,我们为之敬佩;当他讲到寓意四平八稳、有着 300 多年历史的玄帝阁时,他的语言富有超乎寻常的力量,我们为之震撼。

历史载录着过去,也映照着未来。通过对三德范村历史的赏析,我们了解了三德范村历史文化是龙山文化的重要组成部分,这对证实历史文献记载的大舜文化的真实性和可靠性具有重大的历史意义与现实意义。龙山文化的发掘为中国考古学的建立与考古事业的发展开了先河,具有不可磨灭的功绩,为探讨人类文明的起源提供了丰富的资料。通过对这些历史文献与考古资料的结合研究,可以有效推进章丘市旅游业的发展和新农村的精神文明建设,还有利于构建社会主义和谐社会。因此,从这方面讲,三德范村的历史文化对济南乃至山东省的文化发展意义非凡而重大。为此,我们应加大宣传力度,处理好开发与保护的关系,更好地发挥三德范村的历史文化作用与时代价值。

(三)淳朴的乡风民俗

常言道,"要致富,先修路"。三德范村也是如此。玄帝阁下有一条穿阁洞而过、宽约 3 米的发亮的青石板路,古时候就车马行人络绎不绝,因为这是从章丘通往莱芜的唯一一条路。而现在,仍然是村民们驻足、出行的重要通道。其实,无论是生活在此的三德范人还是驻足在此的远方生意人,他们的思想和心灵因为文化交流在这里得到汇聚、成长,因此他们都对这条"小道"情有独钟。我们知道,与此相衬托的文化交流还有商业贸易、人口迁徙、大众传媒,这些在三德范村也都得到了重要体现。在三德范村,商人在进行贸易活动时,不仅通过商品交换将商品中蕴含的丰富文化加以交流,而且通过人与人之间的诚信交往传播着"正能量",更坚守着心诚意正的优秀传统美德。从三德范村文化交流史看,淄博、莱芜的商人往返于这条要道上，天下熙熙攘攘，在这里得到了印证。值得注意的是，这条要道，犹如一条彩带，将古代淄博、莱芜、章丘的历史文化，乡土人情联结在了一起，出现了兼容并包、抱素怀朴的美好风貌。

中华史学，以立德为先，见前世之兴衰，考当代之得失，略古详今，具有很强的资政性。在传统思想的熏陶下，三德范村历来注重礼和法，对于后辈的劝诫和训导，他们也都坚持明礼尊法、通法扬礼、礼法并用。在三德范村民的价值观里，他们教育子孙后代要端方正直、和睦相处，他们治理村落崇尚善良、赞扬榜样。因为，他们始终坚信：只有形成这种正确的价值观，子孙才能人才辈出，家族才能世代繁荣，国家才能兴旺发达。正如孔子所说："积善之家必有余庆，积不善之家必有余殃。"在三德范村，孝和悌也被当地人们表现得淋漓尽致。淳朴的乡风民俗在三德范村得到了诠释并得以发扬。

历史从昨天走到今天，又从今天走向明天。昨天的三德范村，是一个文化灿烂、历史悠久、乡风文明、交通要塞的古村；今天的三德范村，是一个继承了 600 年优秀传统并见证了 30 多年改革开放的社会主义新农村；明天的三德范村，将是一个展现人民生活幸福、村民关系和谐、社会发展前景光明的现代化强村。

（四）三德范行之感悟

"岁月犹如群山，年年秀出峰巅。"站在三德范村的沃土上，回望来时的路，我们实践教学收获的果实也是"沉甸甸"的。一方面，我们感受到了三德范村源远流长的历史、博大精深的文化和淳朴的乡风民俗所带来的生产发展、生活宽裕、乡风文明、村容整洁、管理民主。另一方面，我们也在思考：如何才能把三德范村的工作开展得更加高效务实、有条不紊，为乡村文化发展凝聚新的力量；如何让学校教学的资源更加漫山遍野，俯拾皆是，将学校资源整合力推向新的高度。为此，我们需要坚持"引进来"与"走出去"相结合战略，充分利用三德范村实践教学基地的优势，在定期前往进行社会实践教学和实地调研考察的同时，邀请三德范村讲解员和当地有名历史学家来我校作相关报告和学术交流，更好地来开发三德范村的思想政治理论课的实践教学资源，特别是在我们的日常生活中要把三德范村秉承的"智、仁、勇"内化于心，外化于行，真正实现三德范行，从而使我们在接受社会实践锻炼的同时实现自身健康成长和长远发展。

其一，"知之为知之，不知为不知，是知也。"这是三德范村所秉承的寓意"智"的经典概述。无论是教师还是学生，我们都要继承和发扬实事求是惟真是求的良好品质，改进和摒弃狂妄自满、强不知以为之的不雅风气，因为只有做到这些，我们在学习上才可能有所长进，并使自己的智慧得以提升。当然，在日常生活和为人处事中，还要坚持博学慎思，明辨笃行。特别是在当今社会，一些人在物欲横流面前道德沦丧、是非颠倒，面对这种社会现实我们更应该明辨是非，追求真善美，摒弃假恶丑，这就更需要有强大的智力支持。所以，我们当代大学生要不断提升求真务实、精益求精的学习能力，还要不断提高辨别是非、远离假恶丑的生存智慧，也以此作为此次三德范之行的“智”悟。

其二，“博学而笃志，切问而近思，仁在其中矣。”这是三德范村所秉承的寓意“仁”的直观表述。“仁”都是我们所追求的传统美德。我国改革开放以来，在经济建设取得举世瞩目成就的同时，有些人由于受享乐主义等不正之风的影响，出现了思想观念上的道德滑坡和信仰危机，这些都是与社会主义核心价值观相违背的，应当坚决予以剔除。作为大学生，不仅要努力学习科学理论知识，敢于和善于提出自己的问题和想法，而且，还要理论联系实际，深入解读和研究社会热点和难点问题，以求在生活中做到主动帮助他人，尊敬和爱护别人，时时刻刻传播正能量，达到“仁”的境界。

其三，“暗呜则山岳崩颓，叱咤则风云变色。”这是对三德范村所秉承的寓意“勇”的最佳比喻。忆往昔，有孙中山“不懂就问，就是挨打也值得”的求知之勇；有谭嗣同“咬破手指，坚持戊戌变法”的求强之勇；有左权将军“不怕牺牲，誓死捍卫主权”的求立之勇。看今朝，有大学生弃笔从戎、长于吃苦的魄力；有社会扶正祛邪、善于自治的本领；有以习近平为核心的党中央政治体制改革、铁腕反腐败的巨大理论勇气和政治气魄……这些无疑都可以理解为“勇”在不同时代不同方面的化身。身为大学生的我们，必须要发扬不怕苦、不怕累、不怕难的精神，既要有敢于超越自己、超越常人的勇气，还要具有青年马克思主义者的勇敢品质，以此闯出自己的一片天地。

“好学近乎知，力行近乎仁，知耻近乎勇。”这是修身齐家治国平天下的三个重要方面，也是三德范村所弘扬的“智、仁、勇”三德。这“三德”具有很强的自勉性和自律性，对于大学生的成长和成才具有很好的引导性和激励性。实践教学不是目的，增长师生见识和能力才是硬道理。长期以来自以为自己是个孩子，通过考察学习，我深刻地认识到自己已经没有权利懒和散，应该顶天立地。特别是当我看到了三德范村如此丰富的历史人文资源，让我顿时肃然起敬，感叹这里人民所富有的淳朴和智慧，让我看到了思想政治理论课资源的充足性和针对性，更增加了我对思想政治教育专业学习的信心，同时也为我在今后的学习生活中自觉践行“智、仁、勇”三达德树立了标尺。在此，我也祝愿三德范村飞得更高，祝贺我们学校走得更远，祝福我们自己成长地更加美好和幸福。

（2012 级思想政治教育本科班孙良运供稿）

相约盛夏·爱留冯卯

我不会忘记我曾在黑板上写下：刘冰洁的梦想是成为一名优秀的人民教师。

——题记

自从知道有大学生暑假“三下乡”活动开始，我心里便充满了对它的向往和期待。当得知我被选为学校“知行合一”支教服务队一员的瞬间，我便欣喜到几近手足无措。在同学们还在为考试而复习忙碌的时候，我便开始想象我将会遇到一群多么可爱的孩子。他们有着最纯净的眼睛、最美丽的微笑和最善良的心田。闲暇时刻，我开始筹划自己要教哪些课程、哪些内容，并且根据实际情况准备相关教学知识和材料。每天晚上在梦里，看到的都是正在操场上奔跑的一群群欢声笑语的孩子们的身影。

2015年7月19日，我们“知行合一”支教服务队来到了枣庄市山亭区冯卯镇中心小学。20日清晨，服务队集体庄严地升旗过后，我们便正式开始了向往已久的支教生活。此次支教，我们队划分为三个小组，分别按年级进行教学。很荣幸，我们小组负责一年级小学生的艺体课。当我走进教室，看到那群和我想象中一模一样的孩子的脸庞，我相信我笑起来时嘴角都是咧开的。因为真的很幸福，心里满满的都是对学生的喜爱。

支教第一堂课，我给学生们带来了一个充满善良和正义的故事——《九色鹿》，希望他们可以学会知恩图报。当我在黑板上写下“听阿清姐姐讲故事”几个字时，我听见台下整齐地读了出来。然后在他们疑惑谁是“阿清姐姐”的时候，我就打开音乐，在《虫儿飞》的美妙歌声中走到了台前。短暂的开场后我便开始了自己的故事，看着他们认真的眼神，我心里真的很有成就感又很有继续努力的斗志。在和小朋友们互动的过程中，我发现他们的思维是敏捷的，心灵是最美丽的。讲完故事后，我又按照之前萌生的想法进行汉字听写大会，在讲的故事里抽出十个字进行默写。出乎意料，孩子们的表现十分出色，大部分的孩子都可以对八个九个甚至全对。那少部分的孩子也会认真的修改自己写错的汉字，努力学习的样子深深地撼动了我的心灵。

第二节课的主题是唱响国歌——《义勇军进行曲》。在教他们的时候，我发现孩子们的学习能力和记忆能力十分强大，他们好像对音乐有着独特的天赋。至今我还记得有些小朋友自告奋勇上台演唱时的勇敢自信和精彩。

在事先安排第三节课时，我考虑到小学生应该劳逸结合，所以便教他们简笔画。学以致用,能够把自己学到的发挥最大的用处也是一种能力和成功。所以我选择菠萝、石榴等几种小朋友们都熟悉的水果作为题材进行教学。在大致画出雏形后,我们几个小伙伴分别负责几个小组,给予他们指导。在教小朋友们画画的同时,加深了我自己对形象的记忆,也提高了我的口语教学水平。所以说支教不仅是一项活动,也是一种能力,更是一种锻炼。

现在我还记得第一天上完课后,当天晚上真的是很疲倦。一天都在不停地说话,中间也没有充分的时间补充精力。可是当大家趴在床上写一天的工作日程总结时,我的思绪如同泉涌,没有枯竭之迹。第二天、第三天……我的教学课程基本上没有什么太大的变化。有时我担心太过于枯燥,可是孩子们似乎真的很喜欢这几门小课程。每天早上到了教室第一句听见的就是:阿清姐姐,你今天什么时候讲故事呀。可以说,那种心里顿时涌出的惊喜和感动是无以言表的。接下来的支教中,如果要问有哪些事让我印象特别深刻,起码有三件我将永远难忘:

一是海底世界艺术画。在冯卯,我发现孩子们对于海底世界总是很好奇很向往,所以我选择海底世界这一主题,让他们来完成一幅完整的画。首先,我在黑板上画出了一些小虾、乌贼、鲸鱼、热带小鱼的形象,接着又按照小朋友们的要求画下海龟、海马等一些海底动物。然后我就让他们或者照着黑板上的图画自行选择,或者按照自己的想象进行作画,并且可以涂色。半小时之后,绝大部分孩子们的画就完成了。涂过色之后,我拿着几种水彩颜料,让他们自行选择自己喜欢的颜色,随意地在画上按手指画。在这个过程中,我仔细观察每一个孩子的画,发现许多孩子的想象力非常丰富。他们可以画出各种各样的小鱼,有些其实并不真实地存在于世界上,可是他们还是可以给它起出名字来。我很担心有些老师会批评指责他们,让他们根据现实生活来临摹,其实我觉得孩子们的想象力和创造力是不能被扼杀而应该是被老师和家长大力鼓励和支持的。最后,孙建凯书记把所有的小朋友们集合在一起,为他们和他们的画拍了纪念照。看着每个孩子纯真的笑脸,我觉得这个夏天没有什么比这次支教之旅更有意义的事情了。

二是"白雪公主"舞台剧的演出。为展示孩子们的学习成果以及展现大学生的自我风采,我们"知行合一"支教服务队在 7 月 23 日晚上举办了"相约盛夏·爱留冯卯"文艺演出。其实在撰写演出节目串词的时候,我就有些不知道怎么来表达我所带领的一年级小朋友所要展示的节目。是的,他们都还小,我们无法带来多么精彩的高水准的节目,我们拥有的就是一腔热血和激情。不论是风是雨还是烈日,我们都在楼道里、操场上反复的排练。一遍又一遍的"白雪公主"的故事回荡在整个校园里,看着他们一点一滴的进步我比谁都要开心。作为旁白的我有时候嗓子哑了，还是愿意争分夺秒再来一遍。几经波折，终于等到了演出。当我走到舞台中央开始慢慢读出开场，当小朋友扮演的角色陆续上场，当他们的表现获得当地群众们的认可和喜爱时，我的鼻头都是酸的，眼里泪水打着转转，生怕一不小心就掉了下来。这群小朋友成为我这次“三下乡”活动最珍贵的一笔财富，带给了我不一样的感动和温暖。

三是双胞胎孤儿的“哭脸”画。在这次支教过程中，有两个小朋友让我疼到了心坎里。她们是一对双胞胎，还有一个姐姐在上三年级。因为父母的相继去世，这三个姐妹跟着自己的大娘一起生活，感觉总是特别的孤单又独立。每天早上，在我们准备去吃早饭的时候，她们就已经站在学校门口等待老师了。第一天见到她们的时候，他们还不会笑，表情十分冷淡地从我们身旁经过。第二天，第三天的时候她们就能笑着跟我们打招呼，而且愿意和小朋友们一起参加集体活动了。这种转变让我们都很开心，可是有一次无意的发现，让我情不自禁掉下了眼泪。那是一堂折纸课，在学姐教会她们折小兔子以后，我们几个同学开始分别进行指导。下课后，邢连霞小伙伴儿突然向我招手，当我走过去以后发现了一件情理之中又是意料之外的事情。因为我让小学生们在兔子的脸部添上眼睛和嘴巴，画出表情来，所以各种各样微笑的小兔子就诞生了。可是这对孤儿里的妹妹，竟然画上了难过的哭脸。在那一瞬间，我先是愣怔，接着汹涌而来的就是止不住的泪水。在小伙伴的告诫和极力自制下，我抹去眼泪，将孤儿妹妹拥入怀中，用橡皮慢慢擦去那个哭脸，然后画上了笑脸。从那天开始，孤儿妹妹的脸上慢慢浮现出微笑，我发现她笑起来的样子特别好看。这无疑是我这次支教过程中的一个特殊收获：作为教师不仅仅是简单的教学，更重要的是要与学生进行感情交流，把爱心传递给每一个学生，让孩子们在欢乐、温暖的环境里健康成长。

文艺演出中，我们全体志愿者和小学生们一起组织了许多个节目，或舞台剧、或舞蹈、或合唱，每一个节目都是我们一点一滴付出的汗水和心血。之所以还表演了手语，是我希望可以通过它来告诉小朋友们那些聋哑人都没有因为无法弥补的缺陷而放弃自己放弃生命，而是在努力地绽放属于生命的色彩。所以小朋友们更应该珍惜生命里的每一分每一秒，认真做好每一件该做的事。除此之外，我们为他们挑选了许多童话书籍故事绘本，放在他们学校的图书馆里供他们借看。或许我们做的这些只是杯水车薪，可是我相信一点一滴的小爱汇聚起来就能成为真正的大爱。

美好的时光总是过得很快，眨眼间便到了我们真正要离开告别的时候。一年级的孩子年纪小，他们不懂得什么叫离愁别绪。但仍有些孩子哭得很厉害，一直揪着我们的衣服不放开。当我看到他们哭个不停的模样，真的特别不想离开。所有的志愿者们都在抹眼泪，都说“男儿有泪不轻弹”，可是就连书记和两个大男生都掉下了不舍的眼泪。

在我们告别冯卯的时候，看着逐渐模糊消失的那一座座山，那绿色的田野，那一望无际的岩马水库，时光一点点地流逝，我心里的记忆一点点地充盈。几天来经历的每一个画面，在脑海里一片又一片地掠过。有人说：生命本就是一场华丽的冒险。或许支教之旅不算多么惊险，可是面对用桌子搭成的床铺，也算是一种别样的挑战。每天晚上端着一个小盆倒点热水就开始了洗澡的时光，这种日子也许不那么舒适无忧，可是也有他人不知的乐趣。每一点、每一滴都是我们最快乐的记忆，最值得珍藏的财富。

相约盛夏，爱留冯卯。纵使千言万语也道不尽在这段支教旅途中我的经历、我的成长。一切都让时间作证，我会用未来的行动来证明自己如何为喜爱的职业去拼搏。

（2014 级学前教育本科班刘冰洁供稿）

还净夏乡，践行绿色生活

为深入学习贯彻党的十八大和十八届三中、四中全会以及习近平总书记系列重要讲话精神，弘扬社会主义核心价值观，践行“勤学、修德、明辨、笃实”的八字“真经”，2015 年 7 月 16 日，我们“还净夏乡”社会实践服务队，满怀激情地奔赴菏泽单县高老家乡开展了为期一周的“绿色生态科普知识宣讲，社会调查研究，发展建言献策”社会实践活动。

初到高老家乡，学校在高老家乡挂职的“第一书记”谢钊书记介绍了高老家乡的基本情况，校团委副书记赵旭对此次赴菏泽单县“第一书记”帮包村社会实践服务活动进行了总体部署，经济与管理学院团总支书记和辅导员老师对“还净夏乡”社会实践活动作了具体安排。

第二天一早，我们“还净夏乡”社会实践服务队的实践活动开始了。10 个人分成两组同时出发，我们第一小组前往董花园村，第二小组前往刘庄集村。当我们第一小分队到达董花园村时妇女儿童们都在广场乘凉，看到我们的到来他们都走上前来迎接。良好的习惯要从娃娃抓起，环保的意识也需要从小养成。上午，我们第一小组聚集了村子里一群小朋友，在广场上为孩子们带来了一次“环保知识小课堂”讲座。与此同时，第二小组在刘庄集村的活动也在如火如荼地进行着，实践队的队员们给刘庄集村的小朋友们上了一堂别具特色的绘画课。课上，孩子们都用画笔“建筑”了自己的城堡；课下，实践队的队员和孩子们一起将报纸、塑料袋回收利用，做成了美丽的“环保服”，穿在了小朋友的身上，举行了环保服饰表演。村干部的支持与乡亲们的大力协助与配合使我们当天的活动圆满成功。作为感谢，我们把提前制作好的环保袋一一送给了乡亲们。到现在我还记得，第一天的活动结束后真的感觉很累。给孩子们讲课，尤其是这种没有课本的课，我从来没有尝试过，我怕讲不好，又怕太枯燥他们不喜欢，但一直到结束，孩子们脸上都没有不耐烦的表情。回想起小朋友脸上的纯真笑容和乡亲们朴实的话语，觉得自己的疲惫感一扫而空。

第三天的旭日阳光代替了前两天的绵绵细雨，但似火骄阳并没有妨碍我继续向其他村庄行进的步伐！这次，我们来到了曹叵集村，主要任务是开展环保调查。为了进一步考察当地群众的环保意识，我们设计了调查问卷，内容包括：“村里的垃圾是如何处理的?”“设置垃圾桶前后有什么变化?”“村里的农药瓶是如何处理的?”“垃圾是否有专人管理?”等等。当地群众积极配合，对我们的问题一一作了回答：(1)现在的农村都设置了垃圾桶，每天有专门卫生员打扫卫生；(2)设置垃圾桶前，村里的垃圾都是随便乱扔、就地掩埋；(3)设置垃圾桶后，大家都自觉地把垃圾扔到垃圾桶，村里的环境明显得干净了；(4)保洁公司每天下午都会来收一次垃圾；(5)维护农作物生长用过的农药瓶也由专门卫生员来回收。队友们的分工合作，使调查问卷的收发效率很高。当地群众的积极配合，使这次环保调查顺利完成。这次环保调查既传播了新的环保价值观，同时也使我们了解了村民们的想法，使我们对农村的环保市场化运作也有了新的认识，极大地锻炼了我们的社会调查能力和综合成长能力。

通过与菏泽单县高老家乡曹巨集村村干部、卫生员以及乡亲们的交流，我们了解到之前村里的环保工作是由村干部找人打扫，现在村里的环保工作是市场化运作，日常环境的清理外包给保洁公司。自从外包给保洁公司后，村里安置上垃圾桶，每天由保洁员清理村里的垃圾，保洁公司安排垃圾车来专门收集，运送到中转站后进行简单的分类，最后统一运送到县城进行集中处理。乡亲们的觉悟很高，思想很先进，我印象最深的是曹巨集村广场上鲜明的十六个大字：文明乡村幸福家园，乡村美丽心情亮丽。这无疑代表了乡亲们建设文明、干净、美丽乡村的决心。

在这次社会实践活动中我们还特意去了菏泽单县的湖西革命烈士纪念陵园，参观了英雄阁，缅怀革命先烈，在党旗下举行了庄严的宣誓仪式。苍松翠柏，无不显示着革命先烈的钢筋铁骨；五彩鲜花，处处昭示着我们对革命先烈的无限敬仰。我们在湖西革命烈士纪念塔下，默哀三分钟，缅怀我们伟大的革命先烈。我们庄严宣誓："我志愿加入中国共产党，拥护党的纲领，遵守党的章程，履行党员义务，执行党的决定，严守党的纪律，保守党的秘密，对党忠诚，积极工作，为共产主义奋斗终身，随时准备为党和人民牺牲一切，永不叛党。"宣誓完毕，我们参观了湖西公园的英雄阁，聆听了工作人员对湖西抗日战争经过及烈士事迹的讲解。英雄阁里珍贵的历史图片、激扬的文字纪实、真实的先烈遗物展现出湖西人民舍生忘死、参军参战、大力支前、抢救伤员、奋勇杀敌的画面。这里凝结了太多革命烈士的魂魄，凝结了太多湖西人民的鲜血。我们不禁肃然起敬，真正体会到了革命斗争的残酷和革命胜利果实的来之不易。湖西公园下安葬着 2641 名烈士，他们用自己的满腔热血滋润着这块沃土。今年是世界反法西斯战争胜利 70 周年，同时也是中国人民抗日战争胜利 70 周年，在这特殊历史时刻，通过这次红色革命教育活动，我们的心灵受到极大地震动，接受了一次真正意义上的革命精神洗礼。

白驹过隙，转眼就到了此次社会实践活动的最后一天。返程前，我们回到前三天去的几个村发放了环保袋、学习用品、环保、杂志等物品，和村民一起舞动在广场上，村民们将自己的热情、质朴尽情地送给了我们，同时我们也将最美好的祝愿送给村民们。

不想说再见。回程路上，车里没有了启程路上的欢声笑语，只剩下淡淡的离愁，我的思绪也飘回了这几天的快乐瞬间。一周的时间虽然不长，但却给我留下了满满的回忆。孩子们的笑声乡亲们的笑容在我脑海中如放电影般掠过。感谢村干部的帮助、村民的配合和我校驻菏泽单县高老家乡的“第一书记”的鼎力相助。我们的“第一书记”就像“哆啦 A 梦”，拥有神奇的口袋，总能为我们提供所需的帮助，并全程陪伴我们。

在高老家乡这个美丽的地方，我们“还净夏乡”社会实践服务队在讨论中促进了交流，在实践中增进了感情，在协作中收获了友谊。服务队成员不分彼此，默契协作，把我们的温暖与祝福送给了高老庄的乡亲们。这次的下乡之行不仅仅是一次社会实践活动，更像一次青春之行。我们有经历、有体验、有收获、有感激，我们真正地走进了单县，走进了乡村，走进了生活。环保不再是纸上谈兵，这将成为我们大学生活中最宝贵的一笔财富。7 月，感谢“友”你。

践行绿色生活，建设美丽乡村。环保，永不止步！

（2013 级市场营销本科班徐学文、2014 级会计与统计核算专科班徐惠洁供稿）

在革命烈士碑前向党宣誓

梁山县为古典名著《水浒传》故事的发祥地。提及“梁山”两字,人们首先想到的就是水泊梁山的英雄好汉。然而在1939年8月2日,这里却发生了一场经典战例——梁山歼灭战。梁山歼灭战创造了我军在处于平原地区、与敌军数量相等、装备上处于劣势的情况下,全歼日军一个大队的奇迹。这场战役提高了第一一五师坚持平原游击战的信心和勇气,受到八路军总部的表彰。

2015年7月18日,我们“青春梦”三下乡服务队来到梁山县独山村,参观了梁山歼灭战战斗遗址和梁山抗日纪念馆,观瞻了当年作为战斗指挥所的老房子,聆听了93岁的独山村村民王保刚老爷爷讲述他亲身经历的独山歼灭战,并到烈士陵园为革命先烈扫墓。我和其他两位学生党员在革命烈士碑下向党旗庄严宣誓:“我志愿加入中国共产党,拥护党的纲领,遵守党的章程,履行党员义务,执行党的决定,严守党的纪律,保守党的秘密,对党忠诚,积极工作,为共产主义奋斗终身,随时准备为党和人民牺牲一切,永不叛党。”面对烈士纪念碑,看着眼前鲜红的党旗,心中回荡着坚定的誓言,愈加明确了自己肩上的责任。以前都是在书本、影视资料上去体会党的艰苦历程,然而今天面对一座座革命烈士的墓碑,看到革命英雄为了祖国的解放事业而长眠于此,敬畏之情油然而生。作为一名当代大学生党员,应该凭着坚定的信念、顽强的意志,一步一步地做好自己应该做的事情,为建设更加美好繁荣的祖国做出自己的贡献。

宣誓结束后,我们怀着对革命先烈无比崇敬的心情参观了梁山歼灭战战斗遗址,然后来到独山村村民王保刚老爷爷居住的地方。房子是老式的石头房子,低矮、简陋的大门没有锁,院门口挺立着一颗苍老的杨树,西屋已经没有了屋顶,老人在里面种着几排棉花,为这个简陋的老房子点缀着一丝绿色。老人颤颤巍巍地从堂屋走出来,一张饱经风霜的脸,两只深陷的眼睛,深邃明亮,看上去很有神,头发虽然稀疏但很整齐利落。老人耳朵背得厉害,当他得知我们一行人的来意时,环顾着我们说:“都是大学生,来了好几拨了,受受教育!”我们这些只在书本与影视中感受过抗日的人们,围坐在老人身边。老人家回忆起了那战火纷飞的年代:“那年我17岁,刚刚打好用来喂牛的高粱叶从地里回来,热得全身都湿透了。回去的路上忽然看到村南的独山上趴满了穿灰军装的人,纹丝不动,觉得不对劲。‘鬼子要来了!’不知道谁在耳边喊了一声,只见村民们都往西北的吕垭口方向跑,还没缓过神儿来,我就被挤进了人流中,跟着乡亲们一起跑。”“头一天,八路军的‘大官’在孟家林开大会,我就在现场。”跟随我们一起来的县宣传部部长对我们说，老人说的八路军的“大官”就是八路军一一五师代师长陈光、政委罗荣桓，当时他们正在召开“八一”建军节军民联欢大会。当时驻山东日军第三十二师团共400多人，在“皇族”少佐长田敏江的率领下，从汶上出发，向梁山地区进犯。敌伪孤军深入，气焰嚣张，陈光、罗荣桓经过周密分析，决定歼灭这股敌人。于是，庆祝会改成了战斗动员会，并命令杨勇独立旅做好战斗准备。夜幕降临，八路军全面攻击正式开始。“大炮‘噔噔’地响，子弹‘嗖嗖’的像刮风一样。”一提当年打仗的事，老人又来了精神。“八路军早就计划好了，等到日本鬼子离近了才开始打的。”老人说，比起八路军的“小米加步枪”，日军武器精良。长田敏江稍定惊魂后，组织兵力进行反扑。日军在炮火的掩护下，一次次地攻上乱石岗北坡，可是都被计划周密的八路军打了下去。“鬼子攻上来的时候，都是让八路军硬硬地给‘磨’下去的。”在老人眼里，八路军个个勇敢，寸土不让。

听完老人的讲述，我们服务队人员都陷入了沉默。我环顾着这院子，院子中的每一片砖瓦都见证了日本当年的暴行。在距离老人家不远的地方，有处破烂的房子，只剩下了残缺的墙壁。村里的王主任告诉我们那是当年日本鬼子烧的。由于独山战役中我军打死了日本天皇的叔叔，所以日军报复时就烧了村里的房子，抢走了所有的东西。“房子是见证，可以算老古董了，我们留着这破房子，就是想让你们这些年轻人看看，历史不能忘！”王主任意味深长地对我们说。20世纪90年代，日本皇室成员曾经多次前往山东梁山进行祭拜，多次提出以无偿支援款项的方式，在独山战役地区修建一座在独山战役中死亡的明仁天皇皇叔的皇亲庙，被梁山县政府和人民拒绝。自1998年后，日本皇室成员再没有前来。梁山歼灭战的胜利极大地鼓舞了鲁西人民的抗日热情，提高了八路军在当地群众中的威望，梁山战斗的捷报也迅速传遍了全国。

山河劫，安能独善其身；凭忠魂，血肉守关城；铁骨铮，何惧一己生死；三十万山东子弟忠骨埋沙场。在山东大地上，很多地方都有属于自己的抗战故事。八年抗战中，山东抗日根据地军民共作战2600余次，歼日伪军50余万人，为抗日战争做出了巨大牺牲和贡献。2014年，山东省档案馆将馆藏的山东抗日战争中具有代表性的十个战役战斗档案发布到网上——临沂保卫战、台儿庄大战、陆房突击战、梁山歼灭战、孙祖伏击战、海阳地雷战、铁道游击战、潘溪渡战斗、利津攻坚战、鲁中“反铁壁反扫荡”大胜利。这些都是山东军民在抗日斗争中浴血奋战的一个个缩影，重现了当年山东军民那可歌可泣、英勇悲壮的历史壮举。山东抗日根据地和晋冀鲁豫、晋察冀、华中等抗日根据地互相呼应配合，有力地坚持和发展了敌后抗日游击战争，沉重地打击了日本侵略者。

2015年是世界反法西斯战争胜利70周年，也是中国人民抗日战争胜利70周年。中国人民对战争带来的苦难有着刻骨铭心的记忆，对和平有着孜孜不倦的追求。作为新时代的大学生，我们倍加珍惜现在来之不易的生活，铭记战争苦难与胜利荣光。9月3日被定为中国人民抗日战争胜利纪念日，这无疑是为了牢记历史，铭记中国人民反抗日本帝国主义侵略的艰苦卓绝的斗争，缅怀在中国人民抗日战争中英勇献身的英烈和所有为中国人民抗日战争胜利做出贡献的人们，表明中国人民坚决维护国家主权、领土完整和世界和平的坚定立场，激励全国各族人民为实现中华民族伟大复兴的中国梦而共同奋斗。

前事不忘，后事之师。我们强调牢记历史并不是要延续仇恨，而是要以史为鉴，面向未来，珍爱和平，维护和平，让各国人民永享太平。让我们铭记英雄先烈，以革命先烈为榜样，珍惜学习机会，努力学好本领，弘扬革命精神，为谱写祖国的繁荣发展的篇章奉献自己的一份力量！

（2013级学前教育专科九班左佑中供稿）

鉴耻求强
——纪念抗日战争70周年

扶桑国度，东瀛民族。屠我国民，侵我国土。
巍巍中华，炎黄始祖。驱倭除寇，后继前赴。
强占台湾，戕我胞族。旅顺血海，罄竹难书。
柳条湖畔，三省沦陷。华北危难，国运日蹇。
民族覆卵，统一战线。西安事变，有惊无险。
淞沪败绩，南京危矣。六朝繁华，旦夕废墟。
烧杀抢劫，奸淫掳掠。烹脔鞭棰，哀鸿遍野。
卅万宁民，手无寸铁。英灵何栖，人间浩劫。
秦淮色变，紫荆哀怨。一衣带水，惨绝人寰。
平型关捷，神话破灭。台儿庄战，华章抒写。
得道多助，国际捐募。同仇敌忾，光澈烟雾。
想我中华，古为夷师。近遇不幸，悲恸冥思。
一曰停滞，不思进取。再曰分裂，难竭全力。
三曰闭塞，不闻外事。四曰僵化，抱残守缺。
前事不忘，后事之师。知耻近勇，唯变功成。
世界和平，民富国强。中华复兴，百年梦想。
海纳百川，博采众长。求强奋进，勿忘国殇。

“扶桑”“东瀛”是日本的别称。日本近代发动过三次侵华战争，侵占我国土地，杀害我国国民。中华民族作为炎黄子孙，消灭一切敢于来犯之敌，是每个人义不容辞的责任。明治维新后，日本走上了资本主义发展道路，制定了旨在“占领朝鲜，吞并台湾，侵略中国，称雄亚洲，称霸世界”的大陆政策。第二次工业革命后，全球资本主义逐渐向帝国主义过渡，帝国主义的侵略性和扩张性促使其在全世界掠夺资源、占领市场。由此可知，日本侵略中国是蓄谋已久，不可避免的。《马关条约》清政府把台湾割让给日本，日本开始了在台湾五十年的残酷殖民统治。旅顺屠杀，日本罪恶滔天，但这只是灾难的开始。日本蓄意制造“柳条湖事件”，疯狂进攻中国，由于蒋介石的“不抵抗”政策，不到半年，东北100多万平方公里的土地尽丧敌手。日本在此炮制“伪满洲国”，以华制华，以战养战。日本还妄图将华北分裂出去，企图将之打造成第二个“伪满洲国”，在华北平原制造了一系列侵略事件，总称“华北事变”。中国的民族矛盾上升为主要矛盾，中华民族面临着亡国灭种的危险。中国共产党发表“八一宣言”，旨在停止内战，一致抗日，建立抗日民族统一战线。张、杨以“兵谏”为名，扣压了蒋介石，这就是震惊中外的“西安事变”。在中国共产党以及社会各界多方力量的努力下，“西安事变”得以和平解决，抗日民族统一战线局部形成。

“七七事变”之后，抗日民族统一战线正式形成，国民党、共产党分别开辟了正面战场和敌后战场。“淞沪会战”的失败进一步引发了南京大屠杀的悲剧。南京作为六朝古都，昔日繁华竞逐，今朝烽火狼烟。日军在这里奸淫掳掠、杀人放火，进行了长达六周的屠杀，三十多万手无寸铁的同胞不幸遇难。如此丧尽天良的暴行，致使南京满目疮痍、哀鸿遍野，这无疑是人间的灾难浩劫。秦淮河的水想必已被血染红，紫金山大概也在抱怨哀诉。中国与日本毕竟一衣带水，日本奈何在邻邦做出如此惨无人道之事？中华民族空前团结起来：平型关大捷，是抗战以来中国军队对日军作战取得的第一个大胜利，打破了日军不可战胜的神话；台儿庄战役，沉重打击了日本侵略者的嚣张气焰，极大地鼓舞了全国军民坚持抗战的决心。中国的抗日战争是正义的，得道多助，获得国际盟国的支援：苏联出兵中国东北，横扫日本关东军；美国在日本投放原子弹……日本虽困兽犹斗但败局已定。中华民族八年抗战，终于取得了抗日战争的伟大胜利。

隋唐之际，中国国力强盛，在世界上都首屈一指，因此日本曾派遣留学生来到中国，学习中国先进的文化；近代以来，中国却屡遭蹂躏。痛定思痛，我们教训深刻：第一，高度集中的君主专制主义中央集权制度逐渐僵化，越来越阻碍中国经济、文化的发展。第二，国家分裂，不能竭尽全力御外。党派、军阀林立，相互攻伐，削弱了中华民族的抗战实力。第三，以天朝自居，自闭桃源，看不到世界格局的变化，更难学习西方先进的事物。第四，固守儒学礼教，排斥先进思想。尽管有清人“开眼看世界”，兴洋务，求富强，但取其名而去其实，重于表而抑于里。

铭记这些历史教训，以资成为指导后世的经验。能正确对待耻辱，就找到了富国兴邦的方法：穷则变，变则通，通则久。只有不断变革，适时调整政治经济政策，使社会形成良性的循环机制，方能长久。和平与发展是时代的主题，为了维护世界和平，避免灾难重演，必须坚持以经济建设为中心，增强我国的综合国力。国富民强，实现中华民族的伟大复兴，凝结了几代人的心血，是中国人百年的梦想。为此，就应该具备世界眼光和革新意识，以海纳百川的胸怀汲取世界先进成果，以铸融百家的气魄借鉴各家思想，做到洋为中用，古为今用。在实现中华民族伟大复兴的征程中，坚持以史为鉴，不忘国家曾经的灾难。因为只有体会到落后的苦楚，才能真正明白富强的意义。

（2012 级历史学本科班张龙供稿）

践行优秀传统，领略灿烂文化

2015 年 7 月 7 日，我们在《思想政治工作概论》任课教师的带领下，前往章丘市文祖镇三德范村进行了实践教学活动。本次实践教学活动全班共分为八个小组，各小组以“优秀传统文化的传承与弘扬”为中心议题，分别制定了考察主题，并认真查找了相关资料，为此次实践活动的顺利进行打下了坚实的基础。

抵达三德范村，我们受到了三德范村村民的热烈欢迎。我们有幸邀请到三德范村的冯主任，他就该村的历史、行政机构等向我们进行了介绍和讲解。三德范村有很多历史悠久的文化古迹，是一个古色古香的村落。三德范村总面积有 12.4 平方公里，人口 7000 多，包括一个自然村，四个行政村（四个党支部，四个村委），以济南地区“第一大村”闻名。后来由于地理环境优势，政府在此设行政机关——“三德范办事处”。20 世纪 80 年代体制改革后，该村设有全国独一无二的“三德范经济联合社”。当时有机械厂、制造厂、玻璃钢厂等很多乡镇企业，但后来都倒闭了。现在村民的经济来源还是以打工为主，粮食生产以小麦、玉米为主。全村重点开发旅游项目，逐步扩大传统文化的影响，走旅游振兴经济之路。村里目前投资 300 万修建景观河，正在申报“国家级历史文明村”。三德范村的锦屏山，是一个 3A 级国家风景区。全山占地两千多亩地，有多个风景区，是多条河的源头。整个村庄处处可寻得到优秀传统文化的痕迹，令我们忍不住赞叹这各式各样的文化瑰宝。在冯主任的带领下，我们先后参观了三德范村的几处历史文化古迹。

1. 拜访禹王庙。禹王庙位于村南，建在一个用石块垒成的五六米高的高台上，大殿面阔三间，砖石结构，楹柱出厦，典型的明清式建筑。大殿的东面屋脊已经断裂，房梁也已扭曲变形。虽然破败得厉害，但屋檐、柱础、台阶、脚石等精细的做工依然清晰可见。横梁木头采用了一种古老的土方法来调和的颜料——红色彩。虽然经历过无数次风雨的洗礼，但是到现在横梁木头上的彩漆依然鲜艳。听冯主任介绍，庙里曾供有大禹的神像，每到农历六月二十八禹王爷生日的时候，全村人都要来祭拜和祈雨。原先禹王庙里面还有文王庙和龙王庙，但“文革”期间，文王庙和龙王庙的石头、瓦片等都被人们拆掉用来盖牛棚、筑石堰了。直到 1968 年通电后，禹王庙里安了电磨，成了集体财产，禹王庙才得以幸免，没有被拆除。2013 年在国家政策支持及村民的积极保护下，禹王庙重新得到了修建。

2. 通过“人和”门。参观完禹王庙，来到“人和”门。据冯主任介绍，门上的

“人和”两个字是由清代两广总督毛鸿宾亲自题词的。“人和”二字为楷书字体，浑厚自然，体现了三德范村民风古朴悠久，彰显了三德范村浓厚的历史文化底蕴。

3.崇仰艮峯门。艮峯门是同治年间修建的。《周易》中，艮是山峰的意思，过去修建此门时，东北方的山峰，现在已经了无踪迹。但过去有很多老城墙，门也很多。可惜有一些已经不存在了。当时三德范有四个城门——太平、直平、和平和清平四门，门的左侧和右侧都是三德范老城墙的遗址。离开艮峯门，穿过几条巷子，我们遇见了几位土生土长的三德范村民，同学们热情的上去采访，从淳朴的村民那里我们更为深刻地了解了很多关于三德范村的历史，体会到了传统文化蕴含的独特魅力。

4.探访玄帝阁。玄帝阁为阁楼式的高台建筑，上面是大殿，下面是拱形阁洞，由青石砌成。玄帝阁是三德范的中心，据记载已有380多年历史。对它的唯一记载便是玄帝阁外太平门前的石碑。石碑是雍正七年(1729年)重修玄帝阁时所立，2012年时重新得到了修缮。它是悠久历史的见证。

5.欣赏书画展。参观完玄帝阁，我们来到了庆“七一”村民书法展厅。展厅里悬挂的毛笔字，有的笔力劲挺、大气磅礴；有的龙飞凤舞、笔酣墨凤。还有不少年龄比我们还小的孩子的作品也都十分出色，让在场的同学们享受了一场视觉的盛宴。这些字，字字表达了村民对党的支持和拥护，对幸福生活的珍惜，体现出三德范村团结向上的精神。在这里存放有文祖镇的平面布局模型，冯主任给我们指出了“清平、志平、太平、和平”四门的位置，让我们仿佛回到了古时候的三德范村，看见三德范村历史的身影。

6.感受农家博物馆。据冯主任介绍，博物馆里面都是老一辈的农业生产工具。这些生产工具不仅承载着三德范村发展的曲折历程，更昭示了我们社会的进步，是历史的重要见证。冯主任说以后村里会建立一个更大的博物馆，同时会以“一大带十小”，每个巷子都将会设立具有自己特色的小博物馆。很多老物件对于我们来说都是陌生的，但是它们代表了一段历史，组成了一幅幅旧时农业发展的图画；它们也是传统文化的一部分，镌刻上了先辈们生活的智慧和吃苦耐劳的精神。

7.寻访档案室。20世纪50年代，正是因为有一名老会计非常仔细地将三德范账目整理出来锁在箱子里，这些资料才得以完整地保存下来，为日后修建档案室打下了坚实的基础。三德范村在转化为“历史文化名城”的过程中，在章丘市领导的指示下修建了档案室，去年开始派专人负责整理档案。档案室的建立为子孙后代留下了可供研究的资料，促进了传统文化的继承和发展。

8.赞叹灿烂的非物质文化遗产。来到三德范村，才知这里不仅有文化古迹，而且有很多灿烂的非物质文化遗产，内容丰富多彩。“扮玩”就是当地文化最具代表性的活动。这项活动以气势宏大、表演者的演技精湛而闻名遐迩。上至老人，下至几岁的娃娃，皆可作为出色的演员，可见群众基础深厚。冯主任告诉我们，三德范村的扮玩始于“康乾盛世”，盛于清朝中晚期。1978 年十一届三中全会以来，三德范村扮玩活动高潮迭起。1984 年参加济南市首届农民艺术节，抬杆芯子表演荣获表演特等奖。2006 年 10 月，芯子“王小赶脚”“三打白骨精”代表山东省参加了首届全国民间艺术展演大赛，并获得民间艺术最高奖——山花奖。2008 年 6 月，章丘芯子入选第二批国家级非遗项目。这些优秀传统文化应当被后人传承下去，并发扬光大。它们的美好值得我们铭记于心。

9.领略一街十巷。冯主任给我们详细描述了三德范村在古代交通中的重要性。从三德范村往西到济南，往东到淄博，所以以前的三德范村被称为“齐鲁要塞”。从淄博、济南到章丘，必须要经过“一街”，因此“一街”被称为贯通章丘、莱芜的“章莱古道”。三德范的村落按八卦布局，村里十个巷道没有一条是直的，都是相互穿插的。三德范村以玄帝阁为中心，划分为南村、北村，但实际上，各村相互穿插，分界不是很明显。

在整个参观、学习过程中，同学们认真倾听，积极参与，并提出“如何在城镇化的浪潮中保留住古村最醇厚的乡村记忆，让历史遗迹不被现代化所淹没”等问题。冯主任详细解答道：“我们正在对三德范村进行保护性开发，力求还原真实的古村面貌，让历史永远传承下去。”冯主任的一番话使全体同学深受鼓舞。根据习近平总书记的指示，中央电视台拍摄的 100 集大型电视纪录片《记住乡愁》中，第 44 集就是在三德范村。全国选了 100 个村，山东省只选了三德范村和淄博周村的万家村，足见其影响之大。三德范村优秀的传统文化是我们所不曾熟知的一段历史，它灿烂的光辉不仅表现为保留下的各种极具艺术价值的建筑、书画等民间艺术形式，更表现为老一辈闪光的精神，我们无不被它的美所俘获，心中自然涌起了去继承、去弘扬的豪情。

坚持理论与实际相结合，是我党思想政治工作的一条基本经验。三德范村历史古迹的探访以及冯主任的讲解，使我们对优秀传统文化有了更清晰的理解，我们不仅体验到了该村悠久的历史和博大精深的文化，而且感受到了这里人民的淳朴和热情。这次实践活动极大地提高了我们保护传统文化的意识，使我们更深刻地认识到实现优秀传统文化与现代化有效契合的重任。我们一定努力让优秀传统文化在我们当代青代身上发扬光大、生生不息。

（2014 级思想政治教育本科班刘美言、董倩、马聪、于文香、张拂晓、孟岩供稿）

休学创业之我见

2014年11月28日，教育部发布了《关于做好2015年全国普通高等学校毕业生就业创业工作的通知》，要求各高校建立弹性学制，允许在校生休学创业，保留学籍。通知颁布后，立即引发了社会的高度关注和热议，也激发了在校生的创业萌动。究竟是休学创业还是继续上学深造？社会各界观点不一，做法也不尽相同。

一些高校积极响应教育部的要求，纷纷设置大学生创业指导教育机制，开设创业指导课程。例如，浙江大学建立了"创业培训—创业竞赛—创业交流—创业孵化"全过程的创业教育机制，开设了30多门创业教育课程，占通识课程的15%左右。华中师范大学党委书记马敏在接受记者采访时称，为鼓励大学生创业，学校将出台弹性学分制，允许在校学生保留学籍去创业，创业三四年再回来读书也可以。上海交通大学校党委书记姜斯宪2015年8月10表示，学校不仅支持学生创业，还支持教师创业。学校规定：支持教师保留身份，带着科研成果创业；明确本科生和研究生可分别选择休学创业两年和一年，休学创业期间，可享受学校创业教育资源和支持服务等等。

当然，也有一些学校持观望态度。重庆大学校长周绪红接受《重庆晨报》记者采访时说，他并不鼓励大学生休学创业，重庆大学目前也没有试点休学创业的打算。同时，社会上一些知名人士对鼓励大学生"休学创业"这一政策也存有异议。例如：广东创业谷天使投资管理有限公司创始人梁云锋认为创业是值得鼓励的，但不能鼓吹。现在对于鼓励创业有点"大跃进"的味道。在梁云锋看来，创业是有条件的，他认为创业者要具备某方面的特长或技能，有强烈的创业意愿和抗风险的能力，还应该有创业导师的指导。否则，仅凭一腔热血和充足的干劲并不能够解决创业问题，很可能把爹妈的钱都套进去。他指出，并不是所有的人都适合创业，大学生拿着父母的血汗钱去创业，把这些钱砸进去，没有回报，会导致"因创致贫"的结局。全国政协委员、新东方创始人俞敏洪对于"休学创业"这一政策则持不反对不鼓励的态度。为什么是"不反对不鼓励"呢？他认为不反对是因为如果真的有创业热情、且有创业机会的大学生不让他休学创业，对这部分人来说是一种伤害。但"休学创业"不能过多鼓励。大学生要理性对待创业，因为创业本身就是一件很难的事，不是每个大学生都适合去创业。在他每天接触的大学生创业项目中95%的项目都是平淡无奇，没有创新性的。他认为国家更应该注重培养的是独立创新型人才。

那么，大学生到底是去“休学创业还是上学深造”？2015 年 6 月 25 日，我院师生开展了“以专业对接社会发展热点”为核心内容的大讨论，参加者各抒起见，好不热闹。

有的认为，教育部的通知非常及时，给在校大学生创新创业提供了政策支持和良好环境。机不可失，失不再来，似乎光明的前景在向我们招手。一些同学摩拳擦掌，时刻准备休学创业。甚至有人还发出了“大胆去创业，失败也光荣”的呐喊。

也有的认为，休学创业这一政策显然是缓解就业压力的一种积极应对之策，但不得不说的是，“鼓励大学生休学创业”在眼下的现实氛围里仍然是“理想很丰满，现实很骨感”的一件事情。据一份调查报告显示：美国这样的发达国家的大学生创业成功率是 20%，中国大学生创业平均成功率是 3%，很多地方创业成功率只有 1%，成功率最高的浙江也只有 4%。这意味着它不可能马上成为一种具有普遍意义的“就业”方式，而更大的是创业失败后继续寻找就业机会。该观点强调，鼓励大学生休学创业不能只有一纸通知，而必须从制度上求解。他山之石可以攻玉。在美国，大学生的“创业计划”大赛是一种很成功的模式。这项大赛由学术界和企业名流当评委，选出优胜者，最终其获得风险投资，即使失败，也有职业保险兜底；而在瑞典，则有一套完备的创业教育体系，内容涵盖了从初中、高中、大学本科直到研究生的正规教育。政策认可休学创业，使有需要的学生能够获得创业实践的黄金时期，等创业进入稳定期，或者放弃创业后，都可以选择再回到学校继续完成学业，这样就让学生没有后顾之忧。学生在进行创业实践的同时，不断在市场中磨炼，也会让他们对创业有更深刻的理解，对自己的职业规划有更清醒的认识，不管最终创业成功与否，学生都能获得提升。

我们认为，面对教育部的政策，同学们不能盲目躁动，寻找到适合自己的路才是最好的！我们需要珍惜大学学习机会，潜心学习，为未来就业储备知识和能力。十二年来，我们经历了从小学到高中的寒窗苦读，终于走进了梦寐以求的大学。在这里我们并不能只是为了以后可以找到一份体面的工作，更不能为了升官发财而不择手段。大学的意义是让我们成为独立思考的人，是让不成熟的心灵变得成熟，是让我们的眼界更加开阔，让浅薄的人变得厚重，让浮躁的心变得沉稳。通过大学四年的学习和学校生活，我们不仅会收获知识、学历、修养、见识、回忆等，而且可以学到更多处理复杂事物的能力。而这些积淀，是那些一夜暴富的人无法比拟的。

当然，在当今时代，无论是在国外还是在国内，都有一些杰出的人才很早就停止上学，休学创业了。我们无法否认这些人的能力和经历，但也要看到，他们从来没有停止过学习，只是改变了学习方式和学习形式罢了。我们不能狭隘地以为他们是由于停止上学而变得杰出，这就好比认为拿破仑是因为个子矮才能成为将军一样。例如，大家耳熟能详的美国著名企业家比尔·盖茨的确是大学三年级时中途退学创办微软公司，31 岁时已成为世界最年轻的亿万富翁，曾连续多年登上《福布斯》全球富豪榜榜首。可是我们同时需要知道的是，他 8 岁的时候就看完了几乎一整套《世界图书百科全书》；13 岁时成为学校最出名的黑客，并成立了一个程序设计小组；14 岁开始编写软件程序；16 岁时受湖滨中学校长之请为学校设计课程表。更为传奇的是，在比尔·盖茨 16 岁的时候，正值麦高文与尼克松竞选总统，他认为麦高文会输掉这次竞选，于是看到了商机，将那些许多人认为已经没用的麦高文及伊哥顿的竞选徽章及贴纸以 5 美分的价格全部买下，不久又以高价抛售，有的甚至卖到 25 美元一个，仅此这一笔生意就让比尔·盖茨赚到 10 万美元以上。

如果你有他的电脑才能、他的经商头脑和他的商业敏感度以及他的家庭背景，你完全可以立刻选择休学前去创业。而如果你认为的创业仅仅只是在校园里开个小铺卖点饰品这么简单，那就与政府所提倡的“创”业背道而驰了。在我看来，这些想法充其量只能算作你在做兼职，谈何创业？如果你真的想要加入自主创业的大军中来，不一定非要选择休学这种方式。在大学的校园里你完全有时间一边学习文化知识一边着手于你的创业计划。因为大学需要的是自主学习者，在大学中，你可以联系与你志同道合的伙伴进行合作，充分做好市场调研工作，发现不同群体的需求，必要的时候求助老师帮你剖析、论证，使之更具可行性。

目前中国桌面游戏领域的“NO. 1”当属《三国杀》，它的创始人黄恺在中国传媒大学游戏设计专业读大学二年级的时候，因为对上课的内容不感兴趣，将注意力转投至当时还十分小众的桌面游戏。由于从小喜欢玩游戏加上突如其来的灵感设计出了《三国杀》。可他并没有立刻付诸投入市场，接下来的几周里，他每天下课后都会走访北京很多的桌游吧，调研市场需求。经过深入的实地调查后，开办了一家自己的淘宝店铺，开始在网上试着出售自己的游戏产品。再后来，一位买家——清华大学计算机专业的博士生杜彬预感到了《三国杀》巨大的商业开发价值，与黄恺一道白手起家，成立了游卡桌游。而现在《三国杀》不仅给他带来了可观的收入，同时他也入围福布斯中美青年创业者榜单。

可以说，大学期间休学创业成功的人有很多，像比尔·盖茨、乔布斯，他们耀眼的光环背后是强大的家族势力和前所未有的创新能力。可是大学毕业后取得成功的人更多，像黄恺、陈光标、俞敏洪等，他们闪光耀眼事业的背后是良好的大学教育和“面朝黄土背朝天”的辛劳付出。你，准备好了吗？

总之，不管是“休学创业还是上学深造”，作为大学生我们既要做到审时度势，又要做到为自己的理想负责任，而不是盲目跟风，贪图一时的利益。教育部的"休学创业"政策在一定程度上顺应了时代的潮流，而这仅仅适合那些有能力有魄力想创业的人。他们有的家境富裕可能并不在乎成功与否，只是想尝试锻炼一下自己，但是对于大多数人来说并没有太多可以使用的资本。最后，我们认为选择适合自己的发展之路，才是最好的！

（2013级历史学本科班刘好、2014级思想政治教育本科班张湘钧供稿）

“两个必然”的再认识

“两个必然”是对马克思恩格斯在《共产党宣言》中关于“资产阶级的灭亡和无产阶级的胜利是同样不可避免的”[①]论断的概括。一百多年来,“两个必然”问题一直是国内外学术界探究的热点,也是我们学习《科学社会主义理论与实践》课程所必须要搞清的问题。特别是面对当代资本主义的新变化以及社会主义的新发展,如何从理论与实践的结合上科学认识“两个必然”就更为必要。鉴于此,在任课教师的指导下,我们全班同学对此问题进行了深入研讨,形成了如下认识。

(一)完整掌握“两个必然”的科学内涵需要与“两个决不会”思想有机结合

首先,马克思恩格斯关于“两个必然”的论断,是建立在对资产阶级产生和发展的历史进程分析的基础上得出的结论。马克思恩格斯认为,资产阶级是生产方式和交换方式的一系列变革的产物。从中世纪农奴中产生了初期城市的市民,从这个市民等级中发展出最初的资产阶级分子。在工场手工业时期,最初的资产阶级分子发展成为工业的中间等级。大机器工业出现以后,工业中的百万富翁就代替了中间等级,而成为现代资产阶级。随着资产阶级经济实力的增强,它的政治力量也不断增长,最终推翻了封建统治,建立了资产阶级统治。资产阶级在历史上曾经起过非常革命的作用,但是在它每一个进步作用的后面,都隐藏着深刻的社会矛盾。一方面,随着生产力的发展,社会化大生产和资本主义生产资料私人占有之间的矛盾日益尖锐,必然导致周期性经济危机的加深和无产阶级同资产阶级矛盾的激化。另一方面,随着资产阶级的发展和资本的不断积累,无产阶级即现代工人阶级也在同一程度上得到发展。随着大工业的发展,资产阶级赖以生产和占有的基础本身也就从它的脚下被挖掉了。它首先生产的是它自己的掘墓人——无产阶级。于是,马克思恩格斯才得出了“资产阶级的灭亡和无产阶级的胜利是同样不可避免的”[②]的论断。在马克思恩格斯看来,资本主义社会形态的灭亡和社会主义社会形态的产生,是不以人的意志为转移的,是由资本的本质所决定的。强调“同资本相对立的,除了雇佣劳动和资本自身之外,没有任何其他的东西。”[③]这也就是说,资本主义社会的本质是由两对矛盾构成的,

---

① [德]马克思、恩格斯:《共产党宣言》,《马克思恩格斯选集》第1卷,人民出版社1995年版,第284页。

② [德]马克思、恩格斯:《共产党宣言》,《马克思恩格斯选集》第1卷,人民出版社1995年版,第284页。

③ [德]马克思:《政治经济学批判(1857～1858年草稿)》,《马克思恩格斯全集》第46卷(上),人民出版社1959年版,第409页。

即资本与雇佣劳动的对立和资本与资本的对立。而资本内部的两对矛盾是用资本扬弃的方法来解决的。也就是说,“两个必然”的现实基础“并不在于资本主义生产的自然规律所引起的社会对抗的发展程度的高低。问题在于这些规律本身,在于这些以铁的必然性发生作用并且正在实现的趋势。”①

其次,马克思恩格斯“两个必然”论断与其“两个决不会”思想是一脉相承的。就是说,马克思恩格斯关于“两个必然”的论断是对资本主义社会生产力与生产关系矛盾运动考察的结果,阐述的是社会主义代替资本主义的历史必然性问题,而何时才能够实现代替的问题当时并没有明确。《共产党宣言》发表十年后,马克思通过对资本主义政治经济的进一步研究后指出:“社会的物质生产力发展到一定阶段,便同它们一直在其中运动的现存生产关系或财产关系(这只是生产关系的法律用语)发生矛盾。于是这些关系便由生产力的发展形式变成生产力的桎梏。那时社会革命的时代就到来了。随着经济基础的变更,全部庞大的上层建筑也或慢或快地发生变革。”②在马克思看来,判断这样一个变革时代不能以它的意识为根据;相反,这个意识必须从物质生活的矛盾中,从社会生产力和生产关系之间的现存冲突中去解释。并由此得出了“无论哪一个社会形态,在它所能容纳的全部生产力发挥出来以前,是决不会灭亡的;而新的更高的生产关系,在它的物质存在条件在旧社会的胎胞里成熟以前,是决不会出现的”③,即“两个决不会”的思想论断。回答了“两个必然”何时实现以及如何实现的问题。即社会主义代替资本主义的必然性是由社会生产力的发展水平决定的。只有当生产力达到一定高度,资本主义的生产关系无法容纳社会生产力发展的时候,社会主义代替资本主义才能最终实现。

从人类历史发展的进程看,“两个必然”揭示了资本主义必然灭亡,社会主义必然胜利的客观规律和发展趋势;“两个决不会”指明了社会主义取代资本主义的曲折过程。两者是有机联系的整体,共同体现了社会发展的前进性和曲折性的统一。因此,认识“两个必然”科学内涵必须要同“两个决不会”相联系。

(二)苏联模式社会主义的失败很大程度上是违背“两个必然”与“两个决不会”有机统一规律的惩罚

20 世纪 90 年代的苏联解体,引发了学术界深入的探讨。有人认为苏联模

---

① [德]马克思:《〈资本论〉第一卷(节选)》,《马克思恩格斯选集》第 2 卷,人民出版社 1995 年版,第 100 页。

② [德]马克思:《〈政治经济学批判〉序言》,《马克思恩格斯选集》第 2 卷,人民出版社 1995 年版,第 32～33 页。

③ [德]马克思:《〈政治经济学批判〉序言》,《马克思恩格斯选集》第 2 卷,人民出版社 1995 年版,第 33 页。

式社会主义的失败是十月革命埋下的苦果，埋怨十月革命是俄国历史上不应该发生的事件，甚至连普列汉诺夫也认为十月革命“违反了全部历史规律”①。事实到底是怎样的呢？让我们穿越历史的隧道，回到十月革命前的俄国，对其政治经济以及国内外环境做简要分析再做回答。

其一，从俄国内部状况来看，1917年前的俄国虽然有了资本主义的发展，但相对于西欧其他资本主义国家来说，俄国经济文化落后，工人阶级和其他劳动者极其贫困，统治阶级异常腐朽落后，国内阶级矛盾异常剧烈。但俄国作为当时帝国主义统治链条上的薄弱环节，在全球化条件下初具帝国主义特征，出现了垄断资本主义，某些垄断资本主义在战争的逼迫下变成国家垄断资本主义，为向社会主义迈进准备了物质条件。

其二，从俄国面临的国际环境看，第一次世界大战的爆发破坏了世界政治经济的正常发展，引发了更加深刻的危机。据统计，第一次世界大战动用兵力达889个师，7400万人参战，约1000万人死亡，2000万人负伤，战时的财政开支总计达3599亿美元，交战区遭受破坏的损失达278亿美元。战争破坏了正常的社会秩序，加剧了帝国主义各国之间政治经济的不平衡。各交战国为了重新瓜分殖民地，在战争中相互残杀，大大削弱了帝国主义阵线的力量，使得经济文化相对落后的俄国成为帝国主义统治链条中的薄弱环节，为俄国取得革命胜利提供了突破口。

其三，从以列宁为首的布尔什维克党的领导及理论建设来看，当时列宁从帝国主义时代下俄国的实际情况出发，不拘泥于马克思恩格斯原有的论断，提出了“一国胜利论”，为领导俄国取得十月革命胜利奠定了理论基础和战略指导。列宁指出：“资本主义的发展在各个国家是极不平衡的。而且在商品生产的条件下也只能是这样。由此可以得出一个必然的结论：社会主义不能在所有国家内同时获得胜利。它将首先在一个或者几个国家中获得胜利，而其余的国家在一段时期内将仍然是资产阶级的或者资产阶级以前时期的国家。”②列宁还根据帝国主义时代资本主义国家工人运动发展的实际情况，提出了与恩格斯所说无产阶级世界革命“将由法国人开始，而由德国人完成”的预言不同的发展前景，强调“现在我们看到的是国际社会主义力量的另一种结合。我们说，比较容易开始革命运动的，并不是那些能够比较容易地进行掠夺和有力量收买本国工人上层分子的剥削国家。……现在的形势与马克思和恩格斯所预料的不同了，它把国际

---

① 苏联百科全书出版社学术委员会，苏联科学院历史学部编：《世界历史百科全书·人物卷》，商务印书馆1992年版，第981页。

② [俄]列宁：《无产阶级革命的军事纲领》，《列宁选集》第2卷，人民出版社1995年版，第722页。

社会主义革命先锋队的光荣使命交给了我们——俄国的被剥削劳动阶级;我们现在清楚地看到革命的发展会这么远大;俄国人开始了,德国人、法国人、英国人将去完成,社会主义定将胜利。"[①]所有这些思想,无论是对身处第一次世界大战的俄国还是之后进行社会主义革命的其他国家都提供了理论指导。

由此我们认为,十月革命的胜利有其必然性和特殊性。所谓特殊,一是指它是在世界大战的条件下发生的,即战争引起革命;二是指它是在俄国资产阶级革命后还没有建立起完备的资本主义政治经济制度的基础上,由无产阶级领导人民群众取得胜利的革命;三是俄国国内生产力落后,即"落后"使俄国走在了其他国家的前面,先于发达国家取得了社会主义革命的胜利。所谓必然性,一是十月革命是俄国国内各种经济、社会、政治矛盾发展和激化的必然结果,也是帝国主义各国之间矛盾发展和激化的必然反映;二是由于俄国资本主义发展较晚且对外依赖严重,资产阶级薄弱且反动,资产阶级革命胜利后,既没有解决人民群众迫切要求的和平、土地和面包问题,也没有建立起资产阶级的民主制度,而是与封建贵族相结合,对内残酷镇压人民,对外穷兵黩武,在帝国主义大战中互相残杀,国内人民饥寒交迫,困苦不堪,拿起武器举行革命就成了人民争取解放的唯一出路;三是帝国主义时代,列宁继承、捍卫和发展了马克思主义的革命理论,从时代特征的分析出发,创立了社会主义革命的新理论和新策略,并领导建立了新型的无产阶级政党——布尔什维克党,这个党对资产阶级采取革命态度,对机会主义持不调和态度,团结坚强、组织统一,坚持社会革命和无产阶级专政,坚持与广大人民群众相联系,并得到大多数工农的全力支持。在历史的关头,大多数俄国"人民完全自觉地按照自己的选择站到了苏维埃一边。"[②]

然而,十月革命胜利后,俄国面临的国际国内环境使之不仅没有按照其特殊发展而选择走特殊道路,反而教条式的照搬了马克思恩格斯设想的在资本主义发达国家建立的社会主义社会的基本特征来建设社会主义。十月革命胜利后,苏维埃政权为反对帝国主义武装开始了长达三年的国内战争,在这特殊时期苏维埃政府采取了战时共产主义政策。战时共产主义政策是为保卫社会主义国家所采取的一个特殊政策,它反映了苏维埃政权对社会主义建设的初步尝试和以列宁为首的布尔什维克党"直接过渡"到社会主义的思想。但这个政策毕竟违犯了经济发展的规律,挫伤了群众的积极性,阻碍了生产力的发展。为此,以列宁

---

① [俄]列宁:《全俄工兵农代表苏维埃第三次代表大会文献》,《列宁全集》第33卷,人民出版社1985年版,第279页。

② 参见刘淑青等编:《"十月"的选择——90年代国外学者论十月革命》,中央编译出版社1999年版,第9页。

为代表的布尔什维克党及时总结经验教训，承认“用‘强攻’办法，即用最简单、迅速、直接的办法实行社会主义的生产和分配原则的尝试已告失败。”[①]进而用以粮食税为起点的新经济政策代替了以余粮收集制为中心的战时共产主义政策，逐步将党和国家的工作重心转移到经济建设上。但是由于列宁的逝世，斯大林过早地结束了新经济政策，并且逐步建立了高度集中和高度集权的经济政治体制，即斯大林模式。这种模式使苏联社会主义建设偏离了新经济政策的轨道，助长了苏联社会主义建设理论和实践的“左倾”，并且影响到整个国际共产主义运动，使当时多个社会主义国家照搬了苏联模式，加之后来改革改变方向，在西方和平演变的剧烈影响下，苏联解体、东欧剧变也就在劫难逃。

应该说，苏联模式社会主义的失败有很多原因，但从历史发展规律的角度来看，在很大程度上无疑是违背“两个必然”与“两个决不会”有机统一规律遭受的惩罚。法国学者托尼·安德烈阿尼指出，“建立在高度集中管理上的国家社会主义——斯大林模式隐藏着危机。现实社会主义阵营曾相当强大，本可以改变其发展道路，但五六十年代的一切改革都羞羞答答，受到了旧制度的束缚。教条主义、怀疑主义、宗派主义、体制弊病都与高度集权的体制密切相关，这种体制窒息了人们的思想和首创精神。”[②]然而这并不能得出整个社会主义失败的结论，也不能证明资本主义的优越性。苏联模式社会主义的失败，证明了过分重视政治民主的实际内容忽视民主的程序和形式是不可行的，论证了在未完成未来社会主义社会创造物质基础的任务、未完成马克思提出的过渡时期和未完成消灭资本主义、消灭阶级的历史任务之前，急于实现马克思预测的社会主义社会必然走向失败。西方马克思主义的代表人物之一哈贝马斯也指出，“从苏东剧变中得出社会主义观念已经破产的结论是不正确的。”[③]美国学者保罗认为，苏东剧变并非马克思主义的失败，因为在马克思逝世后，列宁——斯大林主义虽然与马克思主义有直接的因果关系，但是马克思的思想已经被变形，这在一个集权的官僚体制国家中发展到顶点。马克思理论的灵活性、人道主义和对自由的关注不复存在，反而代之以僵化、形式化、教条化的体制。[④] 因此我们说，这种违背历史发展规律的苏联模式必然走向失败。

---

① [俄]列宁：《在莫斯科省第七次党代表会议上关于新经济政策的报告》，《列宁全集》第42卷，人民出版社1987年版，第225页。

② [法]托尼·安德烈阿尼：《法国学者安德烈阿尼谈社会主义的历史命运》，顾锦屏摘译，载《国外理论动态》1998年第10期。

③ 陆俊：《论苏东剧变后哈贝马斯对社会主义问题的思考》，载《马克思主义与现实》1996年第3期。

④ Paul Paolucci, "The Discursive Transformation of Marx's Communism into Soviet Diamat", *Critical Sociology*, 2004, Vol·30 Issue 3.

（三）中国特色社会主义的崛起进一步坚定了人们对“两个必然”的信心

中国走上社会主义道路有其必然性和艰难性。中国具有悠久的历史和灿烂的文化，曾经在世界上占有极为重要的地位。但自19世纪中期开始，这种地位被西方列强不断动摇。1840年鸦片战争后，中国社会逐步沦为半殖民地半封建社会。为了挽救民族危亡，从广州三元里人民的抗英斗争，到洪秀全领导的太平天国运动，从义和团运动到戊戌变法，从孙中山领导的辛亥革命到1919年的五四运动，先后涌现了以林则徐、龚自珍、魏源为代表的第一批睁眼看世界学习西方的改革家；把基督教的平等思想和中国古代农民的平均思想以及儒教、佛教糅合在一起作为指导思想领导太平天国运动的洪秀全；倡导维新变法运动的康有为、梁启超以及领导辛亥革命的孙中山。然而，一次又一次的抗争和无数贤人志士的探索，换来的却是一次又一次的碰壁和失败。

马克思指出：“社会的物质生产力发展到一定阶段，便同他们一直在其中运动的现存生产关系或财产关系发生矛盾。于是这些关系便由生产力的发展形势变成生产力的桎梏。那时社会革命的时代就到来了。随着经济基础的变更，全部庞大的上层建筑也或慢或快地发生变革。”[①]十月革命的胜利以及中国共产党的成立，救中华民族于水火，进而领导中国人经过新民主主义革命走向社会主义，使中华民族站了起来，真正走向世界，立于世界民族之林。然而，中国的社会主义建设并非一帆风顺。1956年中苏关系僵硬，美苏争霸，社会主义的发展处在一种尴尬的环境下。加之国内掀起了“大跃进”和人民公社化运动，急于求成、操之过急的政策使中国的社会主义道路遭到重创。直到十一届三中全会以后，通过改革开放逐步创立了中国特色社会主义道路，在风云变幻的世界上中国迅速崛起，国际地位明显提高。

据中国人民银行2015年12月11日发布的数据显示，截止11月末，广义货币(M2)余额137.40万亿元，同比增长13.7%。这几乎相当于中国年度GDP的两倍，远高于美国和日本的同一比值，中国经济目前的货币化程度高居全球前列，这使得许多人认为中国货币已经严重超发。[②] 中国人民的生活水平极大提高，国际影响力不断提升，中俄战略协作伙伴关系不断加深；中欧关系友好发展；开启了中英两国关系的“黄金时代”[③]；中美新型大国关系不断攀登新台阶。特别是随着“一带一路”战略的实施，中国与沿线国家的关系更加紧密，将逐步架起

---

① ［德］马克思：《〈政治经济学批判〉序言》，《马克思恩格斯选集》第2卷，人民出版社1995年版，第32～33页。

② 赵筱赟：《中国最大的变革将激活半个中国的财富》，2015年12月24日《商业见地网》。

③ 苏晓晖：《中英关系“黄金时代”开启了（望海楼）》，2015年10月14日《人民日报海外版》。

中国梦连接世界梦的桥梁。虽然这之间会有波折，但中国在社会主义道路上不断创造的奇迹举世瞩目。邓小平指出："我们是社会主义国家，社会主义制度优越性的根本体现，就是能够允许社会生产力以旧社会所没有的速度迅速发展，使人民不断增长的物质文化生活需要能够逐步得到满足……如果在一个很长的历史时期内，社会主义国家生产力发展的速度比资本主义国家慢，还谈什么优越性？"[①]中国特色社会主义是对苏联模式社会主义的实质性突破，是在不断总结社会主义建设经验教训上的不断扬弃、改进和发展。

通过"两个必然"和"两个决不会"理论的学习，探究苏联模式社会主义的失败与中国特色社会主义的崛起，使我们认识到社会主义制度的确立不可能是一帆风顺的，新事物（社会主义制度）和旧事物（资本主义制度）反复较量过后，当旧事物的能量全部释放以后，新事物必然代替旧事物。因此说，社会主义的实现是必然的，但这是一个长期的复杂的艰巨的过程，不是短时间内就可以实现的。

（4）当代资本主义与社会主义的发展进程将深刻验证"两个必然"的科学性

历史的发展表明，资本主义和社会主义的发展是一个长期的曲折的过程，在这一过程中，资本主义必然灭亡并不是说资本主义体系立即崩溃，社会主义必然胜利也不是指迅速在全世界实施。

应该说，二战以来资本主义有了长足的发展。为了生存和发展，资本主义国家不断进行自我改革，积极推动科技革命，不断调整生产关系和社会关系，甚至也借助社会主义因素完善和发展自己，出现了一些新变化。比如，在生产关系和经济体制方面，普遍建立了宏观调节机制，资本占有形式不断社会化，建立了比较完善的社会保障和社会福利制度、国民收入再分配的比例增大，垄断资本国际化、跨国公司发展迅速；资本主义剥削方式实现了隐蔽化智能化，股份分散化，劳资矛盾有所缓和；产业结构不断调整，第一产业的比重不断减少，第二产业逐渐下降，第三产业即服务业迅猛发展，且在产业结构中占有越来越大的份额。阶级结构也发生了重大变化，形成了几个新的阶层，即代表垄断资产阶级的高级经理阶层与高级专家官员阶层，以及以巨额股息、利息为生的食利者阶层，垄断资产阶级的经济实力和政治统治大大加强，中等资产阶级的地位进一步巩固。

然而，当代资本主义的新变化并没有改变其制度性的危机，2008 年的金融危机就是典型的例证。2008 年金融危机的直接影响是造成了美国大量金融机构的破产或重组，导致货币供给的紧缩，逆转了美国经济增长的势头。首先，在美国金融危机爆发后，大量金融机构遭受巨额损失，股价惨跌，直接对股市大盘

---

① 邓小平：《高举毛泽东思想旗帜，坚持实事求是的原则》（1978 年 9 月 16 日），《邓小平文选》第 2 卷，人民出版社 1994 年版，第 128 页。

造成冲击。其次，国际主要金融市场动荡加剧。美国金融危机全面爆发后，从美国纽约到英国伦敦，从法国巴黎到德国法兰克福再到日本东京，西方主要经济体的股市动荡不已，总体是持续下跌势头。再次，这场金融危机已从金融领域扩散到实体经济领域。就港口运输业来看，受全球经济危机影响，世界不少大中型港口的货物吞吐量大幅滑坡，港航企业经济效益下降，经营出现困难，个别港口甚至面临资金断链、破产倒闭的局面。就房地产行业来看，明显受到世界金融危机的波及，上市的房地产公司融资困难，房地产业陷入困境。当时在美国，汽车业销量下降、工业产量环比下跌，各大企业纷纷裁员，失业率持高不下；在英国，平均每 5 分钟就有 1 人宣布破产，每天平均有 104 户人家被迫变卖房产还债①；在德国，导致农产品价格下跌，使德国农民对未来前景感到悲观和不安。美国前副财长罗杰·阿尔特曼曾明确指出："经济危机已经使全球化发生了逆转，长期以来认为在单一的世界市场中人人共赢的观点已经逐渐削弱。美国的模式已经失宠，其在全球的主导地位将进一步下降，欧洲内部的分歧使得其复苏的速度比美国更慢。"②由此引发的工人罢工游行运动此起彼伏。在美国爆发了著名的"占领华尔街运动"，在欧洲多次爆发"占领法兰克福运动"。据国际劳工组织发布的全球工作报告《修复经济与社会架构》称，"全球失业人数 2015 年将增至 2.08 亿。报告指出，新兴经济体和发展中经济体的就业率 2015 年将恢复到金融危机前的水平，而发达经济体则需要到 2018 年才能回到危机前的水平。"③由此可见，资本主义在发展调整的同时，其制度背后则潜藏着深刻的矛盾、动荡和经济随时下滑的风险。今年"加上美联储加息背景，对于许多新兴市场货币而言并不太平。2016 年也仍有很大的风险。"④

与此形成鲜明对比的是社会主义国家的建设不断取得新成就，国际影响力明显提高。早在 2010 年中国经济总量排名已达世界第二，在世界金融危机时期，为世界经济的发展做出了巨大贡献，成为维护世界和平与发展的负责任的大国。今年习近平主席在访问俄罗斯、哈萨克斯坦期间落实了丝绸之路经济带与俄、欧、亚经济联盟建设与哈"光明之路"新经济政策的对接，"一带一路"建设步伐加快。在 2015 年联合国发展峰会上，习近平主席还宣布了一系列援助南部国家的计划。事实上，中国从不独享发展机会和发展成果，坚持把自己的发展与世界其他国家的发展相连，高举和平、合作、发展、共赢旗帜，与世界各国人民共享

① 参见：《金融危机向实体经济蔓延》，2008 年 10 月 20 日《燕赵都市报》。

② [美]罗杰·阿尔特曼：《衰退中的全球化——金融危机对地缘政治的进一步影响》，载《国外理论动态》2010 年第 5 期。

③ 《全球失业人数 2015 年将增至 2.08 亿，各国伤不起》，2013 年 6 月 13 日《人民日报海外版》。

④ 《小心！97 年亚洲金融危机情景重现》，2015 年 12 月 22 日《中金在线》。

发展成果。与此同时，越南、古巴等其他社会主义国家也都在积极推进政治经济改革，并不断取得新成就。

总体上看，当今世界社会主义的发展虽有前进有曲折，但其发展趋势则代表着人类历史的发展方向。正如西方著名左翼学者齐泽克所说："资本主义内在对抗的结果就是共产主义。共产主义'假说'并没有落入伦理社会主义将平等作为先验标准公理的陷阱，而是从现实社会对抗中导出共产主义的必要性。"[①]他认为，"马克思的共产主义概念不是理想，而是(现实)对抗的反应的运动，共产主义依旧完全有价值"[②]。当然，由于当今的社会主义国家都是在资本主义发展很不充分条件下建立的，这就必然使社会主义同资本主义有更长时期的共存期，"两个必然"的实现还需要一个较长过程。我们要充分认识资本主义社会的自我调节能力以及在经济、科技、军事方面的优势，做好两种社会制度长期共存、合作发展、竞争共处的准备。

(2013 级思想政治教育本科班周焕婷、王洁钰供稿)

---

① Antonio Negri, Raf Valvola, Goodbye Mr Socialism, in conversation with Raf Valvola, *steven stories*, 2008, p. 26.

② Slavoj Zizek, *First as Tragerly*, *Then as Farce*, London: Verso, 2009, p. 88.

用社会主义核心价值观引领铸就美好“中国梦”

中华民族的价值观是支撑中华民族不断前进的精神动力。党的十八大从国家、社会和公民三个层次高度概括了时代所需要的核心价值观——社会主义核心价值观，倡导富强、民主、文明、和谐，自由、平等、公正、法治，爱国、敬业、诚信、友善。社会主义核心价值观引领国家的发展道路，有助于推动中华民族伟大复兴的“中国梦”的实现；社会主义核心价值观引领社会的前进方向，促使整个社会实现和谐美好；社会主义核心价值观引领每个公民的生活，实现每个公民的一生幸福。作为一名当代大学生，既要深刻领会社会主义核心价值观的思想内涵，更要用社会主义核心价值观来指导自己的行动，把社会主义核心价值观的基本内容内化于心，外化于行，为铸就美好“中国梦”点亮青春，放飞理想。

(一)全面领会社会主义核心价值观的思想内涵

富强、民主、文明、和谐是社会主义核心价值观在国家层面的内容要求，也是国家在新时期提出的新的建设目标。富强，即国富国强、民富民强。国富体现在国家的经济建设上，表现为国家整体的经济水平和经济实力；国强以国富为基础，最终达到经济、军事、文化、科技等全方位的强大；民富指的是全面建成小康社会，即人均国民生产总值能达到3000美元；民强指的是国民精神文化、道德素质等方面的强大。民主即人民当家作主，是社会主义的生命。习近平总书记在群众路线教育实践活动讲话中引用“人视水见形，视民知治不”名言，充分揭示了民主在政治治理中的重要地位。文明，从国家层面讲就是国家发展的状态，即国家创造的物质财富和精神财富的总和，而国家整体的文明表现为整个社会和每个人的文明，所以文明又指的是社会秩序的建立和人的教养和开化状态，体现在实际生活中。文明最重要的表现为国家的文化建设。当前我国文化建设的核心是以人为本，着力提高全民族的思想道德和科学文化素质，使全社会不断提升新的精神高度和新的审美境界。和谐即稳定，是一个国家整体上达到良好状态后并稳定发展，和谐是国家富强、民族振兴、人民幸福的重要保证，社会和谐是我们党不懈奋斗的目标。

自由、平等、公正、法治是中国社会的核心价值观，也是对美好生活的表述。自由主要指行为自由和意志自由。《共产党宣言》曾用“每个人的自由发展是一切人的自由发展的条件”来描述未来的理想社会，由此可见，自由是马克思主义者追求的社会价值目标，是对美好生活的期待与向往。平等指的是人和人之间的一种关系、人对人的一种态度，是人类社会的终极理想状态。在目前我国的反腐浪潮中,实行的“老虎”“苍蝇”一起打的举措,无疑是对平等的一种现实诠释。公正,即社会公平和正义,它以人的解放、人的自由平等权利的获得为前提,是国家、社会应然的价值理念。近年来我国实行的城乡“同票同权”、补齐西部这块国民经济的短板等政策都体现了公正。法治,一方面指的是治国的方略、社会调控方式;另一方面指的是一种法律价值、法律精神。法治与依法治国紧密联系在一起,依法治国是党领导人民治理国家的基本方略,是发展社会主义市场经济的客观需要,是社会文明进步的重要标志,也是国家长治久安的重要保障。

爱国、敬业、诚信、友善是每一个中国公民的核心价值观,也是每一个中国公民的道德规范。爱国即热爱祖国,爱国是中华民族的优良传统。爱国不是说出来或写出来的,需要每个人在实际行动中有所体现,自觉报效祖国。敬业,是一个道德的范畴,是一个人对自己所从事的工作负责的态度。只有热爱和坚持自己的职业,才可能做好自己的工作。科学上没有平坦的大道,真理长河中有无数礁石险滩。只有不畏攀登的采药者,只有不怕巨浪的弄潮儿,才能登上高峰采得仙草,深入水底觅得骊珠。诚信即是诚实守信,是中华民族的优良传统,是最基本的道德规范,是我们在人际交往中需要具备的最为重要的品格之一。诚实守信需要我们做到诚实劳动、信守承诺、诚恳待人。友善也是中华民族的优良传统,是处理人际关系的基本准则。友善强调公民之间应互相尊重、互相关心、互相帮助、和睦友好。在人际交往中,人与人之间的友善会使人们感受到社会的温暖和生活的美好。

(二)社会主义核心价值观是实现“中国梦”的强大精神力量

实现国家富强、民族振兴、人民幸福的“中国梦”,是中华民族近代以来最伟大的夙愿,是全国人民的奋斗目标。社会主义核心价值观在筑梦圆梦过程中具有特殊意义,是实现中华民族伟大复兴的价值引领和强大精神力量。

社会主义核心价值观是“中国梦”的价值引领。“中国梦”是伟大的,但是实现“中国梦”的过程却是艰辛的。我们要选择前进的方向,我们要走正确的道路,我们要用正确的方法,我们还要面对无数的困难,所有这些都需要一个价值观帮我们衡量和选择。社会主义核心价值观作为为实现“中国梦”的价值引领,是由其内涵与特性所决定的。社会主义核心价值观的内涵用“三个倡导”作了概括,即倡导富强、民主、文明、和谐,倡导自由、平等、公正、法治,倡导爱国、敬业、诚信、友善。这个内涵包含了国家、社会、公民三个层面的价值目标、价值取向、价值准则。富强、民主、文明、和谐给国家整体的发展指明了方向;自由、平等、公正、法治为社会的发展指明了目标;爱国、敬业、诚信、友善给每个公民规定了道德规范。社会主义核心价值观把个体和集体、整体的利益追求更好地联结起来,明确了不同社会阶层、群体、个体的价值目标,凝聚了国家、社会、个人不同层面的价值认识，能够引领整合多样化社会思想意识，激发广大人民群众投身改革开放事业、实现“中国梦”的积极性、主动性和创造性，对促进经济持续健康发展和社会和谐稳定、实现中华民族伟大复兴发挥重要的保证和支撑作用。

社会主义核心价值观是“中国梦”的精神支撑。核心价值观鲜明体现了一个社会主导性的价值准则，以及所追求的价值理想，能最大限度地整合各利益相关者及行为主体的积极性、主动性和创造性，激励其为实现远大理想而团结奋斗，从而构成一个民族、国家发展进步须臾不可缺失的精神支柱。党的十八大以来，习近平总书记多次指出，实现“中国梦”要坚持走中国道路，凝聚中国力量，弘扬中国精神，而中国精神最为具体的表现就是社会主义核心价值观。社会主义核心价值观给“中国梦”的实现提供了强大的精神支撑和精神动力，在社会主义核心价值观的推动下，“中国梦”必将实现。

“中国梦”和社会主义核心价值观相辅相成，相互渗透，同步推进。“中国梦”从理想变成现实的过程同时也是社会主义核心价值观一步步落地生根的过程，社会主义核心价值观所倡导的价值理念，在为“中国梦”提供精神力量的同时，必将影响人们的生活，使人们更自觉地认同和遵循。

(三)努力践行社会主义核心价值观，为实现“中国梦”贡献力量

梦想变为现实，需要人们付诸实干。“中国梦”的实现离不开每个人的参与，包括我们每一位学生。作为一名当代大学生，要努力践行社会主义核心价值观，用我们的青春年华谱写构筑“中国梦”的美丽篇章。

其一，自觉加强爱国主义教育，增强民族自尊心、自信心和自豪感。实现中华民族伟大复兴的“中国梦”，首先需要我们对祖国充满信心。在充满信心的情况下，我们还要学会理性爱国，要清楚地了解我们社会的发展现状，在哪些方面与发达国家还存在差距，在哪些方面还需要进一步发展，提高综合实力。做到面对历史不气馁，正视现实不自傲，面向未来充满信心，时刻保持一颗理性的心。作为受过科学教育、具有一定知识水平的大学生，我们要积极行动起来，自觉参与到自己所在学校、社区、城市的建设之中，为“中国梦”的实现贡献自己应有的力量。

其二，努力学习科学文化知识，提高自己的文化素质。作为学生，我们的本职任务是学习。当今世界，经济和科技的竞争主要围绕人才和知识展开，所以拥有现代科学知识的大学生在未来经济科技发展中将发挥重要作用，在未来国际竞争中将发挥重要作用。大学生作为新一代的社会发展的主力军，应树立宏伟的目标，怀揣远大的理想，为国家的富强而奋斗，为“中国梦”的实现而奋斗。

其三，自觉继承中华民族的传统美德，形成优良的品格，提高自己的道德素质。中华民族的传统美德是中国优秀古老文明的体现，它包括中华民族优秀的道德品质、优良的民族精神、崇高的民族气节、高尚的民族情感以及良好的民族习惯。“中国梦”的实现需要以这些传统的美德为依靠，我们年轻人要继承和发扬中华民族的传统美德，让这些优秀古老的文化在实现“中国梦”的过程中显现出不一样的力量。我们还要学习诚实守信、待人友善等优秀的品格，使我们在与世界其他国家的年轻人交往中展现出深厚的中华文化底蕴。

其四，加强国际交流，把中国介绍给世界，让世界了解中国。“中国梦”既是民族复兴梦、国家富强梦、人民幸福梦，也是世界和谐梦。实现“中国梦”需要取世界之精华，与世界各国人民友好相处，共同建设和平安全的美好世界。作为大学生，要自觉加入到世界文明的交流中，把中国介绍给世界，让世界任何一个国家和地区都了解中国；学习先进文化和科学技术，吸收来自世界上任何一个国家或地区优秀的文化发展自己，为“中国梦”的实现增添光彩。

其五，自觉遵守民族平等、民族团结、各民族共同繁荣原则。中国各民族的大团结是“中国梦”实现的重要前提，作为大学生，我们要把民族团结落实到自己的学习生活中，尊重少数民族学生和少数民族的风俗习惯；在学习和生活中乐于帮助少数民族学生；热爱和平，积极宣传和平与发展，推动“中国梦”的实现。

“中国梦”抒发着中国人民奋发向上的情怀，寄托着中华民族伟大复兴的期望，是所有中国人梦寐以求的夙愿。社会主义核心价值观是实现伟大美好“中国梦”的精神力量和动力支撑。作为一名大学生，我们要深刻领会社会主义核心价值观的内涵特点，用实际行动践行社会主义核心价值观，把社会主义核心价值观的要求落实到我们的学习和生活之中，用我们的青春年华谱写构筑实现“中国梦”的美丽篇章。

（2014 级思想政治教育本科班刘镇玮供稿）

参考文献

1.《马克思恩格斯选集》1～4卷,人民出版社1995年版。

2.《列宁选集》1～4卷,人民出版社1995年版。

3.《毛泽东选集》1～4卷,人民出版社1991年版。

4.《邓小平文选》1～3卷,人民出版社1993、1994年版。

5.《江泽民文选》1～3卷,人民出版社2006年版。

6.《习近平谈治国理政》,外文出版社2014年10月版。

7. 中共中央文献研究室编:《十六大以来重要文献选编》(上),中央文献出版社2005年版。

8. 中共中央文献研究室编:《十六大以来重要文献选编》(中),中央文献出版社2006年版。

9. 蔡元培:《蔡元培文集》,上海远东出版社1994年版。

10. 曹日昌:《普通心理学》,人民教育出版社1987年版。

11. 陈秉公:《思想政治教育学原理》,高等教育出版社2006年版。

12. 陈万柏、张耀灿:《思想政治教育学原理》,华中师范大学出版社2009年版。

13. [英]安东尼·吉登斯:《第三条道路:社会民主主义的复兴》,郑戈译,北京大学出版社2000年版。

14. [美]罗兰·罗伯森:《全球化:社会理论和全球文化》,梁光严译,上海人民出版社2000年版。

15. [美]约·奈斯比特、帕·阿博顿妮编著:《2000年大趋势——九十年代的十个新趋向》,东方出版社1990年版。

16. 张耀灿、郑永廷:《思想政治教育学》,人民出版社2006年版。

17.《思想政治理论课程教学基本要求》课题组编:《思想政治理论课程教学基本要求》,武汉大学出版社2007年版。

18. 教育部社会科学司组编:《普通高校思想政治理论课文献选编》(1949～

2008),中国人民大学出版社 2008 年版。

19. 段忠桥:《建国以来普通高校马克思主义理论课和思想品德课课程设置及教学内容历史沿革资料汇编》(上、下编),高等教育出版社 2004 年版。

20. 顾海良:《高校思想政治理论课程建设研究》,经济科学出版社 2009 年版。

21. 方世南等:《高校马克思主义思想政治理论课程改革创新研究》,人民出版社 2007 年版。

22. 罗崇敏:《教育的价值》,人民出版社 2012 年版。

23. 梅荣政、钟明华、张雷声:《思想理论教育研究》第 2 辑,高等教育出版社 2005 年版。

24. 皮连生:《教育心理学》,上海教育出版社 2004 年版。

25. 郑永廷主编:《思想政治教育方法论》,高等教育出版社 2010 年版。

26. 中央财经大学马克思主义学院思想道德修养与法律基础教研室编:《行走的课堂》,中央民族大学出版社 2010 年版。

27. [美]菲利普·G·阿特巴:《全球化与大学——不平等世界的神话与现实》,覃文珍译,《北京大学教育评论》2006 年第 1 期。

28. 陈尚伟:《以学生为本,加强和改进"两课"教学》,《思想理论教育导刊》2004 年第 8 期。

29. 陈友放:《思想政治理论课教学实效性的探讨》,《学校党建与思想教育》2010 年第 7 期。

30. 戴克明:《关于提高德育实效性的思考》,《中国教育学刊》2000 年第 6 期。

31. 熊建生:《大学生思想政治教育内容体系的科学构建》,《思想理论教育导刊》2006 年第 2 期。

32. 黄蓉生、石雪、刘朋:《改革开放以来大学生思想政治状况发展变化的思考》,《思想理论教育导刊》2008 年第 12 期。

33. 王德勋:《高校宣传思想政治工作实效性浅析》,《学校党建与思想教育》2005 年第 4 期。

34. 岑延远、聂衍刚:《论个体竞争性的心理学研究》,《心理发展与教育》2005 年第 3 期。

35. 何勇平:《高校思想政治理论课实践教学模式的建构》,2006 年 8 月 7 日《光明日报》。

36. 刘靖炜、马奇柯:《思想政治教育机制的内涵研究》,《理论探讨》2006 年第 4 期。

37. 刘爱书:《大学生竞争态度与五大人格关系的研究》,《中国健康心理学》2008 年第 4 期。

38. 杨元华、夏科家、解超、张端鸿:《大学生思想政治教育体制和机制创新研究》,《思想理论教育》2008 年第 3 期。

39. 张忠华:《对德育实效问题研究的反思》,《现代大学教育》2010 年第 2 期。

40. 郑永廷:《学习十七大精神推进高校思想政治教育研究与发展》,《思想理论教育导刊》2008 年第 2 期。

41. 朱诚蕾:《高校思想政治理论课评价的功能探讨》,《学习与实践》2008 年第 1 期。

42. 朱德全:《论教学设计的逻辑生长点》,《教育研究》2008 年第 8 期。

43. 徐志宏:《探求思想政治教育的基本内涵》,2008 年 2 月 23 日《光明日报》。

44. 吴杰:《高校思想政治理论课教学模式评析》,《天津市教科院学报》2009 年第 2 期。

45. 朱云生、熊礼贵:《思想政治理论课实效性的效用分析》,《学校党建与思想教育》2010 年第 7 期。

46. 叶华松:《提高高校思想政治理论课教学实效性的理性思考》,《思想理论教育导刊》2010 年第 5 期。

47. 张发钦:《简论思想政治理论课教学的目标层级与实现路径》,《学校党建与思想教育》2010 年第 10 期。

48. 陈鸿雁、文龙、曹大生:《高校思想政治理论课教师胜任力模型构建》,《河北师范大学学报》(教育科学版)2010 年第 2 期。

49. 陈开明:《增强高校思想政治教育时效性研究》,《人民论坛》2010 年第 14 期。

50. 郝文清:《思想政治教育的内涵与思想政治教育学的研究对象》,《淮北煤炭师范学院学报》(哲学社会科学版)2010 年第 6 期。

51. 余国林:《发达国家高校隐蔽性思想政治教育的启示》,《河北师范大学学报》2010 年第 10 期。

52. 王贤卿:《论高校思想政治理论课教学方法创新的特点与路径》,《思想理论教育导刊》2011 年第 1 期。

53. 吴京、颜吾佴:《高校思想政治教育队伍建设的思考》,《思想教育研究》2011 年第 5 期。

54. 李拥军、张勇:《我国大学生思想政治教育领导体制的现状及优化思路》,

《中国电力教育》2011 年第 28 期。

55.张春丽:《世界大学校长论坛专栏》,2011 年 8 月 19 日《光明日报》。

56.周静:《网络文化背景下大学生情绪管理的向度与实现》,《黑龙江高教研究》2012 年第 12 期。

57.赵扬:《新媒体背景下大学生思想政治教育工作的创新思考》,《思想教育研究》2012 年第 6 期。

58.陶晓瑛:《案例教学与 PBL 结合在〈思想道德修养与法律基础〉课程教学中的运用》,《高教论坛》2012 年第 3 期。

59.赵敏、何文玲:《新媒体环境下德育模式的创新》,《山东青年政治学院学报》2012 年第 6 期。

60.管书艳:《学生党员担任辅导员助理》,2013 年 1 月 14 日《中国教育报》。

61.叶燊:《新媒体时代大学生思想政治教育价值理念创新研究》,《伦理学研究》(长沙)2014 年第 1 期。

62.宗爱东:《社会主义核心价值观融入思政课》,2014 年 6 月 16 日《光明日报》。

63.缪志聪:《从被动听讲到主动思考——南京师大运用网络平台创新思政课教学纪实》,2014 年 6 月 23 日《中国教育报》。

64.盛若蔚:《在干部教育培训中加强理想信念和道德品行教育》,2014 年 7 月 21 日《人民日报》。

65.《中共中央国务院关于进一步加强和改进大学生思想政治教育的意见》(中发[2004]16 号)。

66.《教育部关于加强高等学校辅导员、班主任队伍建设的意见》(教社政[2005]2 号)。

67.《中宣部教育部关于进一步加强和改进高等学校思想政治理论课的意见》(教社政[2005]5 号)。

68.《教育部办公厅关于印发〈2006－2010 年普通高等学校辅导员培训计划〉的通知》(教思政[2006]2 号)。

69.《教育部关于印发〈高等学校辅导员职业能力标准(暂行)〉的通知》(教思政[2014]2 号)。

70.《教育部关于建立健全高校师德建设长效机制的意见》(教师[2014]10 号)。

后 记

“全球化时代高校思想政治教育创新研究”是我们承担的山东省高等学校人文社科研究计划项目(编号:J11WH16)的最终研究成果。该项目于2011年6月批准立项,项目组成员经过三年的调研和实践探索,在改革思想政治教育方式和改革思想政治理论课课堂教学模式的同时,完成了10万多字的研究报告,发表了6篇研究论文,建立了多个思想政治教育实践教学基地。期间,项目组成员讲授的“马克思主义基本原理概论”“毛泽东思想和中国特色社会主义理论体系概论”“中国近现代史纲要”“思想道德修养与法律基础”和“当代世界经济与政治5门思想政治理论课被评为省级精品课程;项目负责人带领的“思想政治教育”团队被评为省级教学团队;项目负责人荣获山东省“大众报业杯”师德标兵提名奖;1位项目组成员获校级“师德标兵”荣誉称号;2位项目组成员获全省高校思想政治理论课教学比赛三等奖;2位项目组成员荣获学校三等功。2014年12月,项目研究成果通过专家鉴定并结题。

“全球化时代高校思想政治教育创新研究”项目结题后,我们又申报了山东省高校思想政治理论课改革招标项目“高校思政课实践教学资源整合与多元化实践教学体系构建研究”并得以立项。经过又近一年的实践探索,项目组成员进一步深化了对“全球化时代高校思想政治教育创新研究”的认识,对原有的研究报告进行了丰富与完善,形成了目前这份书稿。书稿总体内容结构由项目负责人陈海燕教授设计,具体写作分工(按照内容顺序)如下:陈海燕教授(齐鲁师范学院马克思主义研究中心主任、山东师范大学合作博士生导师)撰写第一章、第四章;王晨博士(山东大学政治学与公共管理学院博士研究生、齐鲁师范学院经济与管理学院讲师)撰写第二章;李寒梅博士(齐鲁师范学院政治与社会发展学院副教授)撰写第三章;崔勇(齐鲁师范学院政治与社会发展学院讲师)撰写第五章第一节;鞠忠美(齐鲁师范学院政治与社会发展学院副教授)撰写第五章第二节、第三节;赵立峰(齐鲁师范学院党委办公室秘书、中国社会科学院马克思主义研究院在职博士研究生、副教授)撰写第六章。全书由陈海燕教授修改定稿。

光阴似箭，岁月蹉跎，四年的时间转眼即逝，但高校思想政治教育创新研究仍将不断深化。四年来，项目组成员精诚合作，不辞劳苦：工作中，团结奋进，刻苦钻研，孜孜不倦；课堂教学中，锐意改革，精心探索，循循善诱；社会调研舞台上，深入学生，深入社会，身先士卒，与学生共成长，与社会发展共进步，努力开辟第二课堂。值得欣慰的是，这次的课题研究有很多学生踊跃参加，并从受教育者的视角撰写了他们对高校思想政治教育创新的认识和体验，包括一些参加社会实践的经历和感悟，虽然稚嫩，但也不乏闪烁着契合时代发展的思想火花。本书摘颉了几篇来自学生的报告，这既是我们推动高校思想政治教育创新研究的一次尝试，也体现了对“以学生为本”的高校思想政治教育创新的探索。需要说明的是，学生们的参与热情很高，很多学生撰写了研究报告，例如：2011 级思想政治教育本科班的苏继月、2012 级历史教育本科班的五琦、2013 级学前教育专科二班的姜乃艺、2013 级思想政治教育本科班的王靖宇等，都做了大量工作。由于篇幅所限，特向没有收录文章的学生的表示歉意和感谢。

在项目研究过程中，山东省高校工委、山东省高校思想政治理论课教师培训基地的领导和老师们给予了悉心的指导和关怀。齐鲁师范学院党委宣传部、教务处、科研处、学生处、团委、图书馆的各位领导和管理人员给予了大力支持和热情帮助。书稿撰写修改过程，我们参阅吸收了大量国内外相关研究成果，在此一并向各位表示衷心的感谢！同时，还要感谢山东大学出版社的支持与帮助，使书稿付诸出版。

总体上说，虽然我们做了很大努力，但由于水平所限，加之思想政治教育教学改革的动态性、时效性的特点，书中的不足和疏漏在所难免，恳请各位专家和同行批评指正。

陈海燕

2015 年 12 月 26 日